Resort Complex

복합리조트

고종원 · 남태석 · 안현모 · 임선아 공저

기문사
www.kimoonsa.co.kr

머리말

오늘날 현대인들은 고도의 기술발전으로 인한 경제 성장과 산업화 사회로의 발전에 따라 근로시간의 단축이나 소득수준의 향상 등 생활의 여유가 생김에 따라 여가를 적극적으로 즐기려는 사람들의 레저(Leisure)에 대한 욕구(Needs)가 확대되면서 리조트의 수는 급격하게 증가하고 있으며, 이에 따른 리조트산업은 당당히 성장동력 산업의 한 부분을 차지하게 되었다.

과거의 리조트산업은 일정 기간 일상 생활권을 떠나서 자연환경이 좋은 일정 규모의 지역에 휴양을 목적으로 체류할 수 있는 시설을 갖추고, 레저와 재충전을 목적으로 한 사람들에게 다양하고 선택적인 여가활동이 충분히 이루어질 수 있는 시설이 계획적으로 완비된 쾌적한 조건을 갖춘 공간을 제공해 주는 것으로 충분하였다. 그러나 급변하는 현대사회의 리조트는 주체적으로 계획하고 행동하는 관광객의 생활관이나 가치관의 변화 및 가족단위의 레저 활동이 주를 이루는 등 관광객의 선호유형이 점차 단순 숙박, 휴양 관광형에서 체류, 휴식, 체험, 오락, 비즈니스, 쇼핑 등으로 관광객의 패턴이 달라지고 있다.

이러한 흐름의 중심에 있는 관광대상이 바로 복합리조트라 할 수 있으며, 세계 각국은 호텔, 쇼핑센터, 컨벤션센터, 공연장, 박물관, 오락시설, 외식업체, 카지노 등 여러 분야의 시설을 집약하여 단일 공간에서 다양한 콘텐츠를 제공하는 관광시설인 복합리조트 개발과 유치경쟁에 총력을 기울이고 있다.

이처럼 복합리조트는 가장 매력적인 관광 인프라로 부상하고 있으며, 세계 각국이 복합리조트 산업을 범국가적 성장동력 산업으로 인식하여 복합리조트 개발에 도전장을 내는 이유는 다양한 관광수요를 만족시키고, 복합리조트 건설에 필요한 인력뿐 아니라 개장 이후 호텔, 컨벤션, 레스토랑, 공연장, 오락시설, 카지노 등의 운영 · 유지 · 관리 · 행사기획 등 다양한 직종에 걸쳐 높은 일자리 창출의 내수부흥 효과를 기대할 수 있기 때문이다.

2010년 개장한 싱가포르 Marina Bay Sands와 Resorts

World Sentosa는 매년 1,500만 명의 관광객을 유치하고 각종 신규 일자리 4만 개 이상을 창출하며 경제적이고 관광수요적인 측면에서 아시아 복합리조트 산업의 성공모델로 대표되고 있다.

이와 같은 사례에서 알 수 있듯이 복합리조트 산업은 한 지역이나 한 기업의 발전을 뛰어넘어 한 국가의 미래를 좌우하는 고부가가치 전략산업으로 성장하고 있다. 이러한 사회적 흐름에 맞춰 대부분의 관광관련 학과에서도 복합리조트 산업의 중요성을 인식하여 리조트산업과 관련된 과목을 개설하여 운영하는 추세이다. 그러나 이러한 흐름과는 달리 복합리조트 산업과 관련된 교재개발은 미흡한 실정이며, 일부 교재가 있지만 과거 리조트산업을 다루는 단편적인 내용이거나 리조트개발론과 같은 전문가를 대상으로 하는 내용이 대부분으로 복합리조트 산업을 쉽게 이해하기 어려운 것이 현실이다.

이러한 측면에서 본 교재는 복합리조트를 충분히 경험해 보지 못한 학생들에게 쉽고 흥미롭게 복합리조트의 기초지식을 습득할 수 있도록 구성하여 보다 폭넓은 진로 정보제공을 통한 취업의 경쟁력 제고에 있으며, 기존의 관광분야를 전공한 취업군에 제한되었던 것에서 다양한 시각으로 폭넓게 진출할 수 있는 기회를 제공하는 데 기본 방향을 두었다.

본 교재는 크게 5부로 구성하여 복합리조트의 개념 및 역사 발달과정, 리조트 유형 및 분류, 리조트산업의 특징을 시작으로 리조트개발과 변화, 개발의 효과, 최근 리조트의 변화, 복합리조트의 추세와 복합리조트의 구성에서 종류를 세분화하였다. 기존의 교재에서는 좀처럼 다루지 않았던 다양한 테마를 가진 테마리조트를 구분하여 제시하였고, 온천, 워터파크, 마리나, 생태관광, 카지노리조트 등을 리조트의 주요 유형으로 추가하여 설명하였다.

또한, 복합리조트 현황에서는 우리나라를 비롯한 세계에서 성공사례로 인정받고 있는 복합리조트를 설명하고, 이론적인 내용이 복잡하거나 추가적인 설명이 필요한 부분은 사진이나 도표를 첨부하여 이해하기 쉽도록 보충설명하였다. 그 외 복합리조트의 경영관리, 마케팅, 인력자원관리의 중요성을 후반부에서 다루어 교재의 전문성을 보강하였다.

마지막으로 향후 미흡하고 부족한 부분은 점차 수정 보완해 나갈 것임을 첨언하며 본 교재가 복합리조트 산업에 관심을 가지고 배우고자 하는 일반인은 물론 관광전공분야 학생들에게 좋은 가이드라인이 될 수 있기를 희망하며, 완성되기까지 많은 도움을 주신 선행연구자 및 기문사 한재성 부장님을 비롯한 주변 관계자 여러분들의 노고에 깊은 감사의 마음을 전한다.

저자 일동

차례

제1부

리조트의 이해

제1장

리조트의 개념

① 리조트의 어원

'Resort' 의 어원은 프랑스의 'Resortier' 에서 유래되었으며, Re+Sortier의 뜻이다. 여기에서 'Re' 는 Again의 의미이며 ' Sortier' 는 'To go out' 으로 자주 드나드는 장소를 의미한다. 따라서 어원들을 종합해 볼 때 '리조트란 심신의 피로를 풀고 회복하기 위해 자주 찾아가서 즐기는 장소' 라고 할 수 있다.

② 리조트의 개념

리조트는 사람들을 위해 휴양 및 휴식을 제공할 목적으로 일상 생활권을 벗어나 자연경관이 좋은 지역에 위치하며, 레크리에이션 및 여가활동을 위한 다양한 시설을 갖춘 종합단지(Complex)를 의미한다.

리조트산업은 리조트의 기능과 시설에 관련되는 산업 등을 포함하는데, 여기에는 리조트 생활에 필수적인 숙박, 식음료, 레크리에이션 업종이 포함된다. 레크리에이션의 대표적 시설로는 스키, 골프, 수영, 보트계류 및 선착시설(marina), 사우나, 각종 오락 및 유흥시설이 있고, 숙박시설로는 호텔, 콘도, 유스호스텔이 있으며, 레스토랑, 바 등 식음료시설을 갖추고 있다.

1) 한국의 리조트 정의

한국에서는 리조트산업을 「관광진흥법」에서 다루고 있으며, 그에 따른 정의를 살펴보면 "리조트산업은 관광객의 휴양이나 여가 사용을 위해서 일정한 장소에서 음식, 숙박시설, 운동, 오락시설, 민속 · 문화자원 소개시설, 관람시설 등 휴양에 적합한 시설을 갖추어 이를 이용하게 하는 사업"이라 정의하고 있다.

2) 미국의 리조트 정의

미국의 Webster 사전에 의하면 'a place to which people go often or generally, esp. one for rest or recreation, as on a vacation'으로 해석하고 있는데, 이는 「사람들이 휴가 시, 휴식과 레크리에이션을 위하여 많이 방문하는 곳」으로 정의할 수 있다.

또한 America Heritage 사전에 의하면 'A Place Frequented by people for relaxation or recreation'으로 해석하고 있는데, 이는 「사람들이 휴식이나 레크리에이션을 위하여 빈번하게 가는 장소」로 역시 정의할 수 있다.

3) 영국의 리조트 정의

영국의 Oxford 사전에 의하면 리조트를 'a place often visited for a particular purpose'로 해석하고 있는데, 이를 설명하면 「특별한 목적(휴가 · 건강회복 등)을 위해 사람들이 찾아가는 곳으로 종합 레크리에이션 센터 또는 종합관광지라고 부를 수 있는 장소」를 의미한다. 또한 Resort Land, Resort Town, Resort Complex로 표기되며 휴식과 건강 회복을 위해서 자주 찾아가는 장소로 정의한다.

4) 일본의 리조트 정의

일본의 종합휴양지역정비법(일명 리조트법)에 규정되어 있는 리조트는 "양호한 자연조건의 토지를 갖춘 상당 규모의 지역으로 국민이 여가 등을 이용하면서 스포츠, 레크리에이션, 교양문화활동, 휴양집회 등의 다양한 활동을 할 수 있도록 종합적인 기능이 정비된 지역"으로 정의하고 있다.

표 1-1 국가별 리조트의 개념

국가별	리조트의 개념
한국	관광객의 휴양이나 여가사용을 위하여 일정한 장소에서 음식, 숙박, 운동, 오락시설, 민속 · 문화자원소개시설, 관람시설 등 휴양에 적합한 시설을 갖추어 이를 이용하게 하는 업. (관광진흥법에서 정의)
미국	사람들이 휴식이나 레크리에이션을 즐기기 위해 자주 가는 장소.
영국	휴식과 건강 회복을 위해서 자주 찾아가는 장소로서 종합 레크리에이션 또는 종합관광지.
일본	양호한 자연조건의 토지를 갖춘 상당 규모의 지역으로 국민이 여가 등을 이용하여 체재하면서 스포츠, 레크리에이션, 교양문화활동, 휴양집회 등의 다양한 활동을 할 수 있도록 종합적인 기능이 정비된 지역으로 체류형 종합 휴양지.

자료 : 고상동 · 원문규(2011), 리조트경영과 개발, 참조 · 재구성

이상의 리조트에 관한 기존 개념의 정의들을 종합하여 리조트를 “자연경관이 수려한 일정 규모의 지역에 관광객의 욕구를 충족시킬 수 있는 현대적 복합시설이 갖추어진 지역으로, 심신의 휴양 및 에너지의 재충전을 목적으로 개발된 활동중심의 체류형 종합 휴양지”라고 정의하고자 한다.

제2장

리조트의 역사와 발달과정

1 리조트의 발생과 생성 배경

인류문명과 함께 여행과 숙박의 관계는 상호 필연적으로 존재한다. 그러나 언제 · 어디서 제일 먼저 여행자들을 위한 숙박시설이 생겨났는지 아무도 단정지을 수 없을 것이다. 또한 인류가 공 · 사적으로 언제, 누가 처음으로 여행을 시작하였는지도 알 수 없다. 다만, 문헌상의 기록이나 구전, 역사적인 유물로 추정할 수 밖에 없을 것이다.

리조트의 탄생 배경은 명확하지 않지만 두 가지의 근거에 의해서 지금까지 발전하고 있다. 첫 번째는 로마시대 공중목욕탕의 생성이며, 두 번째는 영국 · 프랑스에서 일조량 부족의 극복 차원에서 시작되었다는 점이다.

리조트의 발생은 로마제국에서 널리 유행하였던 '스파(spa)' 나 '욕장(bath)' 에서 그 기원을 찾을 수 있다. 스파는 리조트의 선구자적인 역할을 하였고, 거의 같은 형태로 유럽지역에 계속 존재하며 현대리조트의 발달에 기본적인 영향을 미쳤다.

또한 1년 중 80% 이상 비가 오거나 안개 · 습기 등으로 쾌청한 햇빛을 볼 수 없었던 영국이나 프랑스 지역 사람들이 일조량 부족에 따른 해소 차원에서도 쾌청한 날씨의 해안이나 온천지역으로 이동하여 일광욕을 즐기기 시작하면서 오늘날의 리조트가 탄생하게 되었다.

1) 영국의 리조트 생성

1660년 영국의 킹 찰스 2세가 데이 바스(day bath)로 유명한 턴버리지웰 리조트를 사용한 것이 효시가 되었다.

16~17세기 유럽에서 또 하나의 중요한 발전은 온천휴양지의 출현을 들 수가 있다. 16세기 초부터 영국에서는 부유층을 겨냥한 온천지 개발이 확대됨으로써, 온천리조트의 편의시설이 증가하고 온천지의 이용이 대중화되기에 이르렀다.

온천은 당시 부유층들에게 치료와 휴양, 위락의 장소로 인기가 대단하였다. 그 당시 부유층들이 주로 이용하던 온천지역으로는 Tunbridge well, Epsom, Bath, Buxton 등지였다. 이러한 온천들이 18세기에 접어들면서 급격히 발전하였는데, 여러 온천리조트 중에서 Midland Spa는 남북 어느 지방의 것보다 유명하여 휴양지로서의 모든 설비를 갖추고 있었다.

2) 프랑스의 리조트 생성

1326년 벨기에 국적의 콜린 르 루프(Colin le Loup)가 리지(Liege) 부근의 온천에서 지병을 치료한 것이 오늘날의 '스파(Spa)' 로 지칭되었다.

1920년 프랑스 동부 샤모니(Chamonix)에서 열린 올림픽경기를 계기로 처음 스키리조트가 생겨났으며, 1930년 이후 빠른 성장의 길을 걷게 되었다. 하지만 이러한 급격한 성장은 거대한 규모의 건물개발로 인해 기존의 주변 건물과의 부조화, 열악한 숙박시설의 만연, 대규모 트레일러 주택(caravan)단지에 의한 경관파괴, 교통과 서비스를 위한 오픈스페이스의 부족, 인프라시설의 부족에 의한 환경오염 등의 문제점이 드러남으로써 새로운 형태의 리조트가 발생하는 계기가 되었다.

3) 스위스의 리조트 생성

1800년까지 여름 휴가철의 리조트에서 1860년경 겨울 휴가철의 스키리조트로 변화한 것이 효시이며, 그 이후 여름과 겨울의 연중 헬스와 스파를 비롯한 갬블로 변화시켜 리조트 경영의 혁신을 가져왔다.

4) 미국의 리조트 생성

미국의 리조트는 18세기 동부지역의 온천지역에서 시작되어 로드아일랜드, 롱브랜리 등의 해안지역으로 발전되어 나갔으며, 1868년 타운을 가로지르는 철도의 건설을 계기로 본격적인 발전에 탄력이 붙기 시작했다.

19세기에 들어서 건강목적의 휴양과 애틀랜타 부두의 오락시설을 이용하기 위하여 많은 사람들이 몰리기 시작했고, 이들에게 숙박시설을 제공하는 것을 필두로 발전하게 된 대표적인 도시가 애틀랜타였으며 당시의 최초 리조트 도시가 되었다.

2 리조트의 발달사

1) 온천리조트의 등장

16~17세기 유럽에서 출현한 온천휴양지는 18세기에 접어들면서 급격히 발전하였다.

(1) 리조트 개발의 특성

19세기에 들어서면서 유럽지역에서는 여러 형태의 전통적 리조트시설들이 발달하기 시작하였는데, 이 당시 리조트의 특징은 현대적 리조트의 특징과 매우 흡사하게 발달하였으며, 그 특징을 살펴보면 다음과 같다.

가. 건강과 오락을 위한 온천 중심의 스파리조트
나. 폐결핵 등의 치료를 위한 온화한 기후지역의 리조트
다. 산세가 수려한 산악지역에 위치한 산악형 리조트
라. 치료와 수상레저를 위한 해안형 리조트

(2) 리조트 개발유형과 과정

이러한 전통적인 리조트들은 기존의 마을이나 도시에서부터 발달하여 마을 자체를 변화시키거나 인접지역으로 확장되기도 하였다. 리조트의 위치는 주로 교통수단에 의하여 결정되었으므로 산지리조트는 이동수단의 제약에 의하여 고도가 높지 않으면서 산세가 수려한 곳에 한정되었다.

기타 여러 가지 리조트관련 시설들은 당시 상대적으로 숫자는 적었지만 규모가 크고 많은 사람들이 이용하기 편리한 해변 또는 호숫가의 리조트에 집중되었다. 리조트 내에서의 숙박은 호텔이나 하숙집, 임대한 방의 형태로 제공되었으며, 오락과 다른 시설들은 호텔 운영자들에 의해 제공되었다. 이 시기의 리조트 개발은 보통 그 지역의 사업자나 토지소유자에 의한 개인적인 개발이 주종을 이루었으며, 각종 규제나 종합적인 계획과는 동떨어진 것이었다.

2) 20세기의 리조트

(1) 리조트 개발의 특성

20세기 들어서 사람들의 수입이 증가하고 생활의 여유가 생기고 유급휴가가 늘면서 중산층에게도 리조트에의 접근이 가능하게 되었다. 보다 많은 사람들이 태양과 바다와 눈(雪)을 찾게 되었으며, 이로 인해 리조트는 성장 붐을 탔으며, 결국에는 호텔과 마찬가지로 여러 다른 종류의 수요자들을 만족시키기 위하여 좀 더 세분된 형태로 발전되었다.

(2) 리조트 개발유형과 과정

종합개발계획에 의하여 지어진 리조트의 예는 리조트 붐이 조성되기 이전인 1930년에 최초로 발견된다. 새로운 형태의 리조트는 기존의 개발로부터 제약을 받지 않는 위치에 적정한 규모와 성격을 갖출 수 있도록 계획되고 조성되었다. 이러한 종합개발계획에 의한 리조트는 시장성과 개발이익 두 가지를 동시에 만족시킬 수 있도록 계획되며, 전통적인 리조트들이 수세기에 걸쳐 이루어 놓은 것을 단지 몇 년 안에 이루어내기도 하였다.

제2차 세계대전 이후에는 리조트의 규모가 점차 커져서 멕시코의 캔쿤(Cancun)과 같은 대형 종합리조트 콤플렉스 형태의 리조트가 출현하였으며, 가까운 곳에서 주말을 즐기기 위한 새로운 타입의 도시형 리조트 또한 개발되고 있다. 이러한 도시형 리조트는 도심부 또는 인접한 해변이나 호숫가에 실내 · 외 수영장과 고급 헬스클럽을 갖추고 단기 여행자나 편리함을 추구하는 고객을 대상으로 개발되며 시간과 여행비용을 절약할 수 있다는 장점이 있다.

3) 현대의 리조트

현대인들에게 삶의 질에 대한 가치관의 변화와 사회적 동기는 획기적인 교통수단의 발달과 수입증가, 여가증대 등과 더불어 리조트산업의 발달에 큰 영향을 미치고 있다.

(1) 리조트 개발의 특성

과거에는 온천이나 기후를 중시한 요양, 보양 목적으로 리조트 개발이 우선이었으나 현대에는 골프, 스키, 테니스, 요트, 수영을 비롯한 스포츠활동을 즐기려는 활동형의 욕구가 높아져 복합형 리조트가 증가하고 있다.

(2) 리조트 개발유형과 과정

현대에 들어 개발하는 복합리조트의 시설적 측면을 살펴보면 나름대로의 차별성 확보를 위하여 총력을 기울이고 있다. 가장 중요한 숙박시설의 경우 통나무집 형태의 롯지(lodge), 가족호텔, 관광호텔, 콘도미니엄 등의 다양한 상품을 개발하여 이용자들에게 제공하는데, 이 중에서 롯지나 관광호텔의 경우 숙박객의 수용력이 한정적이고 상품의 가격이 매우 높아 이용계층이 상류층에 집중되어 한정적으로 제공된다. 반면 가족호텔이나 콘도미니엄 등은 가격대가 저렴하여 대중적인 숙박상품으로 폭넓게 제공된다.

특히 콘도미니엄의 경우에는 숙박과 취사가 가능하기 때문에 복합리조트의 활성화 측면에서 매우 긍정적인 효과를 발휘한다. 또한 수용능력도 타워콘도미니엄 형태로 개발하면 별장형 콘도미니엄 형태보다 배 이상의 수용능력을 가져오며, 개발 주체의 입장에서도 회원권을 분양하여 사업성을 재고할 수 있다는 측면에서 매우 유용한 상품이다.

따라서 현대 리조트의 개발형태는 복합형 리조트의 개발 유형으로 보편화되고 있으며, 리조트의 테마성, 독창성, 창조성 등이 개발 초기부터 고려되어 건설하고 있다.

3 한국의 리조트 발달과정 및 배경

1) 1960년대

(1) 시대 상황과 여건

우리나라는 1960년 이전까지만 해도 행정조직도 취약하였으며, 관광행정의 근거가 되어야 할 독자적인 관광법규마저 전무한 상태였다.

이러한 상황에서 경제개발이라는 시대적 요청에 직면하여 우선 시급한 외화획득의 수단으로 관광산업의 중요성이 인식됨에 따라 관광산업의 진흥에 역점을 둔 「관광사업진흥법」이 1961년 8월 22일에 제정되었으며, 1962년 6월 26일에는 「국제관광공사법」에 의하여 외국인 관광객 유치와 국내 관광사업의 발전을 전담하는 국제관광공사(현 한국관광공사)가 설립되었다. 또한 1963년 3월에는 관광사업진흥법에 의하여 특수법인인 대한관광협회중앙회를 설립시켰다.

1965년에는 한 · 일 간의 국교가 정상화됨으로써 이를 계기로 일본인 관광객이 대폭 증가하게 되었고, 서울에서는 관광진흥을 위한 제14차 태평양지구관광협회(PATA) 총회가 워커힐호텔에서 개최되어 한국관광이 대외에 크게 홍보되었을 뿐만 아니라 국민들의 관광에 대한 인식을 크게 고조시키는 계기가 되었다.

(2) 리조트 개발유형과 과정

이 당시에 정부가 주도했던 관광분야에서의 외화획득을 위한 조치들을 살펴보면 대표적인 것으로 정부투자기관인 국제관광공사가 지방에 위치한 7개 호텔(온양, 해운대, 불국사, 대구, 서귀로, 설악산, 무등산)을 1963년 1월에 인수하여 운영하였으며, 대한여행사 인수(1963. 2.) 운영, 워커힐호텔 개관(1963. 3.) 운영, 반도호텔과 조선호텔 인수(1963. 8.) 등으로 외화획득에 총력전을 펼친 것을 볼 수 있다.

워커힐호텔의 경우, 당시 국제친선과 외화획득을 주목적으로 특히 주한 UN군의 휴양을 위하여 리조트호텔로써 당시 동양 최대의 호텔로 지어졌으며, 다양한 부대시설과 스포츠시설(실내수영장, 터키목욕탕, 승마장, 사격장, 궁술장, 볼링장 등)을 갖추고 있었다.

그러나 국제관광공사가 직영하여 운영하는 대부분의 관광사업이 적자를 면치 못하자, 1965년에 정부의 '경제장관회의'에서는 교통부에서 상정한 "국제관광공사 산하 지방호텔의 불하 및 호텔건설계획안"을 원안대로 의결하여, 공사산하의 8개 호텔을 모두 민영화하기 시작하였다.

이와 같이 1960년대는 관광의 기본적인 진흥시책이 제정, 공포됨으로써 관광발전의 계기가 되었으며, 관광이 조직적, 체계적 측면에서 정립이 시작되고 정부의 강력한 행정적 뒷받침과 함께 관광사업진흥을 위한 기반을 구축하는 단계에 해당된다고 할 수 있다.

2) 1970년대

(1) 시대적 상황과 여건

1970년대는 우리나라 관광행정의 체계가 확립된 해라 할 수 있으며, 한국관광을 경제개발계획에 포함시켜 외래 관광객 유치를 위한 관광사업진흥의 기본방향을 설정하고 관광사업의 경제적 · 사회문제적 중요성을 재인식하는 시기라고 할 수 있다.

(2) 리조트 개발유형과 과정

1970년대 관광사업의 추이를 약술하면, 1971년 7월에 서울 · 부산 간 경부고속도로가 완공되어 전국이 1일 생활권으로 가능해졌고, 온양온천을 비롯하여 13개의 관광지를 추가로 지정하였다. 1972년에는 교통부 관광국의 기능에 따라 서울, 부산, 제주도에 관광과를 설치하고, 기타 7개 도에는 관광운수과에 관광계를 두어 관광업소를 관장하게 함으로써 관광진흥을 위해 보다 강력한 행정력이 뒷받침하기에 이르렀다.

1974년 4월에는 「관광단지개발촉진법」이 제정됨으로써 우리나라에서는 처음으로 323만평 규모의 경주보문관광단지개발이 착수되었다. 1975년 12월에는 한국관광의 획기적인 발상으로 관광진흥 부분은 「관광기본법」으로 확대되고, 규제적 부분은 「관광사업법」으로 정비되어 「관광사업진흥법」은 폐지되었다.

1977년은 제4차 경제개발 5개년계획이 시작되는 연도로 관광사업에도 중요한 시발점이 되었는데, 국민관광의 건전한 발전을 위하여 각 시 · 도지사가 지정한 국민관광지가 경기도 소요산을 비롯하여 36개소가 지정되었다.

1978년은 방한 외래관광객이 100만 명을 기록하여 한국관광이 크게 부각되었으며, 종합관광단지인 보문관광단지의 개장과 함께 국민관광에 대한 본격적인 정책수립의 입안(立案)이 시행되기에 이르렀다.

따라서 1970년대는 정부 주도의 다양한 관광정책이 선포됨으로써 관광산업에 대한 발전과 관광인식이 높아지게 되었으며, 관광휴양지를 찾으려는 수요의 증가에 편승하여 관광지와 관광단지의 지정으로 한국형 리조트의 개발이 시행되는 시기라 할 수 있다.

3) 1980년대

(1) 시대적 상황과 여건

1980년대는 국민관광과 국제관광의 조화발전, 서비스 수준의 향상, 국제회의의 국내 유치, '86아시안게임과 '88서울올림픽 등을 통하여 우리나라 호텔산업도 일대 도약을 하는데, 특히 이 시기에 국내 대기업들의 호텔사업 진출이 본격적으로 시작되었고, 국제적인 체인호텔들이 대거 국내에 상륙하는 등 호텔산업의 부흥기를 맞이하게 되었다. 그리고 1980년대는 국내의 리조트산업이 생성되는 시기로 볼 수 있다.

(2) 리조트 개발유형과 과정

1981년도 4월에는 103만 평 규모의 용평리조트가 강원도 평창군에 스키장과 골프장을 개장하였고, 중소기업이 참여하는 스키장 중심의 리조트사업으로는 1982년 12월에 양지리조트와 천마산스키장이 개장되었다.

1982년에는 「국제관광공사법」의 개정으로 국제관광공사가 한국관광공사로 명칭이 변경되었으며, 1983년에는 50세 이상 국민의 해외여행 자유화가 실시됨으로써 해외여행에 대한 문호가 더욱 넓어졌으며, 충무 도남관광단지의 개발이 추진되었다. 또한 다음해인 1984년에는 남원관광단지의 개발도 추진되었다. 1985년도에는 알프스리조트가 개장되었고, 1985년 12월에는 베어스타운스키장이 경기도 포천군에 스키장을 개장하였다. 이로써 한국의 리조는 용평리조트를 필두로 산악에 위치한 스키리조트의 형태로 생성되었다.

1986년 12월에는 「관광사업법」을 폐지하여 그 내용을 대부분 답습하고, 「관광단지개발촉진법」을 폐지하여 그 내용을 답습한 「관광진흥법」이 제정되었다. 논리적으로 본다면 「관광기본법」에 의한 기본적이고 종합적인 관광진흥시책을 보다 구체화한 법이라 할 수 있다. 같은 해 5월에는 올림픽 등에 대비한 「관광숙박시설지원 등에 관한 특별법」이 제정되었다. 이 법은 '86아시안게임'과 '88서울올림픽' 대회 등 대규모 국제행사에 대비하여 관광 · 숙박업 등을 행하는 자에 대하여 외국인 관광객이 이용할 시설의 정비 등을 지원하여 이들 행사를 원활히 수행할 목적으로 2002년 12월 31일까지 효력을 가지는 한시법(限時法)으로 제정되었다. 1989년부터는 전 국민의 해외여행자유화가 실현되었다.

1980년대는 국민의 레저욕구를 제대로 충족시켜주는 레저활동에 대한 정책적인 배려가 미약하였고, 레저정책의 부재 및 일 중심의 가치관(work value)은 레저의 일탈화 현상을 초래하였던 시기이다.

그러나 관광단지의 개발과 리조트의 생성은 급속한 경제발전과 소득증대에도 산업화 과정에서 삶의 기조가 일 중심의 사회에서 국민의 레저욕구를 충족시켜주는 레저활동의 시대를 열어주었다는데 그 의미가 크다고 할 수 있다.

4) 1990년대

(1) 시대적 상황과 여건

1990년대는 국내 관광산업뿐만 아니라 리조트산업에서도 성장과 고난이 점철되는 시기이다. 1990년대 들어 우리나라는 급격한 경제적인 풍요로움을 추구한 결과 경제의 안정적인 성장과 더불어 국민의 가처분 소득이 증대되었다. 이러한 현실적 상황은 심리적인 여유를 갈구하는 의식의 변화를 가져왔는데, 국민생활에 풍요로움을 실감할 수 있는 사회를 실현하는 조건으로 노동시간 단축이 주목받았다.■

이는 자유시간 확대와 그 이용의 선택폭을 증대시켜 여가지향적인 사회로의 전환에 주요한 역할을 하였다. 이러한 배경으로 여행목적지로써 리조트를 선호하는 경향이 높아지고 있는데, 이러한 현상은 더 이상 리조트가 상류층만의 전유물이 아니라 일반 대중 누구나 이용하는 보편화된 여행목적지로 인식되고 있는 결과라 할 수 있다.

■노사정위원회는 현행 44시간인 법정근로 시간을 2001년 하반기부터 주 40시간으로 단축하는데 합의했다. 이에 따라 1989년 법정근로 시간이 주 44시간으로 단축된 이래 11년만에 선진국 수준인 주 40시간으로 단축하게 되었다.

이처럼 국민들의 여가 인식 변화와 레저 수요의 증가는 자연스럽게 레저 패턴의 변화를 가져왔다. 레저 패턴이 단순숙박 · 관광형에서 체류 · 휴양형으로 변화함에 따라 다양한 시설을 구비한 대형 리조트를 필요로 하였고, 레저 수요의 증가는 막대한 자금력과 인력을 갖춘 대기업들의 리조트사업 참여를 유도하였다.

(2) 리조트 개발유형과 과정

1990년대 대기업의 리조트사업 참여현황을 살펴보면, 1990년 12월 (주)무주리조트가 전북 무주군에 122만 평 규모의 대단지에 스키장, 골프장, 호텔, 콘도, 유스호스텔 등의 복합시설을 개장하였고, 1993년 12월에는 (주)대명레저산업의 비발디파크 개장, 1995년 12월에는 현대시멘트(주)의 현대성우리조트 개장, 동년 12월에 (주)보광의 휘닉스파크리조트를 개장하였다.

이들 대기업들의 리조트사업 진출로 인해 국내 리조트의 시설과 규모는 크게 선진화되었다고 평가할 수 있으며, 이러한 시설의 대형화와 고급화는 국내 여가관광객뿐만 아니라 외래 관광객을 유치하는 데에도 주요한 관광매력 요인으로 작용하고 있다.

5) 2000년대 이후

(1) 시대적 상황과 여건

2000년대 이후 리조트산업의 가장 큰 시대적 상황은 '2018 평창동계올림픽' 의 개최이다. 우리나라가 88서울 올림픽에 이은 두 번째 올림픽의 성공 개최로 선진국 진입의 상징적 계기를 마련할 수 있는 기회가 될 것이다. '2018 평창동계올림픽 조직위원회' 의 발표에 따르면 올림픽이 개최되는 17일간 100여 개 국가의 선수 및 관계자들이 5만여 명 이상 참석할 것으로 예상되며, 간접적 고용효과가 23만 명에 달하고, 총 생산유발효과는 21조 5,000억 원에 미칠 것으로 발표되었다. 또한 동계올림픽의 주요활동장소로 용평리조트, 알펜시아리조트, 휘닉스파크 등의 리조트는 올림픽 개최 리조트로써 대회기간 브랜드 향상을 통해 세계적인 리조트로 홍보되고, 공항, 도로, 철도 등 개최지역의 사회간접자본(SOC) 확충을 통해 지역과 리조트의 균형적 발전이 이루어지는 효과를 나타낼 것이다.

2000년대 이후의 리조트산업은 대기업과 지자체들의 본격적인 진출로 리조트의 규모나 시설이 크게 선진화되었다고 볼 수 있으며, 이러한 리조트시설의 변화는 국내 관광객뿐만 아니라 해외 관광객 유치에서도 주요한 관광매력 요인으로 작용할 수 있다.

(2) 리조트의 개발 유형과 과정

2000년대 들어 대기업들의 리조트산업 진출이 활발해지면서 GS건설이 2002년 12월 강원도 춘천시에 엘리시안강촌리조트를 개장하였고, 2006년에는 강원랜드가 기존 골프장에 이어 스키장을 개장하면서 사계절 리조트로 변모하는 계기를 마련하였고, 2007년 12월에는 LG그룹에서 곤지암리조트를 개장하였다. 지자체의 리조트산업 활성화로 2008년에는 태백관광개발공사가 태백시에 오투리조트를 개장하였고, 강원도개발공사는 2009년 11월에 평창동계올림픽 유치를 목적으로 알펜시아리조트를 개장하였다.

알펜시아리조트는 동계올림픽의 메인무대로 우리나라 국내 리조트의 수준이 '2018 평창동계올림픽' 을 유치하는데 충분히 준비되어 있다는 것을 증명해 주었다. 시설적인 면에서도 870실의 고급숙박시설과 45홀의 골프장, 6면의 스키슬로프, 컨벤션센터, 워터파크 등을 종합적으로 갖추고 있어 향후 국내 리조트개발의 롤 모델과 21세기 우리나라 리조트산업 발전에 중요한 역할을 담당할 것으로 기대된다.

제3장

리조트 유형 분류

리조트의 개념과 요건은 규정화되어 있지 않다. 일반적으로 이러한 요건이 리조트라는 개념을 설명하는데 이해가 쉽도록 정형화한 것에 불과하다. 복잡한 발달과정을 통해서 파생된 리조트의 종류는 각종 문헌별로 다양하게 나타나고 있으나 크게 세 가지 유형으로 분류할 수 있다.

1 입지여건에 의한 분류

리조트의 입지여건에 의한 분류는 산악형, 해안형, 강 · 호수형, 온천형, 도시형으로 구분한다. 여기에서 리조트의 생성요건에는 기본적으로 숙박기능이 중심이 되며 콘도와 호텔이 주축이 된다고 할 수 있다. 숙박기능 중심으로 산악형에서는 스키와 골프가 주된 상품이 되며 해안형에서는 요트와 윈드서핑, 강 · 호수형에서는 래프팅과 수상스키, 온천형에서는 스파, 도시형에서는 놀이공원과 동 · 식물원이 주된 상품이다.

표 3-1 리조트의 입지여건에 따른 분류

기본기능	입지여건 분류	주요활동
숙박기능 (콘도/호텔/방갈로)	산악형(Mountain Resort)	스키, 골프, 등산, 산악자전거, 행글라이더
	해안형(Beach Resort)	요트, 윈드서핑, 수상스키, 스킨스쿠버
	강/호수형 (River/Lake Resort)	래프팅, 윈드서핑, 수상스키, 스킨스쿠버
	온천형(Spa Resort)	스파
	도시형(Urban Resort)	놀이공원, 동 · 식물원, 전시장, 공연장

자료 : 고상동 · 원문규(2011), 리조트경영과 개발, 참조 · 재구성.

1) 산악형 리조트(Mountain Resort)

웅대한 산지, 산악 등의 경관과 넓은 고원, 풍부한 산림자원을 활용한 유형의 리조트이다. 국토의 70%가 산으로 형성된 우리나라의 지형 특성상 많은 리조트들이 이 유형에 속한다. 주로 국립공원인 설악산, 속리산 및 지리산 일대를 중심으로 개발된 리조트들이 그것이며 기존 스키장 및 골프장도 모두 이 사례에 속한다고 할 수 있다.

산악형 스키리조트의 경우 주변 경관이나 주변 관광지와의 연계를 유지하는 것이 대단히 중요하며 스키 이외의 골프장시설 등을 부대화하여 사계절형 리조트로 변화를 꾀하는 것이 중요하다.

자료 : 대명비발디파크 홈페이지

자료 : 휘닉스파크 홈페이지

2) 해안형 리조트(Seaside Resort)

비치리조트나 마리나리조트 등이 여기에 속하며 각종 스포츠와 레크리에이션 시설을 해변에 결합한 형태의 리조트이다. 호숫가, 강가에 위치한 리조트들도 유사한 성격을 갖는다. 해수욕장, 요트선착장, 윈드서핑, 낚시터, 골프, 테니스 등의 다양한 스포츠 시설을 포함하는 종합리조트가 많고, 해변을 따라 대규모의 복합개발이 가능하다는 특징이 있다. 해변리조트는 괌이나 하와이 등 해외에서 매우 발달한 리조트 형태이다.

우리나라는 3면이 바다인 영향으로 해안가를 따라 많은 해수욕장이 분포함으로써 어느 리조트의 유형보다 개발이 활발하다. 하지만 개념상의 리조트 조건을 충분히 만족시키는 국내 리조트는 몇 군데 안 되는 실정이다. 실제 제주 중문단지와 해운대, 경포지역을 제외하고는 리조트라고 하기에는 부족하다.

사계절이 뚜렷한 계절상의 문제점으로 인한 특성도 있지만, 기존 해수욕장을 중심으로 체계적인 계획 없이 후천적으로 발생한 이유도 있다. 자연 백사장과 낮은 수심으로 인하여 동해안 일대에 가장 많은 리조트들이 개발되었으나, 서구와는 달리 호텔이 아닌 민박과 콘도 위주로 개발된 상황이다.

현재 우리나라는 금호개발이 운영 중인 도남관광지 내 충무마리나리조트를 포함하여 3~4개소의 마리나 관련 시설이 있으나 대규모 사례는 전무한 실정이다.

자료 : 양양 솔비치 홈페이지

자료 : 금호충무마리나리조트 홈페이지

3) 전원형 리조트(Rural Areas)

도시권 주변부에 입지하는 주말 체재형 리조트이다. 이 유형은 등급이 높은 시설 중심이 많고 마리나, 스케이트장, 골프장 등을 중심으로 한 각종 스포츠, 레크리에이션 활동시설과 연수시설 등을 중심으로 배치되는 경우가 많다. 또한 산지나 해변리조트처럼 매력적인 경치나 특이한 요소는 적지만 단체관광객이나 가족 단위의 휴양을 위한 온화한 기후를 가졌거나, 대도시에 근접한 별장의 용도를 갖춤으로써 존재한다. 주말 리조트로의 비중이 더 크다고 할 수 있으며 콘도미니엄 등 숙박시설의 이용률을 높이기 위하여 회원제의 공동소유방식으로 경영하는 경우가 대부분이다.

우리나라에서는 유사개념의 리조트들이 모두 산지에 분포해 그 사례가 전무한 형태라고 할 수 있다. 특히 소규모의 주말 리조트나 별장의 성격을 갖는 리조트조차 거의 산지를 배경으로 입지하여 전원 리조트라기보다는 산지형 리조트에 속하고 있다.

클럽메드(Club Meds)와 같은 서구의 휴양촌 형태의 사례 또한 찾아보기가 힘들며, 그나마 비슷한 유형들이 있긴 하지만 엄격한 의미의 전원리조트로 볼 수 없다.

최근 전국적으로 부쩍 늘어나고 있는 자연휴양림과 같은 사례들도 유사한 개념의 형태로 볼 수도 있겠지만, 그 개념 및 시설 측면에서 리조트라 하기에는 부족함이 많은 것이 사실이다.

4) 온천형 리조트(Spa Resort)

온천리조트는 온천이라는 자연적인 특수성을 최대한 활용하여 종합적인 휴양관광지로 개발함으로써 리조트화한다는 점에서 다른 리조트와 다소 차이가 있다. 스키리조트나 골프리조트가 자연을 개발하는 차원이라면 온천리조트는 자연을 활용한다.

온천수의 치료효과에 주로 의존하여 발전한 초기의 온천은 입지에 크게 관계하지 않고 양질의 온천수가 생산되는 지역을 중심으로 형성되었지만, 점차 온천수에 대한 의존도가 줄어들고 비수기 기간이 길다는 단점으로 인해 체형관리와 스포츠를 위주로 하는 복합리조트로 변화하면서 지명도가 높아지고 있다.

온천리조트는 다른 유형의 리조트와 마찬가지로 다른 유형의 리조트와 복합적으로 개발이 가능하다. 예를 들면 스키리조트와 온천리조트의 복합개발 또는 온천리조트와 골프리조트의 복합개발 등이다.

수안보에 위치한 사조마을 스키장은 스키리조트와 온천리조트가 복합적으로 개발된 경우이다. 또한 스키리조트나 골프리조트 내에 온천이 부대시설로 개발된 경우가 있다. 이는 온천이라는 시설을 단순히 부대시설로 이용하는 유형인데 대부분의 스키리조트의 온천시설은 이런 유형에 속한다.

자료 : 네이버 블로그(blog.naver.com/yunhyeong274), 온양온천

② 이용목적에 의한 분류

이용목적별로는 다양한 종류로 분류할 수 있지만 크게 골프, 스키, 온천, 카지노리조트의 4가지가 주를 이루며 그 외 테마리조트, 교육연수리조트, 마리나리조트, 비치리조트 등으로 분류한다.

골프가 목적인 리조트는 최소한 18홀 이상의 규모를 만들어야 하며 골프장 안에 골프텔이 있으면 더욱 탄력받는 영업을 할 수 있다.

표 3-2 리조트의 이용목적별 분류

구분	대분류	소분류
이용목적별 분류	• 골프리조트(Golf Resort) • 스키리조트(Ski Resort) • 온천리조트(Spa Resort) • 카지노리조트(Casino Resort)	• 테마리조트(Thema Resort) • 마리나리조트(Marina Resort) • 비치리조트(Beach Resort) • 교육/연수리조트(Edu/Training Resort)

자료 : 고상돈 · 원문규(2011), 리조트경영과 개발, 참조 · 인용

3 테마에 의한 분류

1) 자연테마리조트

자연테마리조트는 천혜의 자연조건을 최대한 반영한 리조트로 개발보다는 자연의 아름다움을 그대로 보존하고 가꾸며 숙박에 필요한 콘도나 호텔, 방갈로 등을 부가적으로 건설한 리조트이다. 우리나라에는 울릉도, 제주도를 비롯하여 전남 신안군의 '증도'(슬로시티 지정), 경남 거제의 '외도'가 해당되며, 세계적으로는 인도네시아의 '발리' 섬, '몰디브', 남태평양의 '피지' 섬, 꽃을 테마로 한 캐나다의 '부차드가든', 뉴질랜드 북동쪽의 '쿡아일랜드', 태국의 '푸켓' 섬, 필리핀의 '보라카이'와 '세부', 인도의 '빈탄' 섬, 그 외 사이판, 괌, 통가 등이 있다.

자료 : 다음 카페(kokang90), 외도

자료 : 네이버 블로그(lottejtbblog), 부차드가든

2) 전통민속테마리조트

전통민속테마리조트는 자기가 살고 있는 지역이나 국가별로 독특한 전통민속춤이나 관습 등을 테마주제로 한 리조트이다. 우리나라에는 용인민속촌이 대표적으로 해당되며, 유네스코 지정 세계문화유산인 안동 하회마을, 경주 안강의 양동마을과 전남 순천의 낙안민속마을, 제주도의 성읍민속마을, 경북 영주의 선비촌이 있다. 그 외 각 지역의 지방자치단체별로 다양한 전통민속과 풍습을 테마로 하는 축제가 개최되고 있긴 하지만 규모가 작기 때문에 리조트로 보기엔 미흡한 실정이다.

자료 : 네이버 블로그(blog.naver.com/viva1143), 안동하회마을

그 외 세계적으로는 하와이의 5개 큰 섬 중의 하나인 오하우 섬에 있는 '폴리네시안 민속촌'이 있으며 그 주변의 민속촌과 풍습을 테마로 하여 세계적인 테마리조트가 형성되었다.

3) 문화예술테마리조트

문화예술테마리조트는 그림, 수필, 음악, 공예, 조각, 도예, 예술인, 게임 등의 문화나 예술의 어느 한 부분을 소재로 하여 리조트를 개발한 것이다. 우리나라에는 가장 최초이자 최근인 2011년도에 강원도 영월의 동강줄기 언덕에 개관한 '시스타리조트'가 대표적이라고 할 수 있다.

시스타리조트는 김삿갓의 유래에 담긴 시(Poem, 詩)를 소재로 하고 청정지역인 동강 유역 밤하늘의 별을 보면서 낭만을 도출해 낼 수 있는 의미의 스타(star : 별)를 접목한 리조트이다. 즉 시와 별을 테마로 한 리조트라고 할 수 있으며, 한국의 특별한 문화예술 테마리조트로 자리매김해 나가고 있다. 그 외 제주도의 조각공원은 규모는 작지만 문화 · 예술리조트에 근접하고 있다. 해외에는 음악의 숲, 생명의 숲, 조각의 숲 등이 있으며, 일본 지바 현의 '생명의 숲'이 울창한 삼림 속에 자리 잡고 있어 숙박하면서 명상과 함께 마음의 평정을 찾을 수 있도록 설계 · 운영되고 있는 특기할 만한 테마리조트이다.

자료 : 아시아경제, 동강시스타리조트

4) 스포츠테마리조트

스포츠테마리조트는 각종 스포츠를 테마로 선정하여 개발된 리조트이다. 스포츠에는 스포츠 유형에 따라 육상, 해상, 공상 부문으로 나누어지며, 육상에는 카레이스경기, 모터사이클경기, 자전거경기가 주요 테마로 선정되며, 해상에는 요트, 수상스키, 스킨스쿠버, 카누, 윈드서핑 등이 테마가 되고, 하늘 공중 부문에는 행글라이더, 경비행기, 열기구 등의 탑승을 주요 테마로 하는 리조트이다.

※자료 : 네이버 블로그(blog.naver.com/yqqkb0385), 윈드서핑

④ 계절에 의한 분류

리조트의 계절별 분류는 봄, 여름, 가을, 겨울의 특색을 살린 리조트로 나눌 수 있다. 계절별로 리조트를 즐기는 주제가 다르기 때문에 계절별로 즐길 수 있는 시설들을 차별화해서 건설 · 운영해야 한다.

우리나라뿐만 아니라 세계적으로도 계절별 리조트는 겨울과 여름으로 크게 나눌 수 있으며, 겨울에는 스키와 온천, 여름에는 해변과 강, 호수를 중심으로 한 해수욕장과 수영, 요트, 윈드서핑을 통한 휴양형 리조트로 운영되고 있다. 그러나 오늘날은 계절의 특징을 나타내는 리조트도 있지만 4계절 전천후 리조트로 개발 · 발전시키는 리조트가 증가하는 추세이다.

제4장

리조트산업의 특징

리조트산업은 서비스산업으로 분류되면서 일반적으로 서비스산업의 특성을 가지고 있다. 제조업체의 상품은 주로 유형적인 상품으로써 상품의 제조과정에서 고도의 기술과 정확한 재료로 구성되어 만들어지지만, 리조트의 상품은 유형상품과 무형상품이 복합적으로 구성되어 판매된다.

대부분의 리조트는 유형상품인 객실, 식당, 편의시설 및 부대시설과 천혜의 자연자원으로써 온천, 눈(雪), 바다, 산, 호수 등의 자원을 배경으로 건설된다. 다양한 건축기술을 가미하여 단지 내에 관광객이 이용할 수 있는 스포츠시설로 스키장, 골프장, 수영장, 승마장 등의 유형적인 시설물과 무형의 종업원 서비스가 결합되어 상품가치를 창출한다.

이러한 면에서 리조트사업은 호텔사업과 다르게 사업경영이나 시설 면에서 다양한 특성을 가지고 있으며, 일반적으로 다음과 같은 특성을 내포하고 있다.

1 고정자산 및 고정경비의 과대지출

리조트사업은 타 업종에 비해 대규모 복합시설 건설을 위한 막대한 자본을 투자하는 반면 투자자본의 회수는 결국 매출에 의해 회수될 수밖에 없으므로 매출은 극대화하고 지출경비를 줄이는 것이 바람직하다.

1) 고정자산 투자성

리조트기업은 생산제조업에 비해서 고정자산의 투자비율이 단위면적당 가장 높은 기업이다. 거대한 토지취득과 시설의 건설 및 기반시설 정비에 거액의 선행투자가 필요하다. 더구나 최근에는 리조트 내의 호텔, 콘도, 부대시설들이 고급화되는 추세이며, 이러한 고급화 정도는 리조트의 상품과도 연계되기 때문에 시설의 고급화 정도는 곧 고정자산의 투자비 과다로 이어질 수밖에 없다.

첫째, 고정자산의 투자비율이 크다.

둘째, 초기 투자비율이 크다.

셋째, 장기투자의 성격을 갖는다(투자자본에 대한 회수기간은 20~30년 이상으로 타 산업에 비해서 매우 긴 편이다).

2) 고정경비의 과대지출

기업을 성공적으로 운영하려면 모든 지출을 억제해야 하는데 리조트사업은 고정경비인 인건비, 각종 시설관리 유지비, 감가상각비, 급식비, 세금 및 수선비, 일정 기간마다 최신 기종의 장비교체 및 신규구입 등 고정지출이 과다하여 리조트 운영에 압박을 받는다. 특히 지출비용 중 인건비가 40% 이상을 점유하고 있어 원가 계산에 상당한 압력을 받는다.

따라서 대다수의 리조트기업들은 영업이익이 단기간에 일시적으로 신장되지 않으므로 종사원을 대량으로 고용해야 하는 성수기에는 산학실습생이나 아르바이트생을 고용하여 고정경비의 억제를 통해 경영내실을 꾀하고 있다.

② 인적서비스 및 인적자원에 대한 의존성

1) 인적서비스 의존성

리조트의 건축물 내에는 물적 서비스가 중요하게 작용하지만 그보다도 인적서비스의 중요성은 더없이 중요하다. 물적 서비스의 효과는 경비가 막대하게 소요되는 이유로 인해 그 실행에 많은 요건들을 필요로 하는 반면, 인적서비스는 잘 훈련되고 교육받은 종업원에 의해 리조트 상품의 품격이 결정되어 관광객에게 판매될 때 고객으로부터 높은 만족감을 이끌어낼 수 있다.

2) 인적자원 의존성

리조트기업은 인적서비스를 기본으로 하는 영업이므로 인재의 필요성과 의존성이 어느 기업보다도 높은 편이다. 리조트기업의 서비스는 시설에 해당되는 물적 서비스도 중요하지만 사람이 직접 고객에게 서비스하는 자체가 곧 상품이므로 인적서비스가 더욱 중요하다. 더구나 인적서비스 부분을 제조업과 같이 기계나 로봇으로 대체하는 데는 한계가 있기 때문에 리조트 내의 호텔이나 콘도는 연중무휴 24시간 근무하는 데 따른 인력의 부담이 가중될 수밖에 없다.

3 규모의 경제 및 초기 투자비의 고율성

1) 규모의 경제에 대한 민감성

리조트기업은 단일건물이거나 부대시설이 부족할 경우에는 고객의 유인력이 약해서 매출극대화에는 한계점이 있다. 따라서 규모의 경제논리에 의거 콘도 객실 수가 많을 경우 투숙객이 많아지며, 그 투숙객들이 수영장이나 식당, 스포츠레저시설들을 많이 이용할 수 있기 때문에 어느 정도 규모 이상을 적절히 유지해야 매출액 증대효과가 있으며 인건비의 부담이 줄어들게 된다.

2) 초기 투자비 고율성

리조트사업을 전개하는데 가장 큰 문제점이 대규모 토지취득과 시설의 건설 및 인프라 시설확충에 거액의 예산이 투자된다는 점이다. 리조트 단지의 시설 자체가 하나의 제품으로 판매되기 때문이다.

대규모 단지를 위한 토지의 확보, 숙박시설로써 호텔이나 콘도미니엄의 건물, 다양한 부대시설과 내부시설의 설비, 스포츠시설을 위한 토목공사와 장비설치, 그에 따른 비품 및 집기 등을 완전히 갖추어 놓아야만 리조트 상품으로서의 가치를 지니게 된다. 리조트 건설 때 무엇보다도 위치의 선정이 가장 중요하고, 최초 투자총액에 대한 토지와 건물의 자금이 제일 큰 것이 특징이다.

대형 리조트들의 특징을 보면 단지면적이 최소 100만 평 이상이고, 골프장, 스키장, 콘도미니엄 등의 시설이 필수적이며, 고객들이 단지 내에서 즐길 수 있는 PC방, 노래방, 수영장, 볼링장, 회의시설 등 부대시설들을 갖추어야 하고, 투자규모가 1천억 원 이상이며, 숙박시설이 평균 500실 이상이다.

이러한 막대한 자본투자에 대한 위험성을 극복하기 위한 방안의 하나로 토지는 값싸게 취득하여 초기 토지구입 자금을 줄여 나가는 접근방법이 필요하고, 막대한 초기 투자자금의 조기회수가 가능한 콘도미니엄이나 골프장, 스키장 등을 적극 건설하여 이들 시설물에 대한 사전 분양작업을 통하여 건설 비용을 회수하는 것이 바람직하다.

현재 국내 리조트기업의 대부분이 리조트 건설 때, 콘도미니엄이나 골프장을 동시에 건설하여 이들 시설물에 대한 사전 분양을 통하여 조기에 투자금액을 회수하는 분양정책을 실시하고 있다.

④ 성 · 비수기 편차에 따른 상품공급의 비 탄력성

1) 성 · 비수기 편차에 대한 의존성

리조트산업에 계절적인 영향으로 인한 성 · 비수기의 존재는 리조트경영자가 향후 풀어나가야 할 절대적인 과제이다.

리조트시설은 대부분이 자연경관이 수려한 산간계곡이나 호수 · 바닷가 등에 위치하는 경우가 많고 4계절의 관광상품을 모두 갖추기가 용이하지 않기 때문에 계절에 따라 성 · 비수기의 편차가 크게 작용한다. 특히 해변가에 위치한 리조트는 여름이 성수기가 되는 반면에, 겨울에는 비수기로 고객의 이용변화에 많은 영향을 미친다.

또한 스키장을 가지고 있는 리조트는 반대로 겨울이 성수기가, 여름에는 비수기가 되므로 성 · 비수기의 객실 이용률에 대한 편차가 매우 큰 편이다. 특히 우리나라 리조트 내 대부분의 호텔, 콘도의 경우 비수기에는 50% 이하의 객실 점유율을 나타내고 있는 실정이다. 따라서 환경에 적응력이 강하고 체질화된 경영조직으로 어려움을 극복해 나가는 효율적인 경영기법이 절실히 대두되고 있으며, 비수기를 극복할 수 있는 고객 유인 방법으로 스포츠시설의 추가 건설이 필요하며, 이를 통한 4계절형 리조트로 변신하는 것이 필요하다.

2) 상품공급의 비 탄력성

일반 제조업체의 상품은 수요의 증가에 따라 대량생산으로 수요와 공급의 균형을 유지할 수 있다. 하지만 리조트의 가장 큰 특성의 하나인 성 · 비수기의 존재로 인해 상품은 양적 및 시간적 제약을 많이 받는다.

관광지 내 리조트 객실상품의 경우, 일시에 몰리는 객실의 수요는 추가생산이 불가능하고 식음료 판매량에는 어느 정도의 신축성이 있다고 하나 그날 준비된 양만큼을 크게 초과하기가 어렵다. 그래서 리조트의 숙박상품과 스포츠시설의 상품들은 시간적 · 공간적 신축성의 제한이 뚜렷하고 상품 공급 면에서도 비 탄력적이라 할 수 있다.

그리하여 리조트의 호텔에서는 객실 공급의 비 탄력성의 한계를 극복하고 객실수입의 효과적인 극대화를 위해 객실의 분할판매(time sharing)를 적용하고 있으며, 스키장의 경우에도 특정시간대에 일시에 몰리는 스키고객을 분산하여 매출을 극대화하고 고객의 다양한 욕구를 충족시키기 위해 새벽스키, 야간스키, 심야스키 등의 새로운 프로그램을 개발하여 운영하는 추세이다.

자료: 인터넷 백과사전, 한국의 4계절

⑤ 생산과 소비의 동시성

리조트는 전형적인 서비스산업이다. 제조업과는 달리 상품의 재고가 없다는 표현이며, 상품이 발생할 시점에 판매가 이루어지지 않으면 매출감소의 원인이라는 의미이다. 자동차생산 공장의 경우에는 오늘 생산된 자동차가 당일 판매되지 않아도 재고상품으로 쌓여 있으면서 추후에 판매가 가능하지만 리조트의 객실이나 수영장과 같은 서비스상품에는 당일 판매되지 않으면 당일의 매출감소로 이어지기 때문에 생산과 판매소비의 시점이 같아질 수밖에 없고 그만큼의 시기상품이라는 점이 큰 특징이라고 할 수 있다. 따라서 리조트사업은 재고가 없음으로 인해 안정적인 서비스제공이 불가능하며 이것이 곧 경영을 압박하는 원인이 된다.

⑥ 기후 · 날씨의 의존성 및 환경영향의 민감성

1) 기후 · 날씨에 대한 의존성

리조트의 영업은 기후나 날씨에 대한 영향을 특히나 많이 받는다. 스키장리조트의 경우 겨울에 눈이 적게 내리거나 비가 오거나 겨울 날씨가 고온현상으로 지속될 경우 적설량 부족에 따른 스키장 운영에 많은 어려움이 초래된다. 물론 인공눈을 뿌려서 스키장을 운영하기도 하지만 자연눈과 인공눈의 설질 차이는 매우 크며 스키장 고객들의 유치에도 많은 영향을 받게 된다. 반면 해변가의 리조트는 비가 오거나 흐린 날씨가 지속되면 여름의 바캉스에 차질이 초래되어 역시 성수기의 영업에 지장을 받게 되므로 리조트는 기후, 날씨에 영향을 많이 받는 기업이라고 할 수 있다.

2) 국내외 사회 환경 영향의 민감성

리조트산업은 타 산업보다 정치 · 경제 · 국제스포츠 등 사회의 변화에 민감한 영향을 받게 된다. 경제 영향의 대표적인 예는 1997년부터 'IMF관리체제' 기간 동안 국내의 스키리조트들은 매출의 부진으로 인한 경영난을 극복하지 못하고 도산한 리조트들이 속출하였다.

무주리조트는 1997년 유니버시아드 대회의 과다한 투자부담과 IMF 사태로 인한 자금압박으로 1997년에 부도가 난 후 '99년에 법정관리가 인가되었고, 2002년 6월에 (주)대한전선에 인수되었다. 용평리조트의 경우, 운영업체가 쌍용양회공업(주)에서 2000년 4월에 (주)용평리조트로 독립했고, 2003년 2월에 통일교 그룹인 세계일보로 인수되었다. 현대성우리조트의 운영업체는 성우그룹의 구조조정으로 성우종합레저산업(주)에서 현대시멘트(주) 레저사업부로 통합되어 운영되고 있다.

2003년도 역시 전 세계는 9 · 11테러의 후유증, 이라크전쟁의 영향과 사스(SARS : 중증급성호흡기증후군) 확산공포 등 3중고에서 벗어나기 위해 다양한 회생방안을 마련해야 하는 위기국면에 직면하였고, 국내 리조트기업들도 외래 관광객의 사전 예약이 무더기로 취소되거나 방문이 급격히 하락하여 고전을 면치 못하였다.

최근에는 정치 · 경제 못지않게 국제스포츠 행사가 관광산업에 미치는 영향이 커지고 있다. 국내의 경우 2002년 부산 아시안게임이나 2002년 월드컵 개최는 IMF관리체제 이후 한국관광 발전의 활력소가 되었고, 리조트산업의 국제경쟁력을 갖추는 또 하나의 계기가 되었으며, 우리나라의 홍보 및 이미지 향상에 크게 기여하였다.

2003년 9.11테러(미국)

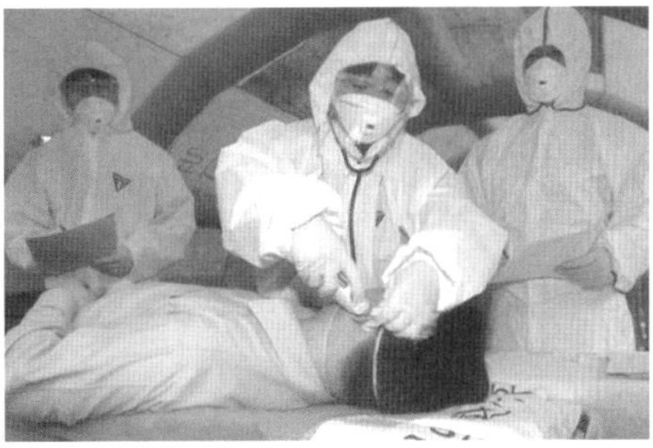

2003년 사스

2003년 이라크전쟁

2002년 한일월드컵

7 시설의 조기 노후화

리조트시설의 상품 자체가 건물과 스포츠시설, 그에 따른 장비로 이루어지므로 이를 이용하는 고객들에 의하여 쉽고 빠르게 훼손되거나 파손된다. 또한 유행의 회전속도가 빠르므로 쉽게 시설의 노후화가 온다. 결과적으로 상품의 경제적 효용가치가 가속하여 쉽게 상실되는 경우가 많다.

일반적으로 리조트 단지 내 숙박시설로 호텔이나 콘도미니엄 건물의 수익성이 가능한 사용연한은 15~20년으로 보고 있으며, 평균 5년마다 객실 내부시설의 대대적인 개보수작업을 한다.

8 시설 및 운영 시스템의 국제화

리조트는 불특정 다수의 고객이 이용할 수 있는 다국적기업이기 때문에 건축물의 디자인이나 장식물, 서비스 제공, 운영시스템 등이 국제화(Internationalization)되어야 한다. 즉 유형적인 하드웨어 서비스(Hardware service)나 경영시스템인 소프트웨어 서비스(Software service), 그리고 방문고객에 대한 개인서비스인 휴먼웨어 서비스(Human ware service)가 국제화되어 다국적 호텔기업의 경영시스템과 시설의 국제적 분위기가 연출되어야 한다.

세계적으로 유명한 리조트일수록 그 리조트만의 독특한 디자인이나 분위기를 통해 경쟁리조트들과 차별화를 이루고 있으며 리조트의 규모나 분위기에 따라 리조트의 품격이 판단되기도 한다.

롯데월드

에버랜드

⑨ 공공장소 기능

정치 · 경제 · 사회 · 문화의 발달에 따라 리조트산업의 기능도 단순 기능에서 탈피하여 공공장소의 기능으로 변화하고 있다. 급변하는 시대적 필요성에 변화하지 못하는 리조트기업들은 도태되었으며 경쟁력을 갖춘 리조트들만이 발전을 거듭하고 있다. 사실상 리조트기업이 스스로의 생존을 위해 영업형태의 변화를 모색하여 왔다고 봐야 한다.

과거와 달리 현대의 리조트는 숙박기능, 음식제공, 집회공간, 문화행사, 상업공간, 스포츠 · 레저 등의 건강센터 운영과 개인생활 공간뿐만 아니라 지역사회의 정치, 경제, 사회, 문화, 예술, 커뮤니케이션 공간으로 활용되는 공공장소의 역할을 수행하고 있다.

국내 리조트의 기능에서도 알 수 있듯이 과거 국내 리조트에서는 특정 시즌에만 고객이 몰려드는 일시적 방문지의 성격이 강하였으나, 현대의 리조트들은 특정 시즌은 물론 비수기에 해당하는 시즌에도 각종 기업단체, 대학생 단체, 초 · 중 · 고, 유치원생들에 이르는 다양한 고객층들이 방문하여 세미나, 레저, 공연, 문화행사, 스포츠를 즐기고 휴양하는 공공장소의 기능을 수행하고 있으며, 지역주민들의 만남의 공간으로도 폭넓게 활용되고 있다.

무주리조트 야외음악회

리솜포레스트 힐링 음악회

제2부

리조트개발과 변화

제5장 리조트개발의 의의, 절차, 유형별 개발

1 리조트개발의 의의

산업화의 수준은 미약하고 인구는 과잉상태인 낙후지역의 개발문제는 선진국, 개발도상국과 저개발국가 모두에게 해당되는 문제이지만, 특히 개발도상국이나 저개발 국가에게 더욱 중요한 문제가 된다. 도시 내 슬럼지구 등 선진국이라 해서 낙후지역이 없는 것은 아니지만 낙후지역이 많은 국가의 경우 저개발 수준을 벗어나기 어렵다는 측면에서 이를 해결해야 된다는 것이다. 이런 의미에서 낙후지역 개발은 선진국 진입의 중요한 과정으로서의 의미를 지닌다.

우리나라에서 현재 추진 중인 낙후지역 지원정책으로는 오지개발 제도, 농어촌 정주권 개발제도, 도서개발 제도, 폐광지역 지원제도, 특정지역 개발제도, 개발촉진 지구제도 등이 이루어지고 있다. 이와 같은 정책들을 통하여 우리나라에서는 인구의 지방 정착과 지역경제의 활성화를 토대로 낙후지역 개발사업을 전개하고 있다.

이러한 낙후지역을 개발하기 위한 측면에서 개발촉진 지구로 지정하여 상대적으로 우선하여 개발을 하는데, 그 개발사업의 내용은 리조트를 포함하는 관광산업이 대부분이다. 결국 우리나라의 낙후지역 개발전략은 관광산업에 집중되었음을 알 수 있다. 이는 적은 투자자본으로 최대한 효과를 거둘 수 있는 산업이 관광산업으로 판단하는데 기인하고, 그 개발유형과 방법으로 리조트개발이 중요한 축으로 자리메김하여 현재 다양하고 복합적인 형태로 개발이 진행되고 있다.

② 리조트개발 절차(단계)

리조트를 개발하는 데 최초의 기본 마스터플랜을 기획, 입안하여 최종 완성하기까지의 단계별 세부추진 내용들은 매우 중요하므로 작성하는 데 신중을 기해야 한다. 여기에서는 리조트의 1, 2단계와 리조트개발의 선행과제를 단계별로 나누어 추진내용들을 제시하고자 한다.

1) 제1단계 : 마스터플랜 작성단계

제1단계인 마스터플랜 작성단계에서는 리조트개발의 최초 기획 입안부터 사업의 구성과 발상, 기획, 개발사업에 필요한 기본적 개념을 정리하는 단계까지이다. 이것을 순차적으로 제시하면 다음과 같다.

(1) 리조트발상과 아이디어 정리

리조트개발의 초기전개에서는 그 사업을 해야 하는 의욕과 열정에 가득 찬 참신한 아이디어 제시와 발상이 중요하다. 그러나 단지 그것을 머릿속에 막연히 묘사하는 것만으로는 안 되고, 그것을 성공시킬 수 있는 사업 아이템으로 정리하여 남에게 분명히 설득할 수 있는 논리적인 근거를 정리해 놓는 것이 좋다. 특히 리조트사업은 앞에서도 언급했듯이 수요자 측에서 보면 정신적으로 내면적인 부분을 포함하므로 일반제조업과 달리 아주 예리한 감각과 센스를 갖는 발상이 중시된다. 이것이 리조트사업 개시의 실질적인 기초가 확립되는 것이다.

(2) 리조트개발 이미지 결정

발상과 아이디어 정리 다음에는 아이디어를 구체적인 리조트 이미지로 결정하는 작업이다. 구체적인 개발 이미지 결정을 위해서는 우선 자사의 장기적인 사업전개 비전을 정확하게 확인할 필요가 있다. 더불어 무엇을, 왜, 어디에, 어떻게 경영할 것인가라는 사업목표를 설정하여 마지막으로 사업의 윤곽이 판명되도록 계획 · 설정작업을 실시해 간다.

(3) 개발용지 선정

리조트 개발에 대한 이미지가 확정되면 그러한 이미지에 맞는 토지를 선정한다. 리조트의 특성상 주변의 경관과 기후, 접근교통문제, 개발규제지역 등을 사전에 점검해 둔다. 그 다음에 사업전개가 가능한 후보지를 정하는 순으로 진행한다.

(4) 시장대응의 검토

이 단계에서는 시장 동향에 대응한 사업의 기본적 전략 기초를 부여하는 것이다. 사회경제적 분석과 시장수요의 동향분석, 경쟁사업의 동향분석 등 사업이 대상으로 하는 타깃의 전체적인 검토를 행하는 것이다.

(5) 개발사업의 기본개념

이 단계에서는 최초 사업발상과 아이디어 제공 시부터 지금까지 추진해 왔던 기본개념들을 구체적으로 검토 · 실행한다는 모든 사내 관련자들의 공통된 의견을 집약하여 현실화시키기 위한 구체적 전략을 수집하는 것이 중요하다.

2) 제2단계 : 마스터플랜 형태의 완성단계

제2단계에서는 제1단계에서 검토했던 사업의 기본 콘셉트를 근거로 하여 여러 각도에서 다양한 필요사항을 검토하여 마스터플랜 형태를 완성하는 단계이다.

(1) 먼저 사업전개를 계획하고 있는 지역의 기본적 조건, 예컨대 토지이용이나 지역의 인구, 산업, 법적 규제, 지가, 경제사회환경, 문화자연자원, 교통여건 등을 검토해 둔다.

(2) **용지조건의 분석** : 리조트 특성을 잘 반영해 줄 수 있는 토지조건, 예컨대 입지조건, 토양과 지형, 용지형상, 취득가능성과 조건, 호수나 강을 낀 경관 등을 조사 · 정리한다.

(3) **토지이용 계획(Zoning)** : 리조트 개발산업의 토지를 전체적으로 용도 가능한 부

분으로 분할 · 정리해 본다. 예컨대 이용하기 좋은 토지, 보전경관이 더 좋은 토지 등으로 구획한다.

(4) **시장조사와 시설구성의 설정** : 시장조사는 마스터플랜을 작성한 후에 행하는 것 중 가장 중요한 부분이다. 시장 조사목적은 현재의 리조트 시장에서 요구하는 가장 중요한 것이 무엇인가? 또 요구하는 서비스에는 어떤 종류가 있고 그 기대치는 어디까지인가? 등을 파악하여 그에 맞는 시설의 구성과 자재를 설정한다.

(5) **시설정비 계획** : 이 단계에서는 시설구성과 배치에 대해 구체적으로 시설정비 계획을 작성한다. 예컨대 시설의 내용, 규모시설 배치, 수준, 공간설계, 자금계획, 건설스케줄 등을 검토하고 기능별 분류에서는 숙박거주관련시설, 레크리에이션시설, 서비스관련시설, 기반시설 외 4개 카테고리로 나눈다.

(6) **사업운영 계획** : 리조트경영은 시설만 완료되었다고 해서 경영이 잘되는 것이 아니다. 하드웨어적인 시설 외에 소프트웨어적인 인력운영 계획과 조직도, 시설운영비용, 수입가능 여부, 차입금변제 가능시기 등을 30년 후의 기준에 의거 추정손익계산서를 작성해 본다. 이때 만약 무리한 운영이 된다고 하면 일부 사업내용을 수정할 수도 있다.

(7) **마스터플랜 작성과 사업화** : 이러한 각 단계와 과정을 거치면서 사업의 내용과 경영방식 투자수지 계획과 기본적 사업전략을 파악하여 마스터플랜을 작성한다.

3 리조트개발 유형(국외 사례)

1) 도시복합보양지형

온천보양지가 대표적이고 사례로는 바덴바덴 리조트(독일)가 있다.

2) 임해복합개발형

(1) 마리나+주택형

사례 : 뽀르까마르끄(프랑스), 마리나델레이(미국)

(2) 광역리조트지대형

사례 : 코스타델솔(스페인)

(3) 복합리조트집적형

사례 : 골드코스트(오스트레일리아)

(4) 마리나+파크형

사례 : 미션베이파크(미국)

3) 신도시공간창출형(쇼핑+어뮤즈먼트)

사례 : 웨스트에드몬튼몰(캐나다)

4) 산악복합개발형(스키장+타운)

사례 : 아스펜(미국)

5) 테마파크복합형(테마파크+리조트시설)

사례 : 월트디즈니월드(미국)

6) 레저 · 보양시설 복합개발형(레저+헬스케어+보양)

사례 : 라코스타호텔 & 스파(미국)

제6장

리조트개발의 효과

리조트개발에 따른 지역의 파급효과는 그 영향이 큰 것이 사실이며 다음과 같이 요약할 수 있다.

1 지역경제 파급효과

1) 생산유발효과

외래 방문자가 지역에서 지출한 돈이 직접적으로 리조트관련 상품 및 관광상품의 생산을 유발하고, 다시 이들 산업부문이 생산을 연쇄적으로 유발하여 생산을 증대시키는 효과이다.

리조트산업은 건설업뿐만 아니라 부동산업, 관광업 그리고 수출, 투자, 교통, 쇼핑, 유흥, 숙박, 음식업 등 거의 모든 부문에 생산유발효과를 미친다. 간접적으로 제2차 산업은 물론 제1차 산업의 생산을 유발한다. 특히 식음료의 소비에 따른 지역 농업경제의 활성화를 가져오며, 다른 3차 산업 등에도 지대한 파급효과를 가져온다. 이처럼 리조트산업은 지역경제를 활성화하는 촉진제 역할을 한다.

2) 부가가치 유발효과

리조트산업은 금융, 보험서비스, 통신, 기타 서비스, 농수산업에 못지 않은 높은 부가가치 유발효과를 나타낸다. 이는 승수효과(multiplier effect)로 인한 제1차, 2차, 3차에 걸친 간접효과의 파급이 다른 산업보다 크기 때문이다.

특히 지방자치의 본격적인 실시로 각 지방자체단체가 경쟁적으로 개발계획을 세우고 있는 것도 부가가치가 매우 높은 데 기인한다고 할 수 있다.

3) 고용창출 유발효과

리조트산업은 직접적으로 리조트산업의 피고용자를 증대시키고, 다시 관련산업의 피고용자를 연쇄적으로 증대시키는 효과를 나타낸다. 이는 노동집약적 산업의 특징을 갖고 있기 때문이다.

고용유발효과는 리조트 방문객에 대한 각종 형태의 직접적인 서비스 외에 리조트 기반시설 증대를 위한 건설, 운수, 식음료 부분의 고용창출효과를 포함하므로 그 파급효과가 매우 크다고 할 수 있다.

또한 국내 대부분의 낙후지역에서는 인재의 외부유출로 인한 젊은 지식층의 공백상태에서 고용유발효과가 높은 리조트산업이 개발된다면 인재의 귀환 현상으로 지역 내 활기를 가져올 수 있을 것이다.

4) 세수입 증대효과

리조트개발의 효과 중 지방자치단체의 세수입 증가를 빼놓을 수 없다. 특히 재정자립도가 열악한 지방에서는 대단위 리조트개발을 통한 세수입 증대효과는 재정자립도를 높이는 매우 유용한 방법이다.

리조트사업은 각종 세수입의 원천이 되고, 또한 관광객들의 지역 내 소비가 늘어남에 따라 국세나 지방세의 증가를 기대하게 되는데, 이러한 세수입 증대효과는 선진국에서 리조트개발의 필요성을 정당화시켜 주는 요인이 된다. 따라서 지방재원을 확보하여 재정구조를 튼튼히 함으로써 지방자치의 성공에 큰 기여를 하게 된다.

이 외에도 교통조건의 개선, 미활용자원의 활성화, 농수산업의 관광산업진흥화 등의 효과를 창출하게 된다.

② 비경제 효과

1) 지역이미지 향상

지역 개발로 인한 기반시설 및 지역환경의 현대화가 이루어져 지역이미지 향상에 효과를 준다.

2) 문화재 및 각종 레크리에이션 시설의 활용

문화시설, 레저시설의 기반확충으로 지역주민의 삶의 질이 향상된다.

3) 인적교류 및 인재육성

외부지역에서의 많은 인적자원 유입으로 인적교류가 이루어지고 교육프로그램을 통한 지역 인재육성에 도움이 된다.

③ 부정 효과

1) 리조트개발 시 가장 우려하는 사항으로는 자연환경 훼손, 사회문화적 마찰, 관광개발의 획일화, 외부 경제의 침투로 주민의 실질소득 유출, 비현실적 개발추진을 들 수 있다.

2) 인심 및 미풍양속이 파괴되고 청소년의 탈선은 범죄의 증가에 영향을 미칠 것이라 판단하고 있다.

3) 지역사회의 자연환경 파괴와 환경오염 심화 등의 부정적인 영향이 미칠 것으로 나타났다.

제 7 장

최근 리조트의 변화

① 세계 흐름

카지노가 도입되어 결과적으로 성공적인 평가를 받고 있는 싱가포르는 카지노가 포함된 복합리조트의 성공과 전망을 한층 높여준 사례라고 할 수 있다. 싱가포르는 어느 나라보다도 규제가 가장 강한 나라이기 때문에 더욱 그러하다.

② 국내 변화

기존에 리조트라 하면 흔히 강원도의 스키장이나 수도권에 위치한 리조트로 골프 정도를 즐길 수 있는 장소로 인식해 온 것이 일반적인 상황이었다. 카지노를 기반으로 설립된 강원랜드의 경우 국내의 가장 대표적인 리조트로 테마파크, 호텔 및 리조트, 스키장, 골프장 등 시설을 종합적으로 갖추고 있는 곳이다.

영종도 외에도 국내에서는 동부산 관광단지, 북항재개발지역, 가덕도 등이 포함된 부산, 제주시 노형동, 전북 새만금 지구, 충북 오송 경제자유구역 등에서 복합리조트를 희망하며 유치에 적극적인 의향을 보이는 곳들이다. 카지노 복합리조트를 추진하는 지자체의 경우 이들 외에도 영암과 해남 기업도시, 여수 경도 해양관광단지 등이 있다.

문제는 해외 복합리조트 업체들의 경우 우리 정부의 내국인 입장 규제에 대한 폐지를 요구하고 있다는 점이다. 오픈 카지노 허용이 복합리조트 사업에 대한 투자 결정에 결정적인 요인으로 작용할 것으로 평가된다.

2015년도 들어와 1월 중에 정부가 투자 활성화 대책으로 내놓은 국내 대기업에게 외국인 전용 카지노가 포함된 대형 복합리조트의 운영 허용 내용을 보면 기존의 외국 자본에게만 카지노가 포함된 복합리조트 허가■를 국내 대기업에도 최대주주로 참여할 수 있는 길을 열어 주고 있다는 점에서 고무적으로 평가된다.

1) 복합리조트의 효과

(1) 생산효과

국내에 복합리조트를 도입하고 구상하는 것은 초대형 복합리조트를 통해 생산효과를 창출하는 경제적인 측면에서 그러하다. 연합뉴스 자료에 의하면 국내에 싱가포르 모델 같은 초대형 복합리조트가 생기면 7조 6천억 원에 달하는 생산효과를 낼 것으로 전망하였다. 또한 복합리조트의 소득효과는 1조 1천억 원, 부가가치 효과는 3조 5천억 원에 달하며 5만 4천 명이 넘는 고용창출 효과를 낼 것으로 분석하였다(http://app.yonhapnews.co.kr).

하나의 복합리조트가 만들어지면 수만 명에 달하는 고용유발 효과가 있다는 점에서 큰 의의가 있다. 현 정부의 고용창출과 취업률 제고에도 역할을 할 것으로 생각한다.

(2) 관광인프라 구축

호텔, 컨벤션시설 등 관광인프라의 확충이 늘어난다.

(3) 외래 관광객 창출 및 재방문 유도

신규 외래 관광객을 창출할 수 있다. 카지노 등 시설을 갖추면서 새로운 수요의 방문객을 유입하게 되는 것이다.

현재 증가하는 외래 관광객 유치 증가상황에서 지방도시의 복합리조트 건설과 운영에 대한 필요성과 중요성이 부각된다. 부산의 경우 일본관광객의 유입이 많은 상황이며 중국인들의 관광수요도 증가하는 상황이다. 해외의 카지노 사업자들도 부산에 카지노

■ 정부는 외국인 전용 카지노가 포함된 대형 복합리조트를 국내자본에 2곳을 우선적으로 허용해 주는 것으로 알려졌다. 복합리조트는 5성급 1000실 이상의 호텔과 문화 · 예술 · 회의시설 등을 갖춘 복합 레저 · 업무 공간(조선일보, 2015.1.19: A3면)을 의미한다.

를 포함한 복합리조트 투자에 많은 관심을 보이고 있는 상황이기도 하다. 물론 이들 사업자들은 내국인의 출입이 허용되는 카지노를 희망하고 있다. 그러나 카지노 추가 허용과 부정적인 여론 등이 있어서 쉽지는 않을 전망으로 보인다. 제주, 인천 등에도 국내 및 외국인 투자의 가능성은 높다.

복합리조트는 쇼핑몰, 특급호텔, 테마파크, 국제회의장 등의 시설을 갖추고 있어서 해외의 많은 관광객과 고객을 유치할 수 있는 기반을 제공한다.

특히 중국관광객이 증가하는 상황에서 복합리조트는 하나의 대안이기도 하다. 이미 싱가포르에 오픈한 마리나베이샌즈 리조트나 리조트월드 센토사의 경우 중국관광객 유치로 관광객 수를 두 리조트 개장 후 20%나 늘리고 세계적 경기침체에도 국내총생산(GDP) 성장률이 14.5%를 기록(한국일보: 2014.4.7; http://news.hankooki.com)했다는 점에서 시사하는 바가 크다.

(4) 카지노산업의 브랜드 구축

한국은 카지노산업의 경쟁력과 세계적인 브랜드화는 아직 되지 않은 상황이다. 이러한 복합리조트 내 카지노를 구축해 세계적인 카지노 브랜드를 강화하는 계기가 될 것이다.

우리나라의 복합리조트 카지노는 글로벌 랜드마크가 없다. 라스베이거스 시전스 팰리스 호텔이나 마카오의 베네치안 호텔처럼 복합리조트 카지노가 글로벌 랜드마크가 된다면 한층 한국의 카지노 브랜드가 세워지고 발전하는 계기가 될 것으로 생각한다.

(5) 고용창출과 조세납부

복합카지노를 통해 고용이 창출된다. 그리고 카지노의 세금을 통해 조세 납부의 긍정적인 효과가 발생한다. 복합리조트가 건설될수록 정부의 세수도 대폭 늘어나게 된다는 점에서 고무적이다.

최근 청년실업률의 증가에 대한 해결책으로 복합리조트를 정책적으로 준비하고 있다. 또한 사회복지 증진차원에서도 복합리조트 산업 지원 특별법안이 준비되고 있다.

(6) 경제활성화 및 관광산업 육성

복합리조트는 새로운 경제활성화의 계기가 될 것이다. 아울러 뜨고 있는 우리나라 관광산업의 새로운 발판을 마련할 기회를 부여한다.

2) 문화공간화

기존의 복합리조트는 카지노, 쇼핑, 외식, 호텔 등 기존 모형으로 구축되었던 것이 사실이다. 그러나 최근에는 국가의 문화를 체험할 수 있는 상설적인 기회의 공간으로 자리를 잡아가고 있다.

특급호텔, 카지노, 컨벤션, 쇼핑을 중심으로 스파(spa)가 결합된 복합리조트로 여기에는 갤러리, 공연장, 테마파크, 정원, 대형 광장 등이 합쳐져 인기 있는 공연을 체험할 수 있는 공간으로 자리 잡고 있다.

최근 국내의 카지노 선두업체인 파라다이스그룹■은 부산과 제주에 기존 호텔을 복합리조트로 확장하는 방안을 고려하고 문화, 스파, 놀이시설을 갖춘 복합리조트도 구상하고 있는 것으로 나타났다.

3 전략적 · 정책적 측면

최근 복합리조트는 관광산업의 중흥이라는 차원과 전략적인 측면에서 고려, 준비되고 있다. 우리나라도 이제는 3차 산업인 서비스산업의 육성만이 국가발전의 기회요소로 인식되고 있는 상황에서 보다 부가가치가 있고 경제적인 효용이 있는 복합리조트로 관심이 고조되고 있는 상황이다.

■2017년까지 일본의 세가사미홀딩스와 1조 3000억 원을 투자해 인천공항 인근 20만 평방미터에 711실의 특급호텔, 카지노, 컨벤션센터, 쇼핑몰, 스파 등을 갖춘 복합리조트를 계획하고 있다. 이 중 카지노 면적은 전체 5% 미만이며 갤러리, 공연장, 테마파크, 컨벤션센터, 영국식 정원, 아탈리아풍 대형광장으로 연중 한류를 체험할 수 있는 공간으로 계획하는 것으로 알려졌다. 파라다이스그룹은 40년 이상 국내 카지노산업의 선두주자로 국내 외국인 전용 카지노 16개 중 워커힐 등 5개를 소유하고, 연간 카지노 매출액이 7000억 원대로 전체 시장의 절반 정도를 차지(조선경제, 2014.11.28: B2면)하는 것으로 나타났다.

1) 관광진흥적 차원

향후 복합리조트는 관광진흥이 요구되는 지역에 건설해야 한다는 여론과 평가가 우세하다. 이러한 지역은 대도시 인근의 지역이거나 경제자유구역 같은 세제혜택이 주어지는 장소여야 한다는 의미이다. 외국인의 투자가 필요한 복합리조트의 경우 이러한 장소가 더욱 적합한 상황이다.

복합리조트는 카지노라는 매력을 지닌 요소를 포함한 관광자원으로 가치가 있다. 관광수요를 끌어올리는 핵심동력으로 자리잡게 될 것이다. 특히 도심형 복합리조트의 완성은 이러한 충족요건을 배가시켜줄 것이다. 미국 라스베이거스의 사례에도 볼 수 있듯이 1980년대까지 카지노의 높은 수익구조가 한계에 다다르자 쇼핑, 컨벤션, 스파, 공연 등으로 수익구조를 창출해 온 사례와 같이 다양한 요소가 공존하며 새로운 수익구조의 역할을 해 줄 것으로 생각한다.

2) 허가요건 문제

원래 카지노의 허가요건이 법적으로 어렵고 기준이 까다롭다는 점을 인정하면서도 현실적인 측면에서 고려되어야 한다는 의견이 많다. 관광진흥법상 외국인 전용 카지노 허가요건을 보면 국제공항이나 국제여객터미널이 있는 광역지방자치단체 또는 관광특구 내 관광호텔업 또는 국제회의시설의 부대시설로 요건을 규정하고 있다. 이러한 법적 요건에 부합하기는 쉽지 않은 상황이다. 보다 필요한 지역■에서 가능한 법적 요건의 개선이 요구되고 있다.

경제자유구역 내에 외국인 자본이 대주주로 참여해야 리조트 건설이 가능하였다. 2015년 들어서는 외국인 투자금 5억 달러를 유치하면 국내자본이 최대주주로 리조트를 운영할 수 있도록 관련 규제를 완화하였다. 즉 대기업이 주축이 되어 외국인 투자금 5억 달러를 유치하면 복합리조트 사업을 할 수 있는 조건이 허락된 것이다.

그러나 국내의 법적인 요건이 쉽지 않다. 기획재정부, 안전행정부, 산업통산자원부 등 관련부처와 연계되어 있다. 문화체육관광부는 외국인 전용카지노업 허가에 사전심사위원회를 거쳐 적합 여부를 결정하고 있다.

■ 현재 우리나라의 국제항이나 관광특구에 해당하는 지역도 좋은 입지요건이다. 우리나라의 관광산업을 육성해야 할 지역에 전략적으로 복합리조트가 건설될 필요성이 대두되고 있다.

또한 정부의 여러 구상과 발표한 대책들이 국회에서 법안으로 통과해야 시행이 가능하다. 호텔관련 투자의 확대를 위해서는 동서남해안 및 내륙권 발전 특별법과 자연공원법 등 8개 법안 개정이 필요(조선일보, 2015.1.19: A3면)한 것으로 알려졌다.

(1) 국내 요건

가. 경제자유구역■ 내 외국인 전용 카지노 허가

가) 절차

사전심사에서 적합 결정을 받기 위해서는 청구자격 요건을 충족해야 한다. 문화체육관광부에서는 사전심사위원회에서 건축, 회계, 투자, 도시계획, 법률, 관광 등 각 분야의 전문가를 구성하여 사전심사 청구에 대한 적합 여부를 결정하고 있다. (주)LOCZ코리아(리포, 시저스 컨소시엄)의 경우에도 이러한 절차에 의해 적합 여부를 판단하여 통과■■시켰다.

나) 청구자격 요건

투자요건, 자금특성, 신용상태, 결격사유, 외국인투자 금액 납입 여부를 충족시켜야 한다. 이러한 사항을 충족하게 되면 투자계획서 심사에서 총 1,000점 만점에서 800점 이상, 평가항목별로 60% 이상의 점수를 확보하면 된다(호텔앤레스토랑, 2014: 136면).

(2) 복합리조트 주요시설

복합리조트 주요 시설에 관련해 문화체육부의 자료(호텔앤레스토랑, 2015: 109면)를 보면 다음과 같은 규정을 갖고 있다.

■경제자유구역 영종도는 향후 가장 대표적인 복합리조트 사업의 거점지이다. 영종도의 3곳과 제주도 1곳에서 복합리조트가 개발 중인 상황이다. 경제자유지역이 우선적인 검토대상지로 인식되는 것은 외국인의 왕래가 자유롭고 수익이 카지노에서 대부분 창출되는 복합리조트라는 점에서 그렇게 판단되고 있다. 중국인 관광객의 급속한 증가와 함께 제주도나 강원지역도 후보지로 부각되고 있다.

■■LOCZ코리아에 대한 적합통보는 외국인전용카지노업에 대한 예비허가(투자이행실적 보고, 투자자금관리, 국내 예치 투자금액 사용조치 이행, 고용창출방안 등 추가적인 이행을 담보하기 위한 조건 부과)의 성격으로 취소사유 해당 시 카지노업 불허 가능성을 문화체육관광부에서는 밝히고 있다(호텔앤레스토랑, 2014: 136면).

가. 공통시설

가) 숙박시설

비즈니스형, 위락형 모두 숙박시설은 1000실 이상이며 5성급의 호텔이어야 한다.

나) 회의 시설

비즈니스형의 경우는 전문회의시설 이상을 갖춰야 하며 위락형의 경우는 준회의시설 이상을 갖춰야 한다.

다) 테마어트랙션

비즈니스형은 200억 원 이상이어야 한다. 위락형은 700억 원 이상이어야 한다.

라) 카지노(외국인 전용)

비즈니스형이나 위락형 모두 총 건축연면적의 5% 이내이어야 한다.

마) 쇼핑시설

비즈니스형이나 위락형 공히 2만㎡ 이상이어야 한다.

나. 선택시설

고급식음료, 엔터테인먼트, 문화 · 예술, 레저스포츠, 헬스 · 의료 등을 말한다. 비즈니스형 복합리조트나 위락형 복합리조트나 문화 · 예술 시설을 포함하여 최소 2종류 이상 개발하여야 한다.

3) 지원체계

복합카지노 건설과 진행에 있어 허가 절차에는 카지노 허가를 미리 확인해 주는 절차와 과정에 전문가의 도움이 있어야 한다는 의견이 많다. 이러한 지원체계는 투자자본 유치 등 투자유치에 도움이 되는 차원에서 지원이 이뤄져야 할 것이다.

4) 법적 규제와 관리

복합리조트는 카지노를 중심으로 한 복합적 관광사업의 결집으로 각 사업에 대한 관리가 체계적으로 이뤄져야 하는 사업체이다. 미국의 경우 라스베이거스 카지노 중심의 복합리조트는 미국의 규제시스템에 의해 인허가 및 관리와 감독 시스템이 투명하게 이루어져 오고 있다는 평가이다. 규제기관의 철저한 감독과 카지노업체의 자율적이고 법규준수의 철저함이 반영되어 발전할 수 있었다는 점을 판단해야 한다.

복합리조트에 관련하여 보다 근본적인 문제는 우리나라가 상대적으로 규제가 많다는 점이다. 대전 롯데 테마파크, 속초 아쿠아테마파크 등 테마파크 개발만 하더라도 수차례 시도하였으나 높은 규제와 추진력의 부족으로 실행되지 못하고 있다는 현실을 보게 된다.

④ 테마가 있는 리조트

국내에서도 리조트는 휴식하면서 역사를 배우고 문화를 체험할 수 있는 장소가 선호된다. 즉 주제가 있는 테마중심의 여행이 가능한 곳에 위치한 리조트를 선호한다. 부여에 있는 롯데리조트는 백제를 테마로 한 전통문화와 역사를 체험할 수 있는 장소이다. 근처에 백제테마정원, 백제예술거리, 역사재현촌, 백제역사문화관 등이 있어서 이러한 경험을 할 수 있는 지역이다.

⑤ 한류와 연계

우리나라의 복합리조트는 현재 세계적으로 관심을 끌고 있는 K팝이나 드라마, 영화 등과 연계하여 한류문화를 체험할 수 있는 관점에서 콘텐츠를 지닌 리조트로 준비해야 한다는 지적을 받고 있다.

⑥ 글로벌 랜드마크

우리나라의 복합리조트 카지노는 세계적으로 이름난 라스베이거스의 시저스 호텔이나 마카오의 베네치안처럼 랜드마크가 되도록 조성하고 준비해야 한다. 이를 위해서 여러 측면에서 준비가 이뤄져야 한다.

1) 디자인

복합리조트의 외국의 사례나 트렌드를 보면 획기적이기까지 한 모습을 보게 된다. 싱가포르의 경우도 마리나베이 리조트는 마치 배를 올려놓은 듯한 이미지를 보여주고 있다. 마카오의 경우에도 복합리조트의 외관이나 이미지가 매우 고풍스럽거나 최첨단 빌딩의 이미지를 갖고 있는 등 디자인에 매우 신경을 쓰고 있다는 느낌을 받게 된다.

2) 친환경 경관

세계의 주요 도시의 복합리조트는 환경에 공존하는 콘셉트의 경관을 보여준다. 말레이시아의 겐팅 리조트의 경우는 고지대에 위치하여 자연적이며 여름에는 휴양지로서의 친환경 경관도 보여준다.

3) 야간경관

복합리조트는 특히 야간의 분위기가 중요하다. 관광객을 유치하기 위해 전략적으로 조명을 화려하고 특이하게 연출하고 있다. 마카오의 경우, 야간에 호텔 앞의 분수쇼나 내부에서의 조명쇼 등 복합리조트 간의 경쟁차원에서도 볼거리를 차별화하는 노력을 기울여 오고 있다.

4) 특성에 부합

싱카포르의 마리나베이 리조트는 개발 때부터 싱가포르의 도심에 자리잡은 비즈니스와 금융의 허브로 부각시킬 수 있도록 개발되었다. 또한 센토사의 경우도 해안가와 섬의 특성을 살린 복합리조트로 개발의 포커스를 맞췄다는 점을 보아야 한다.

미국이나 마카오를 보더라도 복합리조트는 야간경관이 매우 중요하다. 호텔이나 리조트 앞에서 저녁에 열리는 분수쇼나 야간 레이져쇼 등은 한층 분위기를 상승시키는 요인이 된다.

5) 접근성

대중교통을 이용해서 쉽게 방문할 수 있는 체계가 이뤄져야 한다. 영종도 복합리조트의 경우에도 인천국제공항철도 영종역이 2016년 3월 개통했다.

인천국제공항은 2014년 4551만 명(조선일보, 2015.9.23.: H1면)으로 이용객 수가 늘어나고 있는 추세이다. 영종도가 특히 카지노 복합리조트의 사업중심지로 부각되고 있는 것도 이러한 위치와 관련이 있다고 할 수 있다.

7 지자체의 적극적 의지

복합리조트의 경제적인 효과 등으로 인해서 부산, 제주, 영종도, 새만금 지구, 오송 경제자유구역, 경기도 용인시가 카지노를 포함한 대규모 복합리조트를 유치하고, 다시 추가선정에 나서는 등 많은 지자체들이 적극적인 복합리조트 유치 자세를 보이고 있다.

제8장

복합리조트의 추세

① 세계적인 추세

현재 복합리조트의 중요성을 알고 각국은 복합리조트의 형태로 건설하고 확대하고 있는 상황이다. 마카오, 싱가포르 등 세계의 복합리조트 개발을 보면 카지노를 기본시설로 하고 테마파크, 문화시설, 숙박, 쇼핑시설 등을 동시에 조성하는 특징을 보이고 있다.

1) 아시아의 경쟁

복합리조트가 세계적인 경쟁상황에서 특히 우리나라의 주변 아시아국가들의 관심과 집중적인 투자와 경쟁이 보여지고 있다. 이미 세계적인 제1의 카지노 도시가 된 마카오와 마리나베이 리조트와 센토사 섬에 복합리조트를 운영하여 국가 경쟁력과 내수 활성화 그리고 GDP 2% 등을 상승시킨 두 나라의 성공적인 모델을 벤치마킹하여 복합리조트 활성화를 위한 준비상황이 분주하게 이뤄지고 있다.

아시아에서 내국인 출입이 허용되는 오픈 카지노는 마카오, 싱가포르, 말레이시아, 필리핀에 불과하다. 아시아시장의 비전이 보이는 만큼 일자리 창출, 소비 확산, 세수 확보란 차원에서 오픈카지노에 대한 고민이 대두되고 있는 상황이기도 하다.

(1) 필리핀

필리핀은 이미 2010년 마닐라에 리조트월드를 개장하였다. 2016년까지 솔레어 리조트, 시티 오브 드림즈 마닐라, 마닐라베이 리조트 등 카지노를 포함한 네 개의 복합리조트를 건설을 하였으며, 이 프로젝트는 일본계의 Aruze사, 필리핀 SM사, 말레이시아 최고의 다국적 레저 기업인 Genting그룹에서 투자한 것으로 알려졌다.

(2) 대만

대만은 중국 연안 마쭈 섬에 복합리조트 개발을 추진 중이다. 2012년 카지노를 포함한 복합리조트 설립이 주민투표를 통과했으며, 현재는 2019년 카지노를 포함한 복합리조트를 개장한다는 목표 하에 세부 실행 법안을 준비 중이다. 이와 관련 홍콩의 갤럭시 엔터테인먼트가 26억 달러 규모의 마스터플랜을 밝힌 바 있으며, 미국의 샌즈그룹과 MGM 역시 대만 본토 내 복합리조트 개발에도 관심을 보이고 있다.

(3) 베트남

베트남은 세계문화유산 하롱베이의 경쟁력을 살려 중국인 등의 외국인을 유입하기 위해 2014년 꽝닌성 반돈경제구역에 복합리조트 건설을 추진 중이다. 내국인의 카지노 출입을 제한적으로 허용하는 계획도 가지고 있다.

(4) 러시아

러시아는 칼리니그라드 · 크라스노다르 · 프리모르스키 · 알타이자치공화국 등 4개 관광특구를 중심으로 복합리조트 설립을 추진 중이며, 특히 블라디보스톡 시가 소속된 프리모르스키 주에만 17개의 복합리조트 설립이 계획돼 있다. 이는 접근성이 좋은 지리적 이점을 활용해 중국인 관광객을 유치하려는 계획과 중국에서 가까운 유럽도시라는 장점을 내세우고 있다. 또한 해외자본 유치에 있어서는 수익에 대한 낮은 과세로 파격적인 조세혜택을 강점으로 하고 있다.

(5) 일본

일본에서는 카지노 합법화 법안이 통과되면 동경 하네다공항 인근에 외국인이 출입하는 카지노단지를 계획(조선일보, 2014: A3면)하고 있다. 일본은 카지노 합법화와 함께 복합리조트 개발을 적극적으로 진행 중인 상황이다.

도쿄올림픽을 겨냥해 2020년까지 도쿄, 오사카, 오키나와 등지에 3개 안팎의 카지노를 건설한다는 계획으로 해외 관광객을 유치하고 관광산업을 발전시키기 위한 차원에서 도쿄를 개방하겠다는 방침으로 해외자본들의 많은 투자계획이 예상된다.

2) 세계 카지노 시장 규모

복합리조트의 핵심요소인 세계 카지노 시장의 규모를 보면 2013년 매출액 기준으로 마카오 451억 달러, 미국의 라스베이거스가 65억 달러, 싱가포르 60억 달러, 호주 33억 달러, 한국 25억 달러, 필리핀 22억 달러, 말레이시아 16억 달러(삼성자산운영 자료)로 나타났다.

② 경제 관점에서 운영

각국은 자국의 관광산업과 관광의 진흥정책적 차원에서 복합리조트를 운영하고 있는 상황이다. 싱가포르가 법적인 엄격한 상황에서도 카지노를 허용하면서 마리나 베이 샌즈와 센토사섬 리조트 등 카지노를 기반으로 한 복합리조트를 허용한 것을 보더라도 자국의 경제성장 관점에서 국가경제에 기여가 큰 측면을 인정하여 복합리조트를 시작하게 된 것을 알 수 있다. 결과적으로는 성공한 사례로 평가받고 있다.

③ 대규모 투자 필요

복합리조트는 자본의 대규모 투자가 요구되는 사업이다. 전술한 바와 같이 카지노 외에도 MICE(Meeting, Incentive, Convention, Exibition) 시설 구축, 대형 쇼핑몰 구축, 테마파크 유치, 호텔 및 리조트 시설, 식음료 시설, 워터파크 시설, 골프장, 스키장 시설 등 레포츠시설 등이 연계되는 시설의 구축이 필요한 만큼 대규모 투자가 요구되면서 외국자본의 유입도 불가피한 상황이라고 하겠다.

1) 리조트

복합카지노의 경우 호텔 대신에 숙박시설로 리조트도 부각되고 있다. 도심의 경우 호텔형태라면 도시 외곽, 수도권이나 지방의 경우 리조트 형태도 선호된다. 휴양지의 경우 리조트의 대규모 형태가 많은 편이다. 말레이시아 겐팅 하일랜드의 경우에도 수도 쿠알라룸푸르에서 약 3시간 정도 떨어진 고산지대로 휴양형의 리조트로 자리 잡고 있다.

최초의 리조트

리조트의 유래를 보면 약 2천 년 전 로마제국시대의 공공 여가시설이었던 공중목욕탕으로부터 시작되었다고 할 수 있다. 1300년경 물과 함께 치유와 요양을 위해 발달하기 시작한 유럽의 스파리조트로 이어지며, 1800년대 중반 산업혁명의 여파 등으로 대중형 리조트가 생겨나게 되었다. 교통의 어려움 등으로 장기적인 체류에 적합한 입지성 리조트였다. 이후에는 리조트가 발전하면서 즐길거리 등과 시설적인 차원에서 복합적인 공간으로 발전해 오고 있다.

2) 카지노

국내의 카지노 인수에 외국계 자본이 적극적인 행보를 보이고 있다. 제주도의 하얏트호텔의 카지노 '벨루가 오션'을 인수하기 위해 중국 부동산 개발업체인 란딩그룹이 국내 기업 AWE사에 1,200억 원을 지불하였다. 국내 카지노 매각 건으로는 가장 규모가 크다. 2012년 제주 신라호텔 카지노 '마제스타'를 국내 카지노업체 제이비어뮤즈먼트가 195억 원으로 인수한 카지노 운영권 거래와 비교하면 파격적이라는 업계의 반응이다. 제주하얏트호텔 카지노는 면적이 약 800㎡로 제주의 8개 외국인 전용 카지노 중 가장 작다(한국일보, 2014.4.7; http://news.hankooki.com)는 이유에서다. 이러한 사례에서 보는 것 같이 국내의 카지노에 대한 향후 가능성과 외국인 투자자들의 긍정적인 평가가 반영되고 있다는 해석이 가능하다.

3) 교통 인프라

무엇보다도 접근성이 중요하다. 대중교통으로 쉽게 방문할 수 있도록 교통망의 구축이 이뤄져야 한다. 그래서 현재 영종도에 준비되고 있는 복합리조트를 위해서 2013년부터 시작한 인천국제공항철도 영종역사 건설이 2015년 말 완공되었다.

지방도시 중에 가장 많이 거론되는 부산도 일본과의 접근성이 좋고 중국인들의 관광수요도 증가하는 상황으로 유력후보지로 부상하는 것도 이러한 교통인프라와 무관치 않다. 또한 부산은 해양관광자원의 경쟁력도 있어서 외국의 투자자들이 많은 관심을 보이고 있는 지역이다.

4) 쇼핑

복합리조트에 쇼핑시설은 가장 중요한 시설요소라고 할 수 있다. 최근 우리나라에도 중국관광객의 증가요인을 보면 쇼핑목적의 관광객이 증가하는 것처럼 전 세계적인 차원에서도 복합리조트에서 쇼핑시설의 중요성과 비중은 이미 커져 있는 상황으로 봐야 할 것이다.

복합개발단지■ 의 가장 대표적인 사례인 미국 네바다 주 라스베이거스의 시티센터(City center)는 브다라, 만다린 오리엔탈, 아리아 등 47~60층짜리 고급 호텔 3개와 티파니, 프라다, 로베르토 카발리 등 최고급 브랜드 60여 개가 입점한 고급 의류와 잡화 브랜드 매장 크리스털이 들어서 있는 세계적인 복합개발단지이다. 크리스털의 부지는 4만 6541평방미터이다. 이곳에는 숙박과 쇼핑뿐만 아니라 20여 개 유명 레스토랑과 카지노가 갖춰져 있다. 아침부터 밤까지 단지 안에 내부 순환열차를 운행해 관광객들은 밖으로 나올 필요가 없도록 설계된 것이 특징이다(조선일보, 2012.2.23, C5면). 쇼핑과 숙박시설 그리고 카지노, 고급 레스토랑을 갖추고 엄청난 규모의 복합적인 시설로 관광객들을 유입하고 체재시키는 효과를 나타내는 특징이 있다.

■ 상가와 주택, 오락시설, 교육시설 등을 결합해 지역 특성에 맞는 복합적인 콘셉트로 개발하는 부동산 개발방식이다. 거주자에는 편리함을 제공하고 쇼핑을 위한 상가와 오락시설은 유동인구를 집중적으로 끌어들일 수 있다는 장점(조선일보, 2012.2.23: C5면)으로 평가하고 있다.

④ 높은 유인 요소

1) 카지노

복합리조트에서 카지노가 차지하는 비중은 대략 5%라는 평가이다. 그러나 카지노의 매출 비중은 전체의 약 30%를 차지한다. 카지노의 오락성에 방문객을 끌어들이는 요소가 있기 때문이다.

다양한 활동이 가능한 복합리조트에서 카지노의 비중은 전문가에 따라 다르지만 3% 선이라는 평가도 있다. 그러나 이러한 적은 비중에도 카지노는 투자를 유인할 수 있고 다양한 공연과 행사를 유치할 수 있다는 점에서 카지노의 유인요소는 지대하다고 하겠다. 라스베이거스의 복합리조트의 80% 정도가 관광객이며 이 중 과반 이상이 재방문객이라는 점에서 주목해야 할 것이다.

복합리조트는 카지노를 중심으로 쇼핑몰, 특급호텔, 테마파크, 국제회의장 등을 갖춘 복합시설이다. 수만 명에 달하는 고용효과 창출, 세수 증가 등의 이점이 있다. 특히 MICE(회의, 포상관광, 컨벤션, 전시회) 산업의 경우 고객을 유치하기 위한 강한 유인력과 인센티브를 갖춘다는 점에서 카지노를 기반으로 한 복합리조트의 중요성이 있다는 점에 주목해야 한다. 즉 카지노의 유인력을 높이 평가해야 한다.

2) 다양한 활동 가능

복합리조트(IR: Integrated Resort)는 호텔, 리조트, 고급 레스토랑, 쇼핑, 영화관, 박물관 등이 망라된 복합적인 공간이다. 여러 가지 현대인들에게 필요한 활동을 하나의 거대한 공간에서 할 수 있는 원스톱 여가활동 공간으로 이해할 수 있다.

⑤ 벤치마킹 필요

시설적인 차원에서의 복합리조트 건설도 중요하지만 앞서가는 각국의 복합리조트 상황을 보면 카지노호텔, 테마파크, 레포츠시설 기반의 문화공간으로 이용객들에게 어필하고 있는 모습이다. 특히 외국인 전용 카지노를 기반으로 한 복합리조트의 벤치마킹으로 미국의 라스베이거스■ 카지노 형태가 가장 바람직한 것으로 의견이 조사, 대두되고 있다.

⑥ 긍정적인 요소

카지노의 순기능은 무엇보다도 국가에 기여하는 경제효과일 것이다. 복합리조트의 필요성은 최근 라스베이거스의 경우를 보더라도 1980년대 수입의 85%를 카지노에 의존했다. 그러나 최근 수익구조의 65%가 카지노 이외의 쇼핑, 컨벤션, 스파, 공연 등에서 창출한다(이데일리 뉴스, 2014.5.5; www.edaily.co.kr)는 보고를 통해서도 복합카지노의 필요성과 역할을 다시 일깨워주는 내용이라고 하겠다.

⑦ 부정적인 요소

카지노 운영의 가장 큰 폐해가 중독으로 인한 개인적이고 사회적인 문제의 야기일 것이다. 도박중독으로 인한 가정파괴가 이뤄지고 있다. 행복하고 단란했던 가정이 정상적인 사회생활을 하지 못하고 중독되면서 경제적인 문제가 야기되고 결국 가정파탄이 생기고 있는 현실이다.

또한 이러한 상황에서 카지노 출입을 위한 자금마련을 위해 소유한 재산을 탕진하고, 고리대금■■이 성황하며, 사행심을 조장하여 한탕주의식의 사고방식으로 인해 정상적이고 성실한 생활을 할 수 없게 만드는 큰 문제를 일으킨다. 돈을 마련하기 위한 각종 범죄가 발생하는 등 사회문제가 증가하게 된다.

우리나라에서도 내국인 출입이 허용되는 강원랜드의 매출액이 외국인 전용 카지노 16곳의 수입보다도 많은 문제점이 보인다. 이는 결국 내국인의 폐해 문제가 심각하다는 것을 보여주는 사례라고 하겠다.

■ 라스베이거스는 1990년대부터 복합리조트를 건설하여 마이스산업을 성공적으로 이끌어왔다는 전문가들의 평가를 받고 있다. 카지노시설과 마이스 인프라를 융합한 복합리조트는 이 도시의 성장동력이라는 평가이다.

■■ 고리대금은 비싼 이자를 받는 돈놀이 또는 그 돈을 의미한다.

싱가포르의 경우에도 이러한 사회문제를 막기 위해 내국인의 카지노 출입 시 80달러의 입장료를 추징하고 있지만 저소득층의 도박장 출입이 증가하는 등의 문제가 현실로 나타나고 있는 상황이다. 싱가포르는 실업자와 보조금 수혜자, 파산 신고자의 카지노 출입을 현재 막고 있기는 하나 부정적인 영향은 어쩔 수 없이 받고 있는 상황으로 보인다. 물론 생활보호대상자, 신용불량자 등도 카지노 입장이 불허된다.

싱가포르는 부정적인 상황을 줄이기 위해 연간 입장료 160만을 징수하고 있고 중독방지를 위해 가족이나 제3자가 특정인의 카지노 출입금지를 요청하면 카지노 출입이 불가하다.

싱가포르는 40여 년 동안의 도박금지 정책을 철회하고 부정적인 차원을 넘어 결과적으로는 긍정적인 국가경제 발전의 또 다른 요소로 결과물을 내게 되었다.

최근 우리나라 복합리조트에 관심을 보이고 있는 외국자본의 경우 국내에 복합리조트에 투자조건으로 내국인의 카지노 허용을 조건으로 하고 있어서 향후 논쟁의 여지가 큰 것으로 보인다. 현재 강원랜드의 경우에도 많은 문제점이 표출된 상황으로 신중하게 검토되어야 할 사안으로 여겨진다.

제3부

복합리조트 구성

제9장 호텔 · 리조트

호텔과 리조트의 유사점은 숙박기능을 갖추고 있다는 것이며, 호텔이 숙박기능 중심인 반면에 리조트는 숙박기능 외에 골프, 스키와 같은 옥외 레저 스포츠시설의 즐길거리, 볼거리, 놀거리, 먹을거리의 시설들을 핵심적으로 갖춘 것이 차이점이라고 할 수 있다.

1 호텔

1) 호텔의 개념 및 정의

호텔은 숙박업의 일부분이지만 관광산업에 매우 중요한 위치를 차지하고 있다. 국제화 시대에 호텔은 단순히 여행객에게 숙박과 음식을 제공하는 하나의 시설이 아니라 그 나라의 정치 · 경제 · 사회 · 문화 등 광범위한 분야에 걸쳐 그 영향을 받는 기업체이며, 한 국가의 국제적 수준을 판단하는 중요한 기준이 되고 있다.

호텔은 다양한 기능적 수요와 규모뿐 아니라 서비스와 경영 등 환대산업이 추구하는 모든 중점요소가 최고의 수준에서 집약된 공간이기 때문에 숙박업을 대표하는 시설로 일컬어지며, '환대산업의 꽃' 으로 비유된다.

이와 같은 특징에 따라 호텔을 정의한다면, "경제적으로 지불능력이 있는 불특정고객에게 숙박과 식사를 비롯한 휴식과 오락을 즐길 수 있는 제반 시설을 갖추고 고객만족을 위한 부가적인 무형적 서비스를 세련된 종업원을 통하여 제공하고 그 대가를 받아 경영이익을 추구하는 기업"이라고 할 수 있다.

2) 호텔의 기능

경제성장의 결과로 가처분소득이 증가하고 여가가 늘어남에 따라 사람들의 관심이 점차 개인의 정신적 · 문화적인 욕구를 충족시키려는 활동에 많은 관심을 가지게 되었다. 현대호텔은 숙박 및 식음료를 제공할 수 있는 시설 이외에도 스포츠 · 레크리에이션 · 레저 및 회의장 · 전시장 · 연회장 · 쇼핑공간 등 다목적인 상품을 제공할 수 있는 시설을 갖추어야 하며, 호텔경영의 측면에서도 서비스의 다양화 · 차별화가 요구되고 있다. 따라서 현대의 호텔은 사회적 · 문화적인 기능과 공익적인 서비스 제공을 위한 고객의 활동공간으로 변화해 가고 있는 추세이다.

(1) 숙박 및 식음료 서비스 기능

전통적인 기능과 동일한 기능으로 거주지를 떠나 여행을 하는 사람들에게 고객의 능력과 취향에 따라 다양한 숙박 및 식음료 서비스를 제공하는 기능이다.

(2) 비즈니스 서비스 기능

상담 · 회의 · 전시 · 교역전 등을 위한 장소를 제공하고 비즈니스를 목적으로 호텔을 이용하는 고객들의 편의를 위한 비즈니스 정보교환과 비서업무 등의 서비스를 제공하는 기능이다.

(3) 스포츠 · 레저 기능

관광 · 레저 · 오락 · 휴양 · 보건의 장소로 기능설비와 서비스를 제공하는 기능이다.

(4) 문화 서비스 기능

고객을 위한 부가 서비스로 향상된 고객의 지적 수준과 다양해진 고객의 취미활동을 위해 기본적인 기능 이외에 교육 · 예술 · 공예 · 학습 등의 문화적 서비스를 제공하는 기능이다.

(5) 사교시설 기능

호텔은 국제교류 및 문화교류의 중심적 공간으로 사교적 · 장소적 기능을 가진다.

(6) 지역사회 봉사 기능

지역사회의 발전과 고용창출 및 지자체의 경제활성화에 기여한다.

3) 호텔의 분류

(1) 법규에 의한 분류

관광진흥법 제3조에 의거하여 관광숙박업은 크게 호텔업과 휴양콘도미니엄업으로 나뉜다. 호텔업은 "관광객의 숙박에 적합한 시설을 갖추어 이를 관광객에게 제공하거나 숙박에 딸리는 음식 · 오락 · 휴양 · 공연 또는 연수에 적합한 시설 등을 함께 갖추어 이를 이용하게 하는 업"이고, 휴양 콘도미니엄업은 "관광객의 숙박과 취사에 적합한 시설을 갖추어 이를 그 시설의 회원이나 공유자, 그 밖의 관광객에게 제공하거나 숙박에 딸리는 음식 · 운동 · 오락 · 휴양 · 공연 또는 연수에 적합한 시설 등을 함께 갖추어 이를 이용하게 하는 업"이라고 정의되어 있다. 또한 호텔업의 종류는 관광진흥법 시행령 제2조 2항에 의거하여 관광호텔업, 수상관광호텔업, 한국전통호텔업, 가족호텔업, 호스텔업, 소형호텔업, 의료관광호텔업으로 나뉜다.

(2) 규모에 의한 분류

호텔의 규모에 의한 분류는 호텔이 보유하고 있는 객실 수를 기준으로 한다. 일반적으로 소규모 호텔은 150실 이하, 중규모 호텔은 150실 이상 300실 미만, 대규모 호텔은 300실 이상으로 구분한다. 하지만 숙박시설의 증가와 호텔규모의 대형화로 객실 수가 많다고 해서 특급호텔이라고 할 수는 없게 되었다. 외국의 경우에는 오히려 작은 호텔이 초특급의 고급호텔이 많다.

(3) 장소에 의한 분류

가. 도시 호텔(City Hotel)

도시 호텔은 도시 중심에 위치하고 있는 호텔로 대체로 비즈니스를 목적으로 하는 고객층이 많다. 그러므로 교통이 편리해야 할 뿐만 아니라 쇼핑 및 다양한 엔터테인먼트를 즐길 수 있는 사교장으로서도 손색이 없는 곳에 위치해야 한다. 또한 다양한 부대시설을 갖추어 비즈니스를 원활하게 할 수 있도록 배려해야 한다. 대부분의 도시 호텔은 주중에는 객실점유율이 높은 반면, 주말에는 주중보다 객실의 점유율이 낮은 것이 특징이다. 또한 도시민의 만남과 사교의 장소로도 이용되므로 각종 식음료 · 연회 · 회의 등의 행사도 활발히 이루어지는 호텔이다.

자료 : 뉴욕관광청, 도시형 호텔

자료 : 데일리 호텔, 웨스틴조선 호텔(한국)

나. 터미널 호텔(Terminal Hotel)

주로 공항 · 철도역 · 항구 주변에 위치한 호텔로 교통수단을 이용하는 여행객들을 대상으로 한다.

이와 같이 터미널 호텔은 교통수단인 항공 · 선박 · 철도 · 버스 등이 출발하고 도착하는 곳의 부근에 위치하므로 여행을 계속하기 위한 교통수단의 이용관광객은 물론이고, 교통기관의 승무원이 이용하는 호텔이다.

자료 : 이투데이, JW메리어트 호텔

다. 휴양지 호텔(Resort Hotel)

휴양지 호텔은 도시 호텔과 달리 혼잡한 도시와 멀리 떨어져 조용하고 한적한 휴양지나 교외 혹은 아름다운 자연환경이나 관광자원이 있는 지역에 건립된 호텔을 말한다. 휴식과 심신을 단련할 수 있는 시설을 갖추고 관광객을 유치하는 종합 레저스포츠 타운으로 주로 해변 · 강변 · 산악 · 온천 · 유명관광지 등에 골프장 · 승마장 · 요트장 · 온천욕장 · 스키장 등의 각종 스포츠 부대시설을 갖추었으며, 객실은 도심의 호텔보다 큰 편이다. 휴양지 호텔에서는 계절 혹은 주중 및 주말에 따라서 수요의 변화가 뚜렷하게 차이가 나는 특징이 있다.

자료 : blog.naver.com/petit0, W Hotel-코사무이

자료 : 매일경제, 멕시코 칸쿤

(4) 숙박목적에 의한 분류

가. 상용 호텔(Commercial Hotel)

사업상의 목적을 가진 투숙객들을 대상으로 하는 호텔로, 비즈니스 호텔(Business Hotel)이라고도 한다. 상용 여행자(Business traveler)들은 주로 현지의 주요 금융기관 · 관공서 · 기업체 등과 밀접한 관련이 있다. 따라서 이들은 업무편의상 자신이 체류하는 호텔이 이러한 기관들과 인접한 곳에 있기를 원한다. 이러한 요구에 부응하기 위하여 대부분의 상용 호텔들은 도시의 중심지나 상업지역에 위치하고 있다.

상용 여행자들의 편의를 최대한 제공하기 위하여 대부분 상용 호텔들은 객실 내에서 편리하게 업무를 볼 수 있는 업무공간을 제공할 뿐 아니라 컴퓨터, 인터넷 접속시설, 간이책상, 기자재 대여 서비스 등 비즈니스에 필요한 다양한 설비를 제공한다. 또한 대부분의 상용 호텔은 팩스, 컴퓨터, 소형 회의실, 비서 서비스를 갖추고 있는 비즈니스 센터(Business Center)와 비즈니스 고객을 위한 별도의 객실 층인 이그제큐티브 플로어(Executive Floor)를 운영하고 있다.

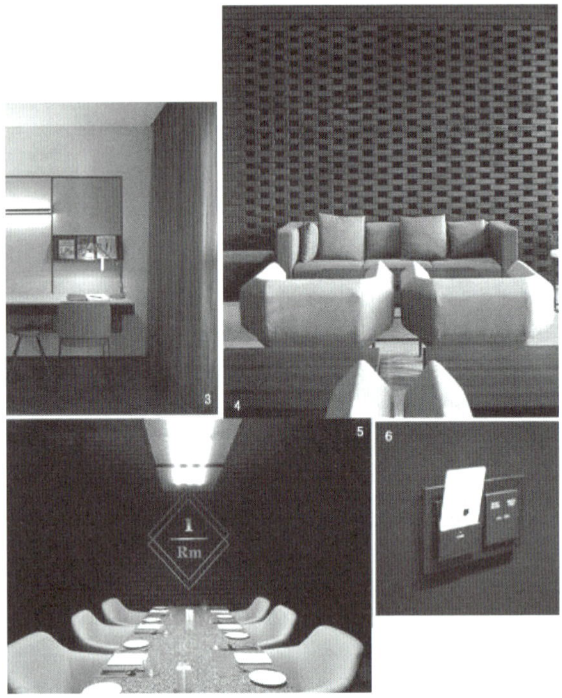

자료 : 비즈니스 호텔

나. 거주형 호텔(Residential Hotel)

장기 체재고객을 위한 호텔로 아파트먼트 호텔(Apartment Hotel)이라고도 부른다. 거주형 호텔은 단기 체재자가 주류를 이루는 일반 호텔과는 달리 장기 체재자들을 주대상으로 한 호텔이므로 경영 및 시설의 설비도 이에 맞추어 하게 된다.

거주형 호텔의 특징을 살펴보면, 모든 객실들이 침실과 거실이 분리되어 규모는 작지만 일반 호텔의 스위트 룸(Suite Room) 형태를 갖추고 있으며, 객실 내에는 간단한 취사를 할 수 있는 주방시설을 구비하고 있다. 투숙객은 일반 호텔과 동일하게 객실청소를 하는 메이드 서비스(Maid Service)를 제공받을 수 있으며, 식사와 음료가 제공되는 식음료업장을 이용할 수도 있고, 룸서비스(Room Service)를 이용할 수도 있다. 이러한 형태의 설계는 소비자들이 오래 체류하더라도 집과 같은 편안함을 느끼게 해주려는 의도이다.

자료 : 다음 블로그, 레지던스 호텔

자료 : 다음 블로그(hotelnow), 레지던스 호텔

다. 카지노 호텔(Casino Hotel)

호텔 내의 부대시설로 도박시설(gambler facility)을 갖추어 놓고 도박을 위한 고객을 유치하는 호텔로 주요 고객층은 도박을 원하는 소비자들이다. 카지노사업을 부대사업으로 하는 호텔에서는 객실이나 식음료의 매출에도 많은 영향을 미쳐 매출이 증대되는 효과가 있으므로, 거의 대부분의 호텔이 카지노 분야에 매력을 느끼고 있다.

초기의 카지노 호텔들은 카지노사업이 제공하는 높은 수익성으로 인하여 객실 및 식음료와 같은 전통적 호텔사업을 부차적인 것으로 간주하기도 하였다.

카지노 호텔은 국내뿐 아니라 해외로부터 많은 고객들이 몰리는 여행목적지가 되고 있지만, 대부분의 국가에서 카지노사업을 불법적인 사업으로 간주하여 법적으로 허용하지 않고 있기 때문에 카지노사업의 공급은 상당히 제한적이다. 현대의 선도적인 카지노 호텔들은 성인들만 즐길 수 있는 카지노게임 이외에도 가족 전체가 즐길 수 있는 각종 쇼 · 오락거리 · 놀이동산 등을 조성하여 종합적인 리조트 호텔개념을 지향하고 있다. 이러한 대표적인 예가 미국 라스베이거스(Las Vegas)의 카지노 호텔들이다.

자료 : 네이버 블로그(zerojjun7), 미국

자료 : blog.naver/idw7442, 필리핀 마닐라

우리나라의 경우에는 카지노시설 이용이 현행법상 강원도 폐광촌의 경제활성화를 위한 정선군의 강원랜드 카지노를 제외한 나머지 카지노시설은 내국인에게 허용되지 않고 있으며, 외국인 방문객을 위한 사업으로 정부로부터 통제되고 있는 실정이다.

라. 국제회의용 호텔(Conventional Hotel)

각종 회의를 유치하기 위해 지어진 일반 호텔보다 비교적 규모가 큰 호텔이다. 국제회의용 호텔은 회의에 참가하기 위해 투숙하는 고객들을 수용할 수 있는 충분한 객실이 확보되어야 하며, 객실크기도 대형화되어야 한다. 또한 이들의 회의를 위한 큰 규모의 회의장 · 연회장 등의 시설과 통역시설 및 효과적인 회의를 위한 다양한 회의장비, 영상과 영화를 감상할 수 있는 시설, 전시장 등이 필요하다.

국제회의용 호텔은 고객을 대규모로 유치할 수 있는 장점이 있으므로 최근 점차 많은 호텔들이 다양한 형태의 회의시설을 갖추고 컨벤션시장에 진입하고 있는 현실이다. 국가 간 교류의 증가로 인하여 과거보다 컨벤션시장의 규모가 커지고 있으며, 호텔에서 국제적인 대형 행사를 성공적으로 치러낼 경우 국가 이미지 제고와 함께 유치 호텔의 인지도와 명성은 자연적으로 높아지게 된다.

또한 국제회의 유치 시 객실수입 외에도 식음 · 연회 · 쇼핑 · 부대시설의 매출이 동반상승하여 호텔 매출수익에 상당한 흑자요인으로 작용한다. 국제회의 참가자들의 경우 일반 외래 관광객의 관광지출 비용보다 훨씬 높은 소비성향을 보이는데, 이는 1인당 평균매출액이 높은 소비자계층이기 때문이다.

자료 : 네이버 블로그(ktcu_attic), 국제회의용 호텔

2 리조트

1) 리조트의 개념 및 정의

리조트는 "자연경관이 수려한 일정 규모의 지역에 관광객의 욕구를 충족시킬 수 있는 현대적 복합시설이 갖추어진 지역으로, 인간 심신의 휴양 및 에너지의 재충전을 목적으로 개발된 활동 중심의 체류형 종합휴양지"라고 정의할 수 있다.

유사개념으로 관광, 레저, 리조트의 세 가지 개념들이 모두 접객업에 관계하는 용어들로 중복되는 부분도 적지 않으나, 각 현상들이 지니고 있는 특성들을 항목별로 분류해 보면 〈표 9-1〉과 같다.

표 9-1 관광지, 레저시설, 리조트시설의 의미 비교

구분	관광지	레저	리조트
목적	시각적인 측면 (방문 · 구경 위주)	체험적인 측면 (스포츠, 오락 위주)	복합적인 측면 (휴양, 사교 위주)
체재기간	방문형	단일체재형	장기체재형
숙박시설	단체대상, 저렴성	없는 것이 일반적	가족단위, 서비스형
입지	역사문화유적 자연관광 명소형	도심지 근교형	자연의 원형이 남아 있는 곳
시설형태	별점형	특정 단일형	인위적인 원거리형, 다종 복합형

자료 : 유도재(2006), 리조트경영론, 참조 · 재구성

2) 리조트의 구성요건 및 기본시설

리조트를 구성하고 있는 기본시설로는 관광호텔과 매우 흡사하게 숙박시설과 부대시설로 나눌 수 있다. 즉 체재성이 요구되는 리조트의 성립요건에 반드시 필요한 숙박시설과 이에 부속되는 식 · 음료시설, 문화 · 위락시설, 스포츠시설, 상업시설 등의 부대시설로 구성된다.

이러한 시설물들은 리조트의 입지나 유형에 상관없이 리조트를 운영하는데 필요한 기본적인 시설이며, 입지적인 특징이나 자연환경의 특징에 따라 온천리조트, 산악형 리조트, 해변리조트의 경우에는 특별한 활동이나 레크리에이션을 지원하기 위해 기업

마다 별도의 특수시설들이 추가된다. 따라서 리조트의 구성요건은 〈표 9-2〉, 리조트의 3요소는 〈그림 9-1〉, 우리나라 복합리조트의 필수요건은 〈그림 9-2〉와 같다.

표 9-2 리조트의 구성요건

구분		구성요건
숙박기능	휴식	휴양콘도, 관광호텔, 가족호텔, 유스호스텔, 펜션, 방갈로, 오토캠핑, 휴양촌
볼거리기능	공연	동물원, 식물원, 컨벤션, 연회장, 음악당, 전시장(음악회, 뮤지컬, 전통민속춤, 연극 등)
놀거리기능	게임/오락	카지노, 범퍼카, 회전목마, 유람선, 공중레일카, 포커, 눈썰매장, 낚시터, 노래방, 오락실
즐길거리기능	운동/스포츠	스키, 축구, 배구, 테니스, 탁구, 농구, 스케이트, 인라인, 당구, 골프, 자전거, 포켓볼, 배드민턴, 승마, 쇼핑, 요트장, 도자기체험장, 카레이스장, 볼링장, 경마장, 양궁장, 마리나, 윈드서핑장, 스파, 수영장, 헬스장
먹을거리기능	음식	레스토랑, 바, 그릴, 카페, 페스트푸드, 편의점
안전기능	안전성	시설안전, 교통안전, 치안, 의료시설
교통기능	접근성	항공, 크루즈, 철도, 버스, 자가용, 셔틀버스, 구내이동수단, 주차장
편의제공기능	편의성	우체국, 은행, 유모차대여점, 안내소, 물품보관 및 대여점, 방송실

자료 : 고상동 · 원문규(2011), 리조트경영과 개발, 참조 · 재구성

그림 9-1 리조트의 3요소

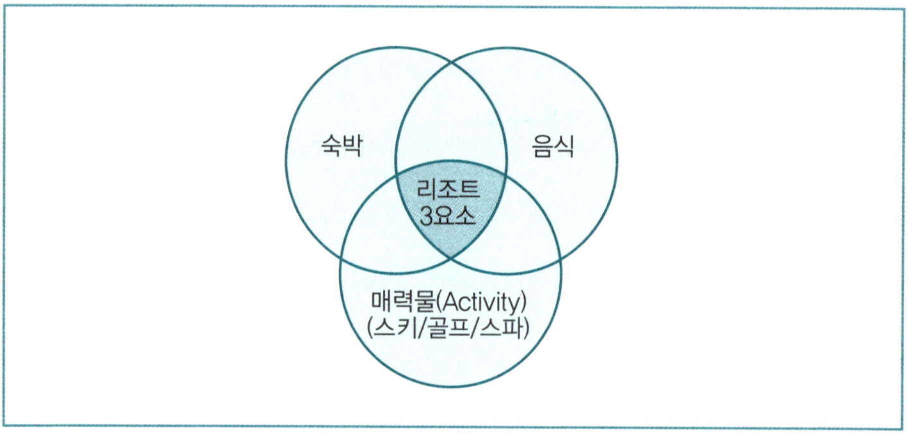

자료 : 고상동 · 원문규(2011), 리조트경영과 개발, 참조 · 재구성

그림 9-2 우리나라 복합리조트의 필수요건

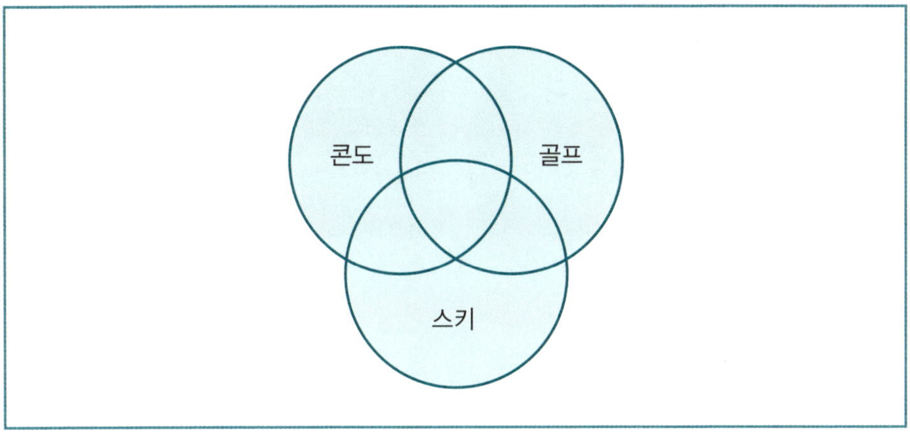

자료 : 고상동 · 원문규(2011), 리조트경영과 개발, 참조 · 재구성

(1) 리조트의 기본시설

가. 숙박시설

숙박시설을 구성하는 대표적인 것은 호텔과 콘도미니엄 등을 들 수 있으며, 리조트 계획 시 전체 이미지를 결정짓는 가장 중요한 시설이자 투자가 가장 많이 요구되는 시설이다. 숙박시설은 전체 리조트와 유니트(unit)의 형태, 유형 및 질(質)을 결정하는 기준이기 때문에 리조트의 계획 초기 단계부터 신중히 다루어져야 한다.

숙박의 유형과 제공되는 서비스에 따라 숙박시설을 다양하게 분류할 수 있지만 본서에서는 국내 리조트 숙박시설의 주요 형태인 호텔과 콘도미니엄, 유스호스텔을 중심으로 설명하고자 한다.

가) 호텔

국내 리조트에서도 빠르게 변화하는 고객의 욕구를 세분화하여 대처하기 위해 리조트단지 내에 일반인을 위한 콘도미니엄 숙박시설 외에 고급 숙박고객을 위해 호텔시설을 별도로 건설하고 있는 추세이다. 리조트단지에 위치한 호텔은 여행객을 위한 단순한 숙박공간 제공으로 시작해서 음식과 연회, 컨벤션, 결혼식, 오락을 할 수 있는 공간을 제공하고 있으며, 이제는 가족 휴게공간과 스포츠시설을 갖추어 여행객을 위한 공간이기보다는 지역주민의 최고급 사교장 성격을 띠는 방향으로 발전하고 있다.

자료 : 네이버 블로그(aheestory), 양양솔비치

자료 : 네이버 블로그(petterpan), 무주리조트 티롤호텔

나) 콘도미니엄

콘도미니엄(Condominium)은 호텔과 달리 객실 내에 숙박과 취사기능이 동시에 구비되어 있어 여가관광객들의 숙박시설로 높게 선호되고 있다. 따라서 여가활동을 즐기는 관광객들이 자주 방문하는 리조트에서 가장 일반적으로 이용되는 숙박시설의 형태이다. 국내 리조트의 대부분이 숙박시설의 형태로 콘도미니엄을 리조트단지 내에 보유하고 있으며, 리조트의 규모에 따라 100실에서 1,000실까지 보유하고 있다.

콘도미니엄의 특징은 경치가 좋은 해변, 골프장, 스키장 등 휴양지에 위치하며, 대부분 레저연계(Interval membership)나 시간배분제(Time-sharing membership)로 운영되는 게 특징이다.

시간배분제는 유럽과 남미에서 먼저 시작된 것으로 1개의 객실을 여러 명에게 판매하는 영업방식이다. 이것은 휴가를 즐기려는 사람들에게 저렴한 비용으로 휴가를 보낼 수 있도록 하기 위한 제도라고 할 수 있다. 우리나라 리조트의 콘도미니엄은 이러한 휴양콘도미니엄에 속한다.

자료 : 설악대명콘도

자료 : 평창휘닉스파크콘도

다) 유스호스텔

유스호스텔이란 여행자가 매우 저렴한 가격으로 안전하고 편안하게 머물 수 있는 장소일 뿐만 아니라 세계 각국의 친구를 사귐으로써 진정한 국제우호를 실현할 수 있는 "젊은이의 숙소"를 의미한다.

국내에서는 2016년 기준으로 한국유스호스텔 연맹산하 87개의 유스호스텔이 운영중에 있으며, 한국의 유스호스텔은 개인이나 법인, 지방단체가 설립한 것이 대부분이다. 2017년 한국유스호스텔 연맹에서는 세계 90여 개국 4,000여 유스호스텔에서 할인혜택을 받을 수 있는 이멤버십 제도를 도입하고 있다.

유스호스텔의 숙박시설은 경제적인 이유로 기본시설만 갖추며, 각종 시설은 공유하도록 되어 있다. 공동시설로는 체육시설, 야외활동시설, 강당, 자가 취사장 등의 편의시설과 개인 및 단체들을 위한 다양한 프로그램이 구비되어 있다.

이러한 유스호스텔의 특성상 학생들의 수련활동, 수학여행, MT단체 등을 유치하기가 수월하여 국내 몇몇 리조트에서는 유스호스텔 사업허가를 별도로 취득하여 리조트 단지 내에 유스호스텔을 숙박시설로 구비하여 운영하고 있다.

자료 : 선운산유스호스텔

나. 식 · 음료시설

고객들의 식습관과 기호의 변화는 리조트에 식 · 음료시설의 디자인과 운영에 상당한 영향을 주었다. 정해진 시설 내의 식당에서 의례적인 식사를 반복하는 것으로부터 멀어져 가는 추세이다. 따라서 다양화된 개인의 선호도에 따라 더 많은 기회가 제공되어야 하며, 그러기 위하여 고려해야 할 사항은 다음과 같다.

▣ 다양한 소규모 식사공간으로 구성된 레스토랑을 만들고, 각각 분명한 개성과 분위기를 연출한다.

▣ 숙박객들이 리조트 내의 레스토랑을 쉽게 이용할 수 있도록 계획한다.

▣ 호텔, 콘도, 유스호스텔의 투숙객들이 레스토랑, 커피숍, 그릴, 바(bar), 카페, 스낵식당 등을 이용할 수 있도록 배치한다.

▣ 폰듀 레스토랑, 바비큐, 토속식당 같은 전문 레스토랑과 바는 숙박시설과 공동으로 혹은 아웃소싱되어 독립적으로 운영할 수 있으며, 특별한 맛이나 특색있는 음식을 제공한다.

최근에는 하나의 리조트에서 여러 개의 레스토랑을 운영하는데 생기는 어려움을 해소하고, 분산된 주방과 저장시설, 그 밖에 지원시설의 수와 규모를 줄이기 위해 많은 양의 음식을 동시에 조리할 수 있는 대형 메인주방을 배치하여 집중적으로 처리하는 추세이다.

자료 : 세부BE리조트

자료 : 리솜포레스트

자료 : ES통영리조트

자료 : 곤지암리조트

다. 스포츠시설

리조트가 도심지 관광호텔과 구별되는 가장 큰 특징 중에 하나는 다양한 스포츠시설을 구비하고 있다는 점이다. 스포츠시설을 계획할 때 고려할 사항은 이용객의 유형과 그 지역의 기후조건, 그리고 강조하고자 하는 리조트의 이미지 등이다.

특히 골프, 스키, 테니스, 볼링 등 주요 스포츠시설은 고객의 기호와 선호도에 따라 선정하며, 수영장이나 각종 수상스포츠시설은 리조트가 위치한 지역의 날씨와 자연환경에 큰 영향을 받는다. 일반적으로 리조트가 갖추어야 할 스포츠시설을 알아보면 다음과 같다.

가) 운동장

운동장과 잔디밭은 리조트의 개발에 부수적으로 조성되는 경우가 많으며, 어른과 아이들 모두가 이용한다. 이용 가능한 스포츠로는 간단한 기구 외에 별도의 시설이 필요 없는 배드민턴, 배구, 농구, 족구 등이 있으며, 그 외에 다양한 용도(캠프파이어, 야외 콘서트, 야외극장, 단체 야외행사장 등)로 사용할 수 있다. 그래서 대부분의 리조트에서는 대형 운동장이나 잔디운동장을 구비하고 있다.

※자료 : 네이버 블로그(travelforyou.tistory.com), 리조트 운동장 전경

나) 골프장

골프장은 일반적으로 지형의 특성에 따라 산악형, 내륙형, 해안형으로 분류할 수 있으며, 이용형태에 따라 회원제 골프장(membership course)과 퍼블릭 골프장(public course)으로 구분한다.

국내 골프산업은 골프인구의 급증에 따른 초과수요 현상의 지속과 그린피(이용료) 인상 등으로 활황국면을 유지하고 있으며, 국내 리조트 기업들도 높은 수익성으로 인한 비수기 타개책과 부유층을 유인하는 매력요인으로 리조트 건설 초기부터 골프장 건설을 추진하고 있다.

현재 골프장을 구비한 리조트로는 용평리조트(회원제 36홀, 퍼블릭 9홀), 휘닉스파크(회원제 18홀, 퍼블릭 9홀), 현대성우리조트(퍼블릭 9홀), 대명비발디파크(회원제 18홀, 파3 골프장, 퍼블릭 9홀), 무주리조트(회원제 18홀), 한솔오크밸리(회원제 27홀, 퍼블릭 9홀), 파인리즈토(회원제 27홀, 퍼블릭 9홀), 지산리조트(회원제 27홀, 퍼블릭 9홀)가 있다.

자료 : 남촌C.C.

다) 수영장 및 사우나

수영장은 모든 유형의 리조트에서 꼭 필요한 시설이며, 보통 사우나, 마사지룸, 피트니스 센터와 복합적으로 구성한다. 산지리조트나 추운 지역에 위치한 리조트의 경우 온수의 제공을 기본으로 하고, 규모가 큰 풀은 수온을 유지하고 날씨에 상관없이 실내화(室內化)하고, 작은 규모의 풀과 별도의 얕은 수심의 풀은 어린이나 수영을 못하는 이용자의 강습을 위하여 필요하다.

수영장은 단지 스포츠만을 위한 시설이 아니라, 휴식, 일광욕, 오락 같은 많은 행위를 수용할 수 있다. 또한 야외만찬이나 바(bar)의 배경무대로도 쓰일 수 있다. 그래서 대부분의 리조트에서는 실내 · 실외 수영장을 리조트단지 내에 설치하여 운영하고 있다.

자료 : 다음 블로그(blog.daum.net/thaistart)

라) 승마장

승마장은 리조트에서 인기 있는 시설로 외국의 리조트에서는 빠르게 증가하는 추세이며, 여름과 겨울철에 모두 이용이 가능하여 전원지역 리조트에서 증가하고 있는 추세이다.

승마코스는 산책길로 리조트 주변을 따라 개발하며, 이를 연장시켜 승마코스(pony tracking)나 며칠간의 승마여행 코스를 개발할 수도 있다. 이를 위해서 목적지마다 별도의 숙박시설과 코스 상에 약 30km마다 서비스 시설을 마련하여야 한다.

자료 : 네이버 블로그(blog.naver.com/limkabmook), 대명리조트

마) 동계형 스포츠시설

우리나라의 대표적인 관광시즌은 주된 이용시기가 봄, 여름, 가을에 편중되어 있으며, 겨울철에 이용할 수 있는 휴양시설로는 스키리조트 정도이다.

4계절형 리조트의 기준을 충족하기 위해서는 관광비수기인 겨울철에도 방문객들이 즐겨 이용할 수 있는 동계형 레저시설을 구비하는 것이 필요하다. 대표적인 동계형 스포츠시설로는 눈썰매장과 스키장시설을 들 수가 있다. 국내의 대규모 리조트 기업들도 스키장과 눈썰매장을 보유하고 있다.

자료 : 네이버 블로그(pyggogo)

바) 기타 시설

문화 · 위락 시설에는 위의 시설 이외에도 리조트의 매력을 증가시키기 위하여 또는 기후나 자원의 제약을 극복하기 위한 여러 시설이 있다. 여기에 포함되는 시설로는 축제나 전시회를 위한 다목적 홀, 야외극장, 체육시설, 식물원, 동물원 등을 들 수 있다.

제10장 외식업체

① 외식산업의 개념 및 특성

1) 외식산업의 개념

외식산업이라는 용어가 출현하기 전에는 식당업 · 요식업 · 음식업 · 외식업으로 쓸려 있었다. 음식점은 1765년경 프랑스의 수록 · 부흥 · 복구의 뜻인 '심신을 회복한다', '기력을 회생시킨다', '공복을 채운다' 는 의미를 내포하고 있다. 1794년경 미국에서 'Restaurant' 로 변했다. 레스토랑이란 사람에게 식사나 음료를 제공하는 시설물 혹은 일반대중음식점이라고 정의하고 있다. 한국의 사전에는 외식을 '자기집 아닌 밖에서 식사함, 또는 그 식사' 라고 정의하고 있다.

2) 외식산업의 특성

외식산업은 서비스사업으로 다른 산업과는 다른 생산활동 및 운영체계를 지니고 있다. 외식산업은 음식과 음료를 만들거나 가공한다는 점에서는 제조업과 같다고 볼 수 있지만, 일반대중에게 직접 서비스한다는 점에서 일반제조업과는 다른 생산활동 및 운영체계를 지니고 있다고 볼 수 있다.

(1) 외식산업은 인적자원에 의존해야 하는 노동집약적 산업이다.

(2) 외식산업은 생산과 소비가 동시에 이루어지는 산업이다.

(3) 입지여건에 따라 영업실적의 차이가 나는 높은 입지의존성을 보이는 산업이다.

(4) 시간과 공간의 제약을 크게 받으며, 수요예측이 불확실한 산업이다.

(5) 식자재는 상품의 보존 및 기간이 까다롭고 짧아서 부패의 위험성이 매우 높다.

(6) 외식산업은 다른 산업에 비해 다품종 · 소량생산의 특성을 지닌다.

(7) 다른 산업의 원자재 가격보다 낮고 회전율이 높다.

(8) 다른 산업에 비하여 적은 자본과 특별한 기술적 노하우 없이 신규진입이 가능하다.

(9) 인적자원에 대한 높은 의존도와 공간적 제약으로 인하여 이직률이 높다.

(10) 주문생산에 의존한다.

(11) 지역밀착형 산업이다.

2 외식산업의 분류

미국 레스토랑협회에서는 영리를 목적으로 한 불특정다수를 상대로 경영활동을 하는 상업적 외식을 포함하여 영리 또는 비영리 형태로 특정단체 · 특정장소를 대상으로 경영활동을 하는 단체급식 그리고 군대급식 등으로 크게 외식산업을 3가지로 대별하고 있다.

상업적 외식이란 영리를 목적으로 하는 외식사업을 의미하며, 이 군에 속해 있는 외식업체들은 매출액과 업소의 수에서 미국의 외식사업 중에서도 가장 큰 부분을 차지하고 있다. 이러한 상업적 외식은 장소나 경영 형태에 따라 크게 일반외식업체, 계약에 의한 특정장소의 외식업체, 숙박장소의 외식업체, 기타 소매점 · 레크리에이션 · 스포츠센터 · 자동판매기 · 이동식당차 등의 장소에서 판매되는 업체의 음식도 외식업으로 분류한다.

그러나 오늘날 우리가 외식산업이라고 부르는 영역에는 특정다수인을 위한 장소와 시설 등을 갖춘 단체급식 · 급식은 비상업적 외식사업으로 학교의 학생과 회사직원들의 복지증진 · 업무효율을 위해 비영리를 목적으로 운영하는 외식업체들을 말하나 넓은 의미의 외식산업으로 인정하고 있다.

미국의 외식산업의 범위는 〈표 10-1〉과 같다.

표 10-1 미국의 외식산업의 범위

<table>
<tr><td rowspan="4">상업적 외식업</td><td>일반외식업체</td><td>일반음식점, 전문음식, 카페테리아, 출장음식, 바 또는 하숙음식</td></tr>
<tr><td>위탁경영</td><td>공장, 산업시설, 상업건물, 학교, 병원, 종합운동장, 공기업 등의 구내식당</td></tr>
<tr><td>숙박시설</td><td>리조트, 모텔, 호텔 레스토랑</td></tr>
<tr><td>기타</td><td>편의점, 자판기, 포장마차</td></tr>
<tr><td>비영리목적 급식업</td><td colspan="2">직원급식, 국공립 초등학교, 중학교, 고등학교, 대학급식, 교통시설, 병원, 고아원, 특수재활원, 양로원, 스포츠와 오락시설</td></tr>
<tr><td>군대급식</td><td colspan="2">장교식당 및 장교클럽, 일반군인급식</td></tr>
</table>

한편 일본은 외식산업을 주로 판매하고 있는 요리의 종류에 따라 음식을 제공하는 일반음식점과 음료를 주로 제공하는 기타 음식점으로 대별하고 있다. 우리나라의 경우는 외식산업의 범위를 식당업 · 주점업 · 다과점업으로 분류하고 있다.

3 미래의 외식산업

미래의 외식산업은 우선 소비자 식생활의 패턴변화에서 볼 수 있듯이 편의지향 · 맛지향 · 건강지향이 중심축을 이루며, 환경지향과 가치지향 · 개인화 지향 · 노스탈지아 지향 등의 상품이 부수적인 역할을 담당할 것으로 기대된다. 급변하는 국내의 정치 · 사회 · 경제 · 문화 · 기술의 변화는 국경 없는 상품의 등장 및 국제 무역의 새로운 태동 등과 같은 수많은 요인들이 레스토랑 비즈니스의 미래를 어렵게 만들고 있다. 그러나 거시적으로 보면 레스토랑 비즈니스의 흐름은 소비자의 사회적 여건변화에 의존하여 변할 수밖에 없으므로 현 시점까지의 식품선호 경향, 즉 편의지향 · 맛지향 · 건강지향을 중심축으로 하여 환경지향 · 가치지향 · 개인화 지향 · 노스탈지아 지향 · 이룩지향 등의 상품이 부수적인 역할을 하는 기본적인 틀이 정치 · 경제 · 사회 · 문화적으로 큰 변화가 없다면 미래 외식산업의 근간이 될 것이다.

가장 크게 변화가 예상되는 것은 제품형태의 변화가 될 것이다. 사회생활의 양상에 가장 민감하게 영향을 받는 것이 식품을 언제, 어떻게, 그리고 왜 먹느냐는 것이기 때문이다. 다시 말해 제품의 기능보다는 오히려 제품에 대한 정보와 서비스가 중요하므로 제품의 형태와 분위기의 연출이 가장 많이 변할 것이다. 이렇게 생각해 보면 미래에 성공할 외식산업의 비즈니스를 전망하는 것은 그리 어렵지 않다.

이외에도 테이크 아웃이나 가정대용식의 성장이 가속화되어 무점포 시대가 활성화될 것이며, 식당의 경우 체인에 의한 브랜드가 중요한 시대를 맞이할 것으로 예상된다.

4 리조트 외식업 도입 시설

구분	시설	비고
VIP레스토랑	VIP 식당	
스페셜레스토랑	전문레스토랑(한중일 메뉴)	
토속레스토랑	지역향토음식	그 지역 메뉴
패밀리레스토랑	가족단위 이용가능한 식당	
그릴	간이식당	
커피전문점	커피전문점	
바	주류 판매	
스낵	스낵 판매	
다국적레스토랑	세계음식판매(인도, 터키, 태국 등)	
뷔페레스토랑	뷔페식당	
노래방	가족단위 노래방	
세계맥주	세계맥주 판매	
패스트푸드	햄버거, 치킨	
단체식당	단체식사 식당	

제11장

컨벤션센터 및 전시장

1 컨벤션의 개념

컨벤션산업은 1차적으로 국제회의와 관련된 설비 및 서비스 관련 산업, 전시 관련 산업을 말하며, 광의로는 이와 관련한 관광, 레저산업, 숙박, 유흥, 식음료산업, 교통, 통신 등 관련 산업까지를 포함하는 종합산업이자 지식과 정보의 생산과 유통을 촉진하는 지식기반산업(knowledge-based industry)이다.

세계국제회의협회(ICAA)에 따른 국제회의 산업의 정의에 의하면 국제기구(정부기구와 비정부기구 모두 포함)가 주최를 하거나 후원하는 회의 또는 국내단체가 주최하는 회의 가운데서 다음 조건을 만족하는 회의라 정의하고 있다. 전체 참가자의 수가 300명 이상이고 참가자 중에서 외국인이 40% 이상, 참가국 수가 5개국 이상이 참가하는 회의로 회의 기간은 3일 이상인 회의를 컨벤션이라 정하고 있다.

2 컨벤션센터(전시장) 의의

컨벤션 및 전시장은 관광산업에서 부가가치가 가장 높은 것 중에 하나이다. 관광산업과 리조트경영에서 절대적인 위상을 가지고 있다. 리조트 단지에 컨벤션센터는 반드시 필요한 시설이고 적극 검토되어야 할 시설이다.

세계가 일일생활권에 들어온 지금 국제적인 이벤트가 많이 개최되고 있다. 수도권은 수도권에 필요한 컨벤션 기능이 있어야겠고 지방의 경우는 성수기와 비수기가 차이나는 계절에 전시 컨벤션과 세미나, 워크샵 등을 마케팅화하면 큰 장점으로 부각될 수 있다.

컨벤션은 정치, 경제, 사회, 문화, 관광 등 다양하게 파급효과가 크다고 볼 수 있다. 세계 각국은 컨벤션산업을 중요히 여겨 컨벤션 유치 및 시설확충을 위해서 국가적으로 접근하고 있으며 유치 및 마케팅 활동을 적극적으로 도와주고 있다.

3 컨벤션산업의 발전 요인

1) 컨벤션에 대한 사회적 수요 증가

현대사회에서 정보란 곧 권력, 영향력, 힘이며, 경제적인 것으로 간주되므로, 21세기 정보화 시대에 다양한 정보와 지식을 교류할 수 있는 공공의 장으로써 컨벤션의 필요성이 증가하고 있다.

2) 교통산업의 획기적인 발전

초고속항공기의 제작 및 보급(→여행시간 단축)과 항공산업에 대한 규제 완화, 노선 확대, 요금 저렴화, 서비스 수준 향상으로 외국에서 개최되는 다양한 컨벤션에 참가하는 것이 용이해지고 있다.

3) 관광 · 호텔산업 성장

컨벤션산업과 관광산업은 서로 보완적인 관계, 국제 규모의 전시회와 회의를 유치하면서 행사 참가자들을 수용해야 하는 호텔산업과 관광 관련 산업이 발전하고 있다.

4) 과학기술의 발달

첨단 멀티미디어 장비 및 통신시설 등의 시설 · 장비의 급속한 발전으로 회의, 전시회, 박람회의 효과가 극대화되어 행사를 성공적으로 연출하고 있다.

④ 컨벤션산업의 파급 효과

구 분	파급 효과
정치적 효과	• 국가홍보 효과 • 개최 지역의 이미지 개선 및 지위 향상 • 민간교류 촉진 및 홍보 효과
경제적 효과	• 관광산업과 시너지 효과(비수기 대책, 대규모 관광객 유치, 전문가 양성 등) • 경쟁력 제고 및 지역경제 활성화 • 세수 및 고용 증진 • 정보 및 기술교류 촉진
사회 · 문화적 효과	• 개최지의 자부심과 의식수준 개선 • 지역문화 발전 • 지역의 전국화/세계화 촉진 • 시민의식 향상 • 국제 친선 도모
관광진흥 효과	• 양질의 관광객 유치 • 비수기 타계 • 체제 일수 연장 • 지역 이미지 제고

자료 ; 송래헌(2013), 컨벤션 경영과 기획, 대왕사

⑤ 컨벤션의 종류

1) 주최조직의 성격에 따른 분류

기업회의	경영회의, 판촉전략회의, 신상품 개발 기념식, 교육과 훈련, 인센티브 여행
협회회의	업종별 협회, 전문협회, 과학협회, 교육협회, 기술협회 등
비영리단체회의	노동조합, 기금모금단체, 재단 양육기관, 종교단체
정부주관회의	정부주관 회의

2) 회의목적에 의한 분류

친목회의	회의 구성원 간의 우정, 인종적 유대, 친목, 사교관계 및 네트워크 형성이 목적
정보전달회의/학술회의	참가자와 관련된 분야의 전문성 또는 필요로 하는 정보를 전달하는 회의
토의회의	특정 문제나 이슈에 대해 토론하고 의결할 사항을 표결에 의해 결정하는 회의

3) 회의의 형태별 분류

회의(meeting)	모든 종류의 모임을 총칭하는 포괄적인 용어
컨벤션 (convention)	회의 분야에서 쓰이는 일반적인 용어로, 정보전달을 주로 하는 회의에서 많이 사용되며, 전시회를 수반하는 경우가 많음
컨퍼런스 (conference)	주로 과학, 기술, 학술 분야에서 새로운 지식이나 정보, 문제점 등을 연구하는 회의
컨그레스 (congress)	컨벤션과 같은 의미로, 유럽 지역에서 많이 쓰이며, 컨벤션과 같이 회의, 행사, 관광 등 다양한 프로그램을 포함하여 대규모 회의에 많이 쓰임
포럼(forum)	주어진 주제를 놓고, 사회자의 주도하에 벌이는 공개토론회로 청중들도 토론 참여가 가능하며, 사회자는 의견을 종합하고 회의를 진행하는 형식
심포지엄 (symposium)	제시된 주제에 대해서 전문가들이 청중들 앞에서 벌이는 공개 토론회로 포럼보다는 청중의 참여가 적음
세미나(seminar)	주로 교육을 띤 회의로 특정 분야에 대한 각자의 지식이나 경험을 발표하고 토의하는 형식으로 규모가 작음
워크숍 (workshop)	소집단(30명 정도)마다 리더를 지정해서 특정 문제에 대한 새로운 지식이나 기술 등을 토론하고 결론을 도출하여 이것을 각 집단의 리더가 발표함
전시회 (exhibition)	상품과 서비스를 전시하는 형태
무역박람회(trade show/trade fair)	부스를 이용하여 여러 판매자가 자사의 상품을 전시하는 형태

6 컨벤션산업의 현황

1) 세계 국제회의 개최 동향

표 11-1 세계 국제회의 성장률

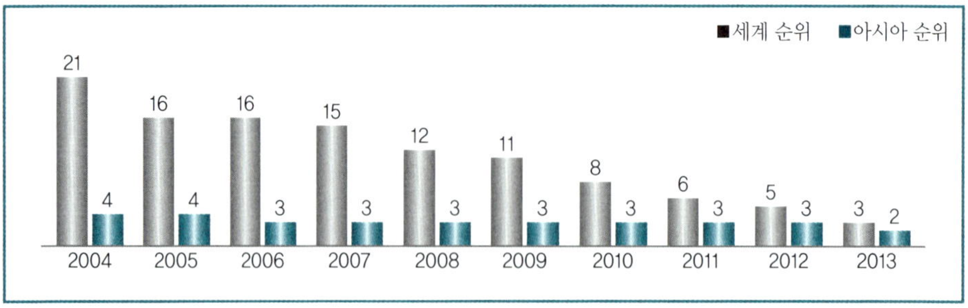

자료 : UIA : Union of International Associatons, 2014

(1) 전 세계적으로 지식경제 사회로의 진전이 지속됨에 따라 지식과 정보교류의 활성화를 기반으로 하는 세계 컨벤션산업의 지속적 성장이 예상된다.
(2) 아시아 주요국의 공격적인 시장개발 및 정책적 지원이 강화됨에 따라 세계회의 시장이 꾸준히 성장한다.
(3) 1999년~2010년(11년간) 세계회의시장은 UIA 기준으로 세계 21.7%, 아시아 142.4%, ICCA 기준으로 세계 109.6%, 아시아 149.9%가 증가하였다.

7 아시아 지역 국제회의 개최 현황

1) 일본

아시아 지역에서는 일본이 가장 많은 국제회의를 유치(세계 시장 점유율 3%대, 아시아 지역의 20%를 점유)하고 있다.

세계 30대 도시에 도쿄와 교토가 랭크되어 있으며, 일본은 45개 국제회의도시를 지정해 지역사회 차원에서 컨벤션 뷰로를 설치해 국제회의 유치 및 개최를 적극 지원하고 있다.

지방자치제가 잘 발달된 일본에서는 지자체가 국제회의 산업을 핵심 산업으로 육성하고 발전시키기 위해 다양한 정책을 추진하고 있는 것이 특징이다.

2) 싱가포르

싱가포르의 Mice산업은 RWS(Resorts World Sentosa), MBS(Marina Bay Sands) 등 두 개의 복합리조트 개장이 큰 성장을 가져오는 계기가 되었다. 두 개의 복합리조트 개장에 따라 싱가포르 내 Mice 행사장으로 활용될 수 있는 전시장 규모는 13만 5000㎡에서 18만㎡가 늘어나 총 31만 5000㎡에 이른다.

세계 도시별 개최 순위에 따르면 싱가포르는 세계 6위를 차지하고 있으며, 정부 차원에서 컨벤션산업을 관광산업의 중요한 한 축으로 잡고 지원하는 가운데 대규모 컨벤션 복합단지인 선택 시티를 세워 각종 국제행사를 유치 · 개최하면서 아시아 최고의 컨벤션도시로 확고한 자리를 잡아가고 있다.

3) 홍콩

국제금융센터와 중국 투자의 관문, 중국 남부 지역의 무역중심지라는 지역적인 입지 조건을 바탕으로 홍콩 컨벤션센터 설립(1988)을 기점으로 홍콩의 국제회의 산업은 지속적으로 성장하고 있다.

1994년에는 하루에 14만 명을 수용할 수 있는 컨벤션센터의 별관 증설과 1997년 7월 홍콩의 중국반환 기념행사 때 총면적 15만 5,000㎡인 신관을 개관하는 등 국제회의 산업의 인프라를 꾸준히 구축하고 있으며, 또한 홍콩 컨벤션센터는 전체 가용전시면적은 6만 4,000㎡로 한 해에 45회 이상의 전시회를 개최하는 아시아 최대 규모의 전시장을 가지고 있다.

표 11-2 아시아 시장 국제회의 성장률(UIA, ICCA 1999~2010)

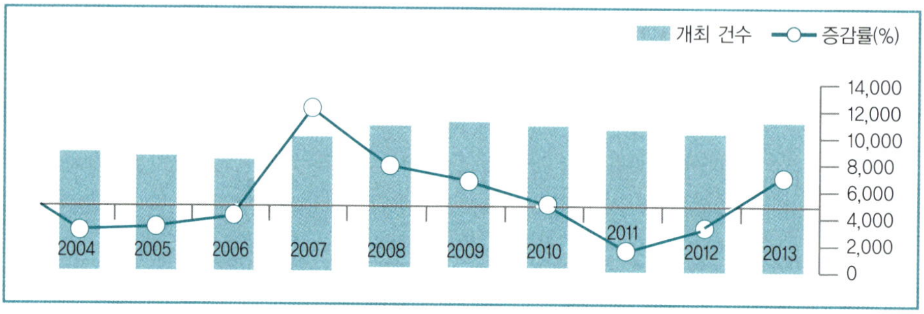

자료 : UIA : Union of International Associatons, 2014

8 국내 국제회의 개최 현황

1997년 95건의 국제회의를 개최하면서 처음으로 세계 시장점유율 1%를 기록하였으나 1998년은 외환위기의 영향으로 58건(세계 35위)으로 대폭 감소하였다. 이에 1996년 국제회의산업육성에 관한 법률을 제정하여 국제회의 산업 발전 활성화를 위해 노력하기 시작하였다.

2000년 ASEM회의를 기점으로 한국 컨벤션산업에 대한 관심이 증대되었으며 국가의 전략산업으로 부상, 한반도 연계상품과 한 · 중 · 일을 잇는 동북아 연계상품 및 월드컵 등 대규모 국제행사를 개최하게 되었다.

2000년 국내 컨벤션시설은 코엑스(COEX)를 제외한 전문 컨벤션센터가 없고 공연장, 체육관, 호텔 회의장을 이용하는 상황이었으며 대부분 시설이 서울에 집중되었으나, 코엑스의 증축을 시발점으로 2000년 이후 부산, 대구, 제주, 고양, 광주, 창원 등 많은 지역에서 컨벤션센터가 신규로 건립되었다.

우리나라의 국제회의 세계순위는 UIA 기준 2009년 11위, 2010년 8위, 2011년 6위, 2012년 세계 5위, 2013년 3위, 2014년 4위를 기록하였으며, 2015년에는 891건으로 세계 2위를 기록하고 있다.

표 11-3 세계 국제회의 개최 건수

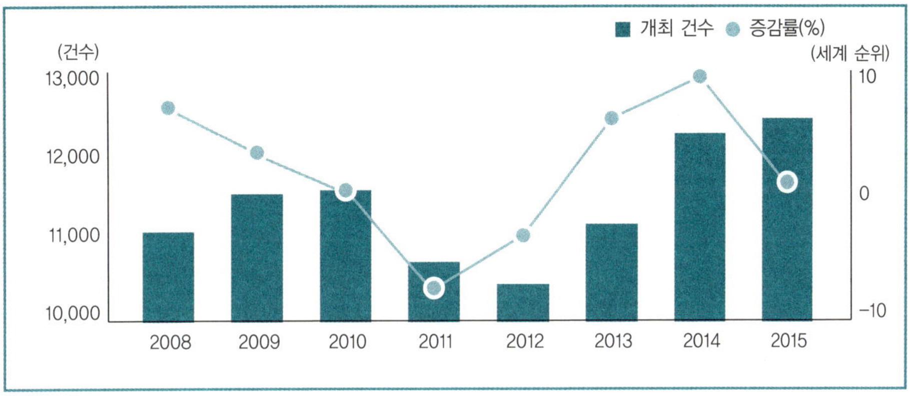

자료 : 국제협회연합, 「UIA 보고서」, 2016

표 11-4 우리나라 국제회의 개최 건수

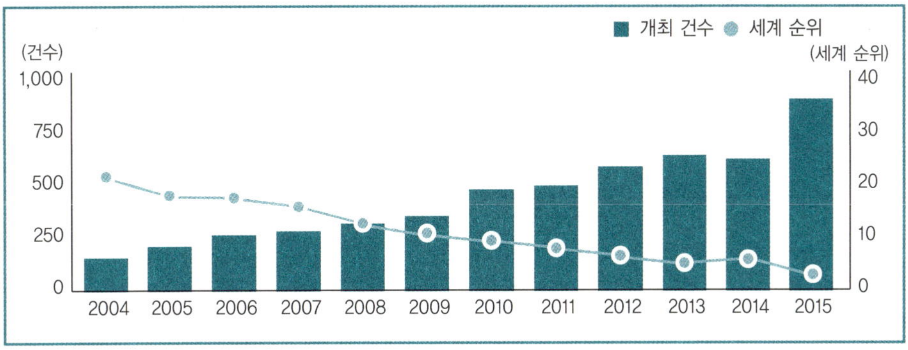

자료 : 국제협회연합, 「UIA 보고서」, 2016

표 11-5 주요국가/도시별 국제회의 개최 건수 및 순위

국가명	'14년 개최건수	3개년 순위			도시명	'14년 개최건수	3개년 순위		
		'14년	'13년	'12년			'14년	'13년	'12년
미국	858	1	2	3	싱가포르	850	1	1	1
벨기에	851	2	5	4	브뤼셀	787	2	2	2
싱가포르	850	3	1	1	빈	396	3	3	3
대한민국	636	4	3	5	파리	325	4	7	4
일본	624	5	4	2	서울	249	5	4	5
프랑스	561	6	7	6	도쿄	228	6	5	6
오스트리아	539	7	8	7	마드리드	200	7	8	9
스페인	513	8	5	8	바르셀로나	193	8	6	7
독일	439	9	6	9	방콕	189	9	29	28
영국	354	10	9	11	제네바	173	10	11	16

자료 : UIA, International Meetings Statistics Report.2015

1) 수도권

서울 COEX, 세텍(SETEC · 서울무역전시관), 농업무역센터(aT Center) 등 3개가 있다.

표 11-6 한국 전시컨벤션센터 현황

구분		전시장명	2013년		2018년	
			전시장(m^2)	하역장(m^2)	전시장(m^2)	하역장(m^2)
수도권	서울	aT센터	7,422	657.4	7,422	657.4
		SETEC	7,948	839	7,948	839
		COEX	36,007	11,539	36,007	11,539
	경기 인천	서울 역세권 신규 건립	–	–	12,592	27,411
		KINTEX	108,483	13,303	108,483	13,303
		송도컨벤시아	8,390	4,020	16,816	8,383
충청권		DCC	2,520	4,064	2,520	4,064
		KOTREX	4,200		4,200	
영남권	부산	BEXCO	26,900	6,041	46,300	13,479
	창원	CECO	7,827	2,784	7,827	2,784

구분		전시장명	2013년		2018년	
			전시장(m^2)	하역장(m^2)	전시장(m^2)	하역장(m^2)
영남권	대구	FXCO	22,159	7,350	22,159	7,350
	경주	경주화백 컨벤션센터	-	-	2,266	5,247
	구미	GUMICO	3,402	953	3,402	953
	구미	GUMICO	3,402	953	3,402	953
호남권		KDJ센터	9,072	2,306	12,027	2,748
		군산 세만금 컨벤션센터	-	-	3,697	1,825
제주권		ICCJeju	2,395	6,502	2,395	6,502
TOTAL			246,733	6,157.4	304,141	109,581.4

자료 : 한국전시산업진흥회(2011), 울산홍보블로그(2012)

2) 그 외

부산의 벡스코(BEXCO), 대전무역전시관(코덱스), 대구 엑스코(EXCOO), 광주 김대중센터(KDJ), 제주도의 ICC JEJU, 고양의 킨텍스(KINTEX- 국내 최대 면적), 창원의 세코(CECO) 등이 있으며, 전시 컨벤션센터는 대부분 정부와 지자체, 민자 출자 등에 의해 건설되고 있다.

표 11-7 Meeting 개최 현황

지역	개최건수(건)	외국인 참가자 수(명)	내국인 참가자 수(명)	전체 참가자 수(명)
서울	4,886	12,148	2,479,284	2,491,432
부산	9,139	13,488	883,766	897,254
대구	3,982	4,392	632,485	636,877
경기	4,282	837	441,915	442,752
강원	32,720	2,295	3,125,528	3,125,528
충북	3,320	741	270,660	271,401
경북	26,819	2,037	1,940,639	1,942,676
제주	4,762	3,413	484,744	488,157
기타	12,359	7,018	1,346,716	1,356,029
합계	109,587	46,369	11,605,737	11,652,106

자료 : 한국관광공사(2012), 2011 MICE 통계조사 연구

표 11-8 국제회의시설 현황

순위	시설(개)	면적(m^2)
컨벤션센터	12	65,300
호텔회의장	149	235,200
준회의장	46	135,000
계	207	435,500

자료 : 한국관광공사, 2012년 12월 31일 기준

3) 국제회의도시 지정

(1) 지정기준

가. 지정대상도시 안에 국제회의시설이 있거나 그 시설 설치를 위한 구체적인 계획이 수립되어 있어야 한다.

나. 지정대상도시 안에 숙박시설 · 교통시설 · 교통안내체계 등 국제회의 참가자를 위한 편의시설이 갖추어져 있어야 한다.

다. 지정대상도시 또는 그 주변에 풍부한 관광자원이 있어야 한다.

표 11-9 국제회의도시 지정 현황

연도	지정도시	지정일	도시 수
2005	서울, 부산, 대구, 제주특별자치도	2005,10	4
2007	광주	2007,9	2
2009	대전, 창원	2009,3	1
2011	인천	2011,5	1
합계	–	–	8

자료 : 2012년 외래관광객 실태조사 문화체육관광부, 2013년 2월

제12장 카지노

① 카지노의 개념

카지노란 갬블링(gambling), 음악, 쇼, 댄스 등 여러 가지 오락시설을 갖춘 연회장이라는 의미의 이탈리아어 카사(Casa)에서 유래한 것으로 르네상스(Renaissance) 시대에 귀족들이 소유하고 있던 사교?오락용의 별장을 의미하였으나, 오늘날에 와서는 일반적인 사교 또는 여가선용을 위한 공간으로 각종 게임기구를 설치하여 갬블링이 이루어지는 장소를 의미한다.

그리고 웹스터사전(Webster' s College Dictionary)에서는 카지노란 모임 · 춤 특히 전문 갬블링(professional gambling)을 위해 사용되는 건물이나 넓은 장소로 정의하고 있으며, 국어사전에서는 음악 · 댄스 · 쇼 등 여러 가지 오락시설을 갖춘 실내 도박장으로 정의하고 있다.

우리나라에서 카지노업은 종래 「사행행위 등 규제 및 처벌특례법」에서 '사행행위영업' 의 일환으로 규정되어 오던 것을 1994년 8월 3일 「관광진흥법」을 개정할 때 관광사업의 일종으로 전환 규정한 것이다. 그리고 「관광진흥법」은 제3조 제1항 5호에서 카지노업이란 "전문영업장을 갖추고 주사위 · 트럼프 · 슬롯머신 등 특정한 기구 등을 이용하여 우연의 결과에 따라 특정인에게 재산상의 이익을 주고 다른 참가자에게 손실을 주는 행위 등을 하는 업"이라고 정의내리고 있다.

② 카지노산업의 특징

카지노산업은 관광객의 게임욕구와 다양한 여가활동의 상호관계를 살펴볼 때, 카지노 핵심(核心)부문과 카지노 연관(蓮關)부문으로 구성할 수 있다. 카지노 핵심부분은 관광객의 핵심욕구를 직접 충족시켜주는 테이블게임 · 머신게임과 같은 카지노시설(施設)과 딜러와 같은 인적(人的)서비스가 포함되며, 연관부문은 관광객의 게임욕구와 여가욕구를 극대화하는 다양한 시설 및 이벤트 프로그램으로 숙박시설 · 테마파크, 이벤트 및 쇼 프로그램, 카지노정보서비스 · 교통수단 · 컨벤션시설 및 카지노기구의 제작 · 공급 · 판매사업 등을 말한다.

자료: 포토뉴스.마카오

라스베이거스

한편, 게임과 오락시설의 제공이라는 두 가지 서비스는 우리나라 카지노산업의 기본적 기능이라고 할 수 있다. 그리고 최근에는 카지노의 기능뿐만 아니라 리조트 시설 등의 종합적인 서비스 기능을 제공함으로써 도박과 같은 성격을 약화시키고 대중여가시설로의 위치를 강화해 나가고 있다. 또한 이것은 카지노설립 합법화의 정당성을 제공하는데 기여하고 있다.

③ 카지노업체 및 이용 현황

1) 카지노업체 현황

외국인 전용 카지노는 1967년 인천 올림포스호텔 카지노 개설을 시작으로 2005년 한국관광공사의 신규 허가 3개소를 포함하여 2010년 말 기준으로 전국에 16개 업체가 운영 중에 있으며, 지역별로는 서울 3개소, 부산 2개소, 인천 1개소, 강원 1개소, 경북 1개소, 제주 8개소이다. 내국인출입 카지노는 강원랜드카지노 1개소가 운영 중에 있다. 카지노의 운영형태는 강원랜드와 같은 직영체제가 4개소이며, 나머지 13개소는 임대형태로 운영되고 있다.

표 12-1 국내 카지노업체 현황(2016년 6월 기준)

※ 관광기금 부과 매출액 기준

시·도	업소명 (법인명)	허가일	운영 형대 (등급)	대표자	종사원 수(명)	2015 매출액 (백만 원)	2015 입장객 (명)	허가증 면적(M^2)
서울	워커힐카지노 [(주)파라다이스]	1968. 3.5	임대 (특1)	정연수	923	355,454	572,959	3,970.97
	세븐럭카지노 서울강남코엑스점 [그랜드코리아레저(주)]	2005. 1.28	임대 (컨벤션)	이기우	809	215,279	470,735	6,093.57
	세븐럭카지노 서울강북힐튼점 [그랜드코라아레저(주)]	2005. 1.28	임대 (특1)	이기우	493	196,215	919,799	2,811.94
부산	세븐럭카지노 부산롯데점 [그랜드코라아레저(주)]	2005. 1.28	임대 (특1)	이기우	320	85,157	210,276	2,554.50
	부산카지노지점 [(주)파라다이스]	1978. 10.29	임대 (특1)	정연수	352	73,151	90,098	2,283.50
인천	인천카지노 [(주)파라다이스 세가사미]	1967. 8.10	임대 (특1)	정연수	412	95,107	48,526	1,703.57
강원	알펜시아카지노 [(주)지바스]	1980. 12.9	임대 (특1)	박주언	8	185	3,893	689.51
대구	인터불고대구카지노 [(주)골든크라운]	1979. 4.11	임대 (특1)	안위수	171	13,141	69,483	3,473.37
제주	더케이제주호텔카지노 [(주)엔엔스디영상]	1975. 10.15	임대 (특1)	진재철	158	17,805	30,734	2,359.10
	제주카지노지점 [(주)파라다이스]	1990. 9.1	임대 (특1)	정연수	252	49,502	45,702	2,756.76
	마제스타카지노 [(주)마제스타]	1991. 7.31	임대 (특1)	박성오	264	40,175	36,597	2,886.89
	로얄팔레스카지노 [(주)건하]	1990. 11.6	임대 (특1)	박성호 김우남	199	16,305	18,362	1,353.18
	파라다이스카지노 제주 롯데 [(주)두성]	1985. 4.11	임대 (특1)	정연수	189	36,748	33,461	1,205.41
	제주썬카지노 [(주)지앤엘]	1990. 9.1	직영 (특1)	신광식	217	4,127	19,559	2,802.09
	랜딩카지노 [그랜드익스프레스코리아(주)]	1990. 9.1	임대 (특1)	송우석	230	32,204	15,474	803.30

시·도	업소명 (법인명)	허가일	운영 형대 (등급)	대표자	종사원 수(명)	2015 매출액 (백만 원)	2015 입장객 (명)	허가증 면적(M^2)
제주	골든비치카지노 [(주)골든비치]	1995. 12.28	임대 (특1)	정희태	157	12,713	27,962	1,528.58
	12개 법인, 16개 영업장 (외국인 대상)		직영:1 임대:15	–	5,154	1,243,268	2,613,620	39,276.24
강원	강원랜드카지노 [(주)강원랜드]	2000. 10.12	직영 (특1)	함승희	3,672	1,561,145	3,133,391	12,792.95
	13개 법인, 17개 영업장 (내 · 외국인 대상)		직영2 임대15	–	8,826	2,804,413	5,747,011	52,069.19

※자료 : 문화체육관광부

표 12-2 **카지노사업자 관광진흥개발기금 부과 현황**

(단위 : 백만 원)

구분	2009	2010	2011	2012	2013	2014	2015
파라디이스 워커힐	25,893	29,048	33,958	36,736	40,942	41,040	35,005
세븐럭 서울강남	21,658	24,544	26,379,	26,125	27,957	25,303	20,988
세븐럭 서울강북	17,272	16,104	18,351	20,742	17,745	19,484	19,081
세븐럭 부산롯데	5,083	5,076	5,862	7,512	7,360	7,026	7,976
파라다이스 부산	5,451	6,505	7,037	7,577	6,995	7,508	6,775
파라다이스 인천	4,513	5,828	6,879	7,205	8,284	10,324	8,971
알펜시아	0.5	3	2	7	29	6	2
인터불고	0	0.6	287	968	954	714	774
더케이	577	727	701	1,098	1,602	1,944	1,241.5
파라다이스 제주	1,091	1,557	1,847	3,168	5,084	5,731	4,410
마제스타	0.2	179	433	448	1,982	3,498	3,477.5
로야팔레스	752	522	820	1,053	794	1,416	1,091
롯데	1,485	1,534	1,675	3,026	4,474	3,191	3,135
제주썬	1,385	800	262	773	788	838	166
랜딩카지노	305	231	237	341	1,107	357	2,680
골든비치	43	816	394	376	1,542	1,295	731
소계	85,508.7	93,474.6	105,124	117,155	128,639	129,675	116,504
강원랜드	115,611	125,145	118,090	120,393	127,363	141,660	155,574
합계	201,119.7	218,619.6	223,214	237,548	256,002	271,335	272,078

※자료 : 문화체육관광부

표 12-3 연도별 외래객 대비 카지노이용객 현황

(단위 : 명, %)

연도	외래 관광객 (A)	카지노 이용객 (C)	외래 관광객 대비 점유율(C/A)	성장률 (%)
2000	5,321,792	636,005	12.0	△8.4
2001	5,147,204	626,851	12.1	△1.4
2002	5,347,468	647,722	12.1	3.3
2003	4,753,604	630,474	13.2	△2.6
2004	5,818,138	677,145	11.6	7.4
2005	6,022,752	574,094	9.5	△15.2
2006	6,115,046	988,718	16.0	72.2
2007	6,448,240	1,176,338	18.2	19.0
2008	6,890,841	1,276,772	18.5	8.5
2009	7,817,533	1,676,207	21.4	31.2
2010	8,797,658	1,945,819	22.1	16.0
2011	9,794,796	2,100,698	21.4	8.0
2012	11,140,029	2,384,214	21.4	13.5
2013	12,175,550	2,707,315	22.2	13.6
2014	14,201,516	2,961,833	20.9	9.4
2015	13,231,651	2,613,620	19.8	△11.8

※자료 : 문화체육관광부

표 12-4 연도별 관광외화 수입 대비 카지노 매출액

연도	관광외화 수입 (백만 불)(A)	연평균 성장률 (%)	카지노 외화 수입(천 불)(B)	연평균 성장률 (%)	점유율(%) (B/A)
2000	6,811	0.1	301,153	20.0	4.4
2001	6,373	△6.4	296,355	△0.8	4.6
2002	5,919	△7.1	327,075	10.4	6.2
2003	5,343	△9.7	334,335	2.2	6.3
2004	6,053	13.3	378,576	13.2	6.2
2005	5,793	△4.3	423,413	11.8	7.5
2006	5,697	△1.7	501,928	18.5	8.8
2007	6,071	6.6	659,634	31.4	10.7
2008	9,696	59.7	684,263	3.7	7.1

연도	관광외화 수입 (백만 불)(A)	연평균 성장률 (%)	카지노 외화 수입(천 불)(B)	연평균 성장률 (%)	점유율(%) (B/A)
2009	9,767	0.7	720,520	5.3	7.4
2010	10,291	5.4	869,679	20.5	8.5
2011	12,347	20.0	1,015,982	16.8	8.2
2012	13,357	8.2	1,110,244	9.3	8.3
2013	14,525	8.7	1,250,093	12.6	8.6
2014	17,712	21.9	1,307,776	4.6	7.2
2015	15,177	-14.3	1,098,778	△16.0	7.2

※자료 : 문화체육관광부

표 12-5 국내 카지노업체 현황(2016년 6월 기준)

지역	업소명	테이블 게임								머신 게임		총대수
		블랙잭	룰렛	바카라	빅휠	다이사이	포커	카지노워	소계	슬롯머신	비디오게임	
서울	워커힐카지노 [(주)파라다이스]	12	10	66	-	2	14	1	105	6	129	8종 240대
	세븐럭카지노 서울강남코엑스점 [그랜드코리아레저(주)]	14	3	56	-	1	8	-	82	8	113	7종 203대
	세븐럭카지노 서울강북힐튼점 [그랜드코리아레저(주)]	12	4	28	-	1	5	1	52	24	128	8종 203대
부산	세븐럭카지노 부산롯데점 [그랜드코리아레저(주)]	12	4	25	-	1	2	-	44	11	79	7종 134대
	부산카지노지점 [(주)파라다이스]	3	3	32	-	1	1	-	40	1	46	7종 87대
인천	인천카지노 [(주)파라다이스 세가사미]	4	2	40	-	2	4	-	52	-	45	6종 97대
강원	알펜시아카지노 [(주)지바스]	3	1	9	1	1	1	-	16	12	33	8종 61대
대구	인터불고대구카지노 [(주)골든크라운]	7	4	32	-	1	9	-	53	9	41	7종 103대
제주	더케이제주호텔카지노 [(주)엔엔스디영상]	3	1	48	-	1	-	-	53	1	23	6종 77대
	제주카지노지점 [(주)파라다이스]	3	1	30	-	1	5	-	40	-	52	6종 92대
	마제스타카지노 [(주)마제스타]	3	1	53	-	1	4	-	62	-	40	6종 102대
	로얄팔레스카지노 [(주)건하]	4	1	34	-	1	-	-	40	-	20	5종 60대

지역	업소명	테이블 게임								머신 게임		총대수
		블랙잭	룰렛	바카라	빅휠	다이사이	포커	카지노워	소계	슬롯머신	비디오게임	
제주	파라다이스카지노 제주 롯데 [(주)두성]	2	1	23	-	1	-	-	27	-	30	5종 57대
	제주썬카지노 [(주)지앤엘]	4	3	52	-	1	-	-	60	-	51	5종 111대
	랜딩카지노 [그랜드익스프레스코리아(주)]	1	1	23	-	1	-	-	29	-	16	6종 45대
	골든비치카지노 [(주)골든비치]	2	1	25	-	1	-	-	29	-	24	5종 53대
소계		87	36	586	1	18	52	1	781	72	866	9종 1,725대
강원	강원랜드카지노 [(주)강원랜드]	70	14	88	2	7	16	3	200	296	1,064	9종 1,560대
합계		157	50	674	3	25	68	4	981	368	1,930	9종 3,285대

※자료 : 문화체육관광부

2) 카지노시설 및 운영 현황

(1) 외국인 전용 카지노

2015년 기준으로 외국인 전용 카지노 기구는 총 9종 1,560대이며, 테이블게임 781대, 슬롯머신 72대, 비디오게임 866대를 보유하고 있다. 테이블게임은 바카라가 586대로 가장 높게 나타났으며, 블랙잭 87대, 롤렛 36대, 포커 52대, 다이사이 18대, 빅휠 1대, 카지노워 1대 등을 보유하고 있다.

2015년도 외국인 전용 카지노 이용객은 2,613,620명으로 전년대비 11.8% 증가하였으며, 2010년부터 2015년까지 평균 12%의 증가율을 나타내고 있다. 2015년도 외국인 전용 카지노 매출액은 1,098,778천 불로 전년대비 16% 증가했으며, 2010년부터 2015년까지 연평균 13.3%의 증가율을 나타내고 있다.

외국인 전용 카지노는 「관광진흥법」 제30조에 따라 관광진흥개발기금을 납부하고 있는데, 2015년의 경우 116,504백만 원을 관광진흥개발기금으로 납부하였다.

카지노내부 모습

(2) 내국인 출입 카지노

국내 유일의 내국인 출입 카지노인 강원랜드는 강원도 정선군 사북읍 사북리 및 고한읍 고한리 일원에 총 6,438,732㎡ 규모의 카지노 리조트를 조성하였다. 주요 시설물로는 강원랜드 호텔 · 하이원호텔 · 하이원CC, 하이원 스키장 및 콘도, 하이원 고한사무실, 고한사옥 등을 포함하고, 복합리조트 규모로 성장하고 있다.

강원랜드의 카지노시설은 강원랜드 호텔 내 16,770㎡ 공간에 테이블게임 132대와 머신게임 960대로 구성되어 있다. 테이블게임 기구는 바카라 61대, 블랙잭 49대, 룰렛 10대, 다이사이 4대, 포커 4대, 빅휠 2대, 카지노워 2대 등이며, 머신게임 기구로는 슬롯머신 345대, 비디오게임 615대 등을 보유하고 있다.

2009년의 강원랜드 회계매출액은 1조 1,553억 원으로 전년대비 5.3% 증가하였고, 영업매출액은 1조 1,538억 원으로 전년대비 8.3% 증가하였다. 강원랜드 회계매출액은 2000년 이후 지속적인 증가추세를 나타내고 있으며, 영업매출액은 2006년 일시 감소한 것을 제외하면 2009년까지 증가추세를 나타내고 있다. 2009년 강원랜드 1일 평균 매출은 3,165백만 원으로 전년대비 5.6% 증가하였고, 지속적인 증가추세를 나타내고 있다.

입장객은 스몰 카지노를 개장한 2000년 209천 명으로 시작해, 2009년에는 3,045천 명으로 전년대비 4.5% 증가하였다.

2016년을 기준으로 최근 5년간 총 1378만 2천 명이 강원랜드 카지노를 방문하였으며 이 중 내국인이 1362만 2천 명으로 방문객의 98.8%를 차지하고 있다. 또한 카지노 매출액은 2012년 1조 2131억 원에서 2015년 1조 5561억 원으로 28.2% 증가했으며 지속적인 증가 전망을 보이고 있다.

워랜드 카지노(내부)

강원랜드 카지노(외부)

표 12-6 연도별 관광외화수입대비 카지노매출액 현황

연도	관광외화수입 (백만 달러)[A]	카지노외화수입 (천 달러)[B]	점유율(%) [B/A]	연평균성장률 (%)
2005	5,793	423,413	7.5	11.8
2006	5,697	501,928	8.8	18.5
2007	6,071	659,634	10.7	31.4
2008	9,696	684,263	7.1	3.7
2009	9,767	720,520	7.4	5.3
2010	10,291	869,679	8.5	20.5
2011	12,347	1,015,982	8.2	16.8
2012	13,357	1,110,244	8.3	9.3
2013	14,525	1,250,093	8.6	12.6
2014	17,712	1,307,776	7.2	4.6
2015	15,177	1,098,778	7.2	16.0

자료 : http://visitkorea.or.kr; 한국카지노업관광협회(2016)

표 12-7 연도별 카지노이용객 현황

연도	외래관광객 [A]	카지노이용객 [c]	점유율(%) [c/A]	성장률(%)
2005	6,022,752	574,094	9.5	15.2
2006	6,155,046	988,718	16.0	72.2
2007	6,448,240	1,176,338	18.2	19.0
2008	6,890,841	1,276,772	18.5	8.5
2009	7,817,533	1,676,207	21.4	31.2
2010	8,797,658	1,945,819	22.1	16.0
2011	9,794,796	2,100,698	21.4	8.0
2012	11,140,028	2,384,214	21.4	13.5
2013	12,175,550	2,707,315	22.2	13.6
2014	14,201,516	2,961,833	20.9	9.4
2015	13,231,651	2,613,620	19.8	11.8

자료 : http://visitkorea.or.kr; 한국카지노업관광협회(2016)

4 카지노게임

1) 카지노게임의 개요

카지노게임은 테이블게임(Table Game)과 논 테이블게임(Nontable Game)으로 크게 분류하고 있다.

테이블게임은 딜러(Dealer)와 손님이 레이아웃(Layout)이 그려진 테이블 위에서 카드, 주사위, 휠, 구슬 등 게임도구를 갖고 게임하는 것을 말하는데, 여기에는 블랙잭(Blackjack), 바카라(Baccarat), 룰렛(Roulette), 크랩스(Craps, Dice), 다이사이(Tai sai) 등이 있고, 논 테이블게임은 딜러와 손님이 레이아웃 그려진 테이블과 게임도구가 떨어져 게임하거나, 테이블 없이 게임하는 것으로 슬롯머신(Slot Machine), 비디오게임(Video Game), 빅휠(Big Wheel) 등이 있다.

우리나라 카지노업의 영업종류는 문화체육관광부령으로 정하는데 「관광진흥법」 제8조10항제1항에서 규정하고 있다.

2) 카지노게임의 규칙

(1) 공동규칙

가. 딜러가 베팅종료를 선언한 후의 베팅은 인정하지 않는다.

나. 지급행위가 이루어지는 도중에는 새로운 베팅을 할 수 없다.

(2) 카드게임의 경우

가. 카드가 규칙에 어긋나게 반대축으로 딜링된 경우에는 이를 정정하여 카드를 상대측에 옮겨서 계산한다.

나. 2장 이상의 카드가 동시에 딜링될 경우에는 이를 분리하여 순서대로 딜링한다.

다. 딜링 도중 카드가 2장 이상 동시에 빠져나오게 되면 유효카드로 간주하여 순서대로 딜링한다.

라. 딜링 도중 카드가 뒤집혀 나오면 유효카드로 간주하여 순서대로 딜링한다.

마. 딜러의 실수로 인하여 카드순서가 명확하지 않을 경우에는 해당 게임은 "무효게임"이 된다.

바. 플레이어가 고의 또는 실수로 카드를 디스카드홀드에 빠뜨렸을 경우 해당 게임은 "무효게임"이 된다.

(3) 룰렛 및 빅휠게임의 경우

가. 휠이나 공이 회전하고 있는 동안 딜러와 게임 참가자는 이를 방해하여서는 안 된다.

나. 휠이나 공의 회전을 방해하였을 경우에는 회전을 즉시 멈추고 공을 꺼내야 한다. 이 경우 공이 번호판 위에 멈추더라도 인정되지 아니한다.

다. 고의 또는 실수로 공이 휠의 밖으로 벗어났을 경우에 해당 게임은 무효가 되며 다시 게임을 시작한다.

(4) 다이사이 및 차카락게임의 경우

가. 주사위 흔들개를 흔들어 번호가 정하여진 다음에 주사위를 흩뜨려서는 안 된다.

나. 게임 참가자는 흔들개 내부에 있는 주사위의 교체를 요청할 수 없다.

다. 다이사이에서 딜러가 알린 숫자와 테이블의 전광판 숫자가 일치하지 않을 경우에는 흔들개 내부에 있는 주사위를 확인한 후 이를 정정한다.

라. 다이사이에서 게임 도중 정전이 되어 테이블의 전광판이 작동하지 않을 경우 딜러가 직접 구두로 알린다.

(5) 다이스 및 라운드 크랩스게임의 경우

가. 주사위를 던지기 전에 베팅을 완료한다. 주사위가 구르는 동안에는 베팅을 할 수 없다.

나. 슈터가 포인트를 만들지 못하면 주사위는 시계방향으로 옆의 게임 참가자에게 돌아가며 옆의 게임 참가자가 슈터가 된다.

다. 슈터는 한 번의 게임이 완료된 후 주사위를 옆 게임 참가자에게 넘길 수 있다.

라. 게임 참가자는 슈터가 되기를 거절할 수 있으며 옆의 게임 참가자에게 주사위를 넘길 수 있다.

마. 하우스는 항시 필요한 경우에 주사위를 교체할 수 있다.

바. 하나 또는 양쪽 주사위가 테이블을 벗어났을 경우는 무효게임이 되고 주사위를 교체하여 동일한 슈터가 다시 던진다.

사. 하나 또는 양쪽 주사위가 주사위 보관함 또는 칩스 저장함에 떨어졌을 경우에도 무효게임이 되고 동일한 슈터가 다시 던진다.

아. 슈터가 항상 딜러의 시야 범위 내에 주사위를 던져야 한다.

자. 슈터는 주사위의 교체를 요구할 수 있으며, 이 경우 딜러는 주사위 보관함에 보관되어 있는 주사위를 슈터에게 제공하여 2개를 선택하도록 한다.

차. 슈터는 주사위를 던지기 전에 "off" 또는 "No Bet"라고 분명히 말해야 한다. 슈터가 말하지 않을 경우에는 "on"으로 간주한다.

카. 게임 참가자는 일반적으로 이해할 수 있는 용어를 사용해야 한다. 게임 참가자가 모호한 표현을 사용하여 잘못 이해되었을 경우에는 카지노사업자가 판단을 내리며 게임 참가자는 카지노사업자의 판단을 따라야 한다.

표 12-8 카지노게임의 종류

(「관광진흥법」 제8조10항제1항 관련)

게임명칭	게임개요
1. 룰렛 (Roulett)	딜러가 수십 개의 고정 숫자가 표시된 회전판을 회전시키고 그 회전판 위에 회전과 반대 방향으로 공을 회전시킨 후, 그 공이 낙착되는 숫자를 알아맞힌 참가자에게 소정의 당첨금을 지불하는 방식의 게임
2. 블랙잭 (Blackjack)	딜러가 자신과 게임 참가자에게 카드를 순차로 배분하여 카드 숫자의 합이 21에 가깝도록 만들되, 딜러가 가진 카드의 숫자의 합과 참가자가 가진 카드의 숫자의 합을 비교하여 그 카드 숫자의 합이 가까운 자가 승자가 되는 방식의 게임
3. 다이스 (Dice, Craps)	참가자가 2개의 주사위를 던져 주사위의 합이 참가자가 미리 선정한 숫자와 일치되는 지의 여부로 승패를 결정하는 방식의 게임
4. 포커 (Poker)	딜러가 참가자에게 일정한 방식으로 카드를 분배한 후 미리 정해진 카드 순위(포커랭 순위)기준에 따라 참가자 중 가장 높은 순위의 카드를 가진 참가자가 우승자가 되는 방식의 게임
5. 바카라 (Baccarat)	딜러가 양편으로 구분되는 참가자에게 각각 카드를 분배한 후 양측 중 카드 숫자와 합이 9에 가까운 측을 승자로 결정하는 방식의 게임
6. 다이 사이 (Tai Sai)	딜러가 셰이커(주사위를 흔드는 기구)내에 있는 주사위 3개를 흔들어 주사위가 나타내는 숫자의 합 또는 조합을 알아맞히면 참가자에게 소정의 당첨금을 지불하는 방식의 게임
7. 키노 (Keno)	참가자가 선정한 여러 개의 번호가 딜러 자신의 특정한 기구에서 추첨한 여러 개의 번호와 일치하는 정도에 따라 소정의 당첨금을 지불하는 방식의 게임

게임명칭	게임개요
8. 빅휠 (Big Wheel)	딜러가 다수의 칸막이에 각 양의 심벌(Symbol)이 그려져 있는 세로로 세운 회전판을 돌려 회전판이 멈추는 지점의 심벌을 알아맞히는 참가자를 승자로 결정하는 방식의 게임
9. 빠이 까우 (Pai Cow)	딜러가 참가자 중에서 선정된 특정인(뱅커)과 다른 참가자들에게 일정한 방식으로 도미노를 분배하여 뱅커와 다른 참가자들 간에 높은 도미노패를 가진 쪽을 승자로 결정하는 방식의 게임
10. 판탄 (Fan Tan)	딜러가 버튼(단추모양의 기구)의 무리에서 불특정량을 분리하여 그 수를 4로 나누어 남은 나머지의 수를 알아맞히는 참가자를 승자로 결정하는 방식의 게임
11. 조커 세븐 (Joker Seven)	딜러가 참가자에게 카드의 순차로 분배하여 그 카드의 조합이 미리 정해 놓은 조합과 일치하는지 여부에 따라 승패를 결정하는 방식의 게임
12. 라운드 크랩스 (Round Craps)	게임 참가자 중에서 주사위를 던지는 사람을 선정한 후 3개의 주사위를 던져서 나타내는 주사위 숫자의 합 또는 조합이 참가자가 미리 선정한 숫자나 조합과 일치하는지 여부에 따라 승패를 결정하는 방식의 게임
13. 트란타 콰란타 (Trent Et Quarante)	딜러가 양편으로 구분되는 참가자에게 각각 카드를 분배한 후 양측 중 카드 숫자의 합이 30에 가까운 측에 승자로 결정하는 방식의 게임
14. 프렌치볼 (French Boule)	딜러가 일정한 숫자가 표시된 홈이 파인 고정판에 공을 굴린 후 그 공이 정지되는 홈의 숫자를 알아맞히는 참가자에게 소정의 당첨금을 지불하는 방식의 게임
15. 챠카락 (Chuck-A-Luck)	딜러가 주사위를 특정한 용구에 넣고 흔들어 나타난 숫자를 알아맞힌 참가자에게 소정의 당첨금을 지불하는 방식의 게임
16. 슬롯머신 (Slot Machine)	슬롯머신과 비디오게임을 머신게임이라 하고 카지노업영업준칙 제6장 머신게임에 상세히 규정되어 있음
17. 비디오게임 (Video Game)	슬롯머신과 비디오게임을 머신게임이라 하고 카지노업영업준칙 제6장 머신게임에 상세히 규정되어 있음
18. 빙고 (Bingo)	카지노영업준칙 제28조 관련 게임기구의 종류에서 사용기구는 빙고티켓, 빙고보드, 빙고머신을 사용하는 게임으로 카지노 영업준칙 제10조 관련 게임종류별 개별규칙 16항에 규정해 놓고 있음

자료 : 고상동 · 원문규(2011), 리조트경영과 개발, 참조 · 인용

슬롯머신

바카라

블랙잭

제13장
복합엔터테인먼트 리조트

① 엔터테인먼트의 개념

1) 엔터테인먼트의 정의

엔터테인먼트는 "오락', '여흥', '유희' 등의 용어로 번역되어 사용되고 있다. 웹스터 사전에서는 'TV를 시청하거나 책을 읽거나 영화와 연극 공연을 관람하는 것 등으로 사람들에게 즐거움을 주는 것"으로 설명하고 있다.

엔터테인먼트 산업 분석가인 미국의 해롤드 보겔(Harold L. Vogel) 교수는 레크리에이션은 여가의 종속적인 개념이며, 엔터테인먼트는 레크리에이션에 종속되는 것으로 그 개념은 '즐겁고도 만족할만한 경험을 만들어내는 것' 으로 정의하였다. 또한 그는 사람들이 시간의 비용과 상품 또는 서비스의 소비시간 강도가 대안적인 엔터테인먼트 요소를 찾는 데 중요한 요인이 될 것이며, 과거에 비해 사람들의 여가활동이 연중 고르게 분포되기 보다는 집중적이고 압축된 형태로 나타난다고 분석하였다.

기업경영측면에서 엔터테인먼트에 관한 연구에서는 시장 환경이 가속화될수록 향후 엔터테인먼트 사업의 전망이 밝아지고 있다고 강조하면서 엔터테인먼트를 '호텔과 레스토랑은 물론 문화, 레저, 여행업 등을 직접 수행하거나 활용 가능한 네트워크로 보유하는 것' 으로 정의하고 있으며, 엔터테인먼트의 핵심은 '고객의 즐거움 창출을 통한 수익' 의 개념이라고 하고 있다.

엔터테인먼트(entertainment)를 구성하고 있는 단어를 통한 의미를 분석해 본다면, 엔터테인먼트는 '가지다, 잡다, 쥐다' 를 의미하는 'tain' 을 어근으로 하여, '가운데, 사이에, 함께'를 의미하는 'enter'가 합쳐져서 이루어진 단어이다. 따라서 '사람들이 함께 모여서 벌이는 일체의 행위'라는 의미를 갖는다. 이는 '즐거움을 주는 행위나 즐거움을 주기 위해 창조된 일체의 인위적인 생산물들로, 세상사를 잊고 잠시나마 삶의 고통을 유보할 수 있게 해 주는 것'으로 정의할 수 있다.

복합리조트에서 복합엔터테인먼트의 개념을 정립하자면 '리조트에서 관광활동 중에 즐겁고도 만족할 만한 경험을 만들어내는 것'이라고 정의할 수 있다.

2) 엔터테인먼트 산업의 범위

현대의 엔터테인먼트 산업은 '주로 사람에 의한 접대를 수단으로 하여 제공되는 오락인 엔터테인먼트를 제공하는 산업'으로 문화산업의 범주 안에 속한다. 엔터테인먼트 공간을 구축하여 성공한 사례를 찾아본다면 '월트 디즈니월드'이며, 가족지향적인 현대인들의 여가문화 트렌드를 반영하여 가족이 한데 어울려 하루 종일 즐겨도 모자람이 없는 공간을 창출하였다.

현대사회에서 엔터테인먼트 요소가 중요해지는 이유는 사람들의 일상생활이 더욱더 복잡해짐에 따라 스트레스도 동시에 증가하고 있기 때문이다. 이러한 시점에서 점점 재미(fun)가 사람들의 이성적 취향이 되고 있으며 이에 따라 엔터테인먼트 요소가 생활전반에 필요조건이 되고 있다. 실제로 미래 산업을 이끄는 첨단 분야 가운데 엔터테인먼트 산업의 성장 잠재력이 최우선으로 꼽히고 있다.

21세기 대중문화의 전성시대를 맞아 레저인구가 폭발적으로 증가함에 따라 문화+정보+엔터테인먼트 산업이 최고 유망산업으로 부상하면서 엔터테인먼트는 보편화되었다.

표 13-1 **엔터테인먼트 산업의 범위**

구 분	대 상	내 용
미디어의존형 엔터테인먼트	영화	영화제작, 배급, 상영, 마케팅 등
	음악	작곡, 음반제작, 콘서트 등
	방송	프로그램 제작 및 배급
	케이블	방송운영, 유료방송
	완구와 온라인게임	캐릭터, 게임콘텐츠

구 분	대 상	내 용
라이브 엔터테인먼트	게임	슬롯머신, 카지노 경영
	스포츠	스포츠관람, 참여, 중계권
	공연예술	연극, 오케스트라, 오페라, 댄스 등
	유원지, 테마파크	탑승시설과 매력물, 축제, 이벤트 등

자료 : Herold. L. Vogel(2004) Entertainment Industry Economics

3) 복합리조트와 엔터테인먼트의 관련성

오늘날 관광객의 관광지에서의 관광활동은 기존에 단순한 관람과 휴식 위주의 즐거움을 추구하는 형태에서 벗어나 직접적인 참여를 중요시하는 경험적인 관광활동으로 변화하고 있다. 대부분의 관광상품은 즐기기 위한 관광객의 욕구를 충족시켜주기 위하여 상품을 기획하기 때문에 관광과 엔터테인먼트는 유사성과 함께 밀접한 관련성을 가지고 있다.

또한, 관광목적지의 마케팅 활동에 힘입어 관광목적지에 도착하면 관광객을 위한 볼거리, 먹을거리, 즐길거리와 휴식을 위한 서비스들이 있을 거라는 기대감으로 인해서 관광지의 호텔, 리조트, 테마파크, 크루즈 등으로 몰려가고 있다. 따라서 관광목적지에 도착하여 관광객에게 기대 이상의 만족감을 제공하지 못한다면 관광지에 대한 부정적인 평가가 확산될 수 있는 것이다.

성공적인 관광지가 되기 위해서는 좋은 이미지, 우수한 교통 접근성, 양호한 숙박시설, 기후 등과 함께 관광객에게 즐거운 경험을 제공할 수 있는 다양한 식당과 쇼핑시설, 그 밖의 많은 여가활동을 위한 시설들이 준비되어야 한다.

2 복합엔터테인먼트로서의 리조트

복합리조트(IntegratedResort)란 카지노를 기반으로 호텔, 컨벤션, 전시시설, 공연장, 쇼핑센터, 테마파크, 박물관, 레저 스포츠 시설 등이 함께 어우러진 리조트를 뜻하며, 이는 두 가지 이상의 목적을 가지며 관광객들의 종합적인 욕구 충족이 가능한 다목적용 복합 리조트 콤플렉스(Multi-Resort Complex)를 복합리조트라고 정의하였다.

이를 관광진흥법에서 보면 전문휴양업과 제1종 · 제2종 종합휴양업의 범위가 복합리조트에 해당된다고 볼 수 있다. 또한 정부가 직접 지정하여 관광활동을 지원하는 공간으로서의 관광지, 관광단지, 관광특구 내에서 발생된 리조트 가운데 누구나 인지할 수 있도록 우리나라 관광 공간 중 그 목적에 맞는 대표성을 지니고 단지의 성격이 분명한 것을 복합리조트의 범위로 두었다.

즉, 복합리조트는 복합관광레저단지보다 하위개념으로 관광시설 한 가지 개념을 위한 주목적 시설들이 한 단지에서 서로 상승효과를 내며 수요자의 선택적 다양성을 지원하는 개념으로 이해되고 있다.

표 13-2 관광진흥업에 의한 복합리조트의 정의

<table>
<tr><th colspan="2">구 분</th><th>내 용</th></tr>
<tr><td colspan="2">전문
휴양업</td><td>관광객의 휴양이나 여가선용을 위하여 숙박업 시설(「공중위생관리법 시행령」 제2조 제1항 제1호 및 제2호의 시설을 포함하며 이하 “숙박시설“이라 한다. 이는 「식품위생법시행령」 제21조 제8호 가목 나목 또는 바목에 따른 휴게음식점영업, 일반음식점 영업 또는 제과점 영업의 신고에 필요한 시설을 갖추고 별표 1 제4호 가목(2) (가)부터 (거)까지의 규정에 따른 시설(이하 “전문휴양시설”이라 한다) 중 한 종류의 시설을 갖추어 관광객에게 이용하게 하는 업</td></tr>
<tr><td rowspan="2">종합휴양업</td><td>제1종</td><td>관광객의 휴양이나 여가선용을 위하여 숙박시설 또는 음식점 시설을 갖추고 전문휴양시설 중 두 종류 이상의 시설을 갖추어 관광객에게 이용하게 하는 업이나 숙박시설 또는 음식점시설을 갖추고 전문휴양시설 중 한 종류 이상의 시설 종합유원시설업의 시설을 갖추어 관광객에게 이용하게 하는 업</td></tr>
<tr><td>제2종</td><td>관광객의 휴양이나 여가선용을 위하여 관광숙박업의 등록에 필요한 시설과 제1종 종합휴양업의 등록에 필요한 전문휴양시설 중 두 종류 이상의 시설 또는 전문휴양시설 중 한 종류 이상의 시설 및 종합유원시설업의 시설을 함께 갖추어 관광객에게 이용하게 하는 업</td></tr>
</table>

자료 : 관광진흥법 시행령 제2조 3항

1) 복합리조트의 분류

리조트 분류기준 및 유형을 살펴보면, 〈표 13-3〉에서와 같이 활동형태와 시설목적에 의한 분류에 포함되는 7가지와 목적에 의한 분류 10가지 모두가 복합리조트를 구성하는 요소임을 알 수 있다.

해외사례로는 싱가포르의 리조트 월드 센토사(카지노, 테마파크, 쇼핑시설), 마리나 베이샌즈(카지노, 컨벤션, 박물관, 수영장) 등의 복합적인 형태로 운영되고 있으며, 국내에서도 강원랜드 카지노를 포함하여 골프장, 스키장 등의 시설을 갖춘 하이원리조트, 4계절 워터파크와 골프장을 운영하는 설악대명리조트와 스키 및 골프, 다양한 레저 시설과 야외온천 시설을 갖춘 덕유산 무주리조트 등 대부분의 리조트가 복합리조트의 형태로 운영되고 있다.

Witter(1985)는 리조트 선택속성 분류로 수상스포츠, 골프, 테니스 등의 레저 스포츠 시설 이용의 편리성, 주변 자연경관, 종업원의 서비스, 역사. 문화적 관광거리, 쇼핑 시설, 오락시설, 숙박시설의 이용 등을 제시하였으며 이는 복합리조트가 갖추어야 할 중요한 엔터테인적인 요소라고도 볼 수 있다.

표 13-3 **문헌별 리조트의 분류기준 및 유형**

저자	분류기준	리조트의 유형
Manuel Baud & Fred Lawson	입지에 의한 분류	• 산지리조트(Mountain Resort) • 해변리조트(Seaside Resort) • 전원리조트(Rural areas Resort) • 온천리조트(Spa Resort)
Walter A. Ruters & Richard H. Penner	활동형태와 시설목적에 의한 분류	• 스포츠리조트(Sports Resort) • 헬스리조트(Health Resort) • 휴양촌(Vacation Villa) • 마리나리조트(Marina Resort) • 스키리조트(Ski Resort) • 관광/유람리조트(Sight-Seeing Resort) • 복합리조트 콤플렉스(Multi Resort Complex)
Margaret Huffadine	목적에 의한 분류	• 골프(Golf) • 스키(Ski) • 비치(Beach) • 마리나(Marina) • 온천(Spa) • 카지노(Casino) • 연수(Education) • 생태관광(Ecotourism) • 테마(Theme) • 콘퍼런스(Conference)

자료 : Margaret Huffadine, Resort Design, McGraw-Hill, 유도재, 리조트경영론, 참조 · 재인용

2) 복합리조트와 쇼핑몰

정부가 추진하는 복합리조트의 목표는 2020년까지 2개소 내외를 추가 완공하는 것이다. 도입 기능 및 시설에 있어서 공통시설에 쇼핑이 숙박, 회의시설, 테마어트랙션, 외국인 전용 카지노와 함께 포함되도록 하고 있다. 참고로 선택시설에는 고급 식음, 엔터테인먼트, 문화 · 예술, 레저스포츠, 헬스 · 의료로 문화 · 예술을 포함해 최소 2종류

이상을 개발하도록 하고 있다. 복합리조트의 공통시설인 쇼핑시설은 비즈니스형이나 위락형 모두 2만㎡ 이상이어야 한다.

부여의 롯데리조트의 경우 근처에 대형쇼핑몰이 있다. 걸어서 5~10분 정도의 거리로 리조트 내에서 보면 가까이 보인다.

제14장 리조트의 종류

1 골프 리조트

1) 골프의 유래

골프는 다른 운동과 달리 그 창시자나 기원에 대한 정확한 기록은 없지만 일반적인 '골프' 의 유래는 스코틀랜드의 고프(Goulf)에서 유래되었다는 설이 가장 많다.

고프는 '친다' 란 스코틀랜드의 고어로 '치다' 인 '고프' 가 그 어원이다. 고프는 '친다' 를 의미하는 영어의 '커프(Cuff)' 와 동의어인데 첫 글자의 C자가 스코틀랜드식인 G로 변하여 '고프' 가 되었고 점차 어휘가 변천하여 골프가 되었다는 설이다.

초기 골프의 놀이는 13세기 중엽, 스코틀랜드 지방의 양치는 목동들로부터 시작되었다는 설이 있고, 로마제국의 시저(BC 100~44) 황제시절 로마병사들이 스코틀랜드섬을 정복했을 당시 야영지에서 휴식하던 중, 스틱을 가지고 새털로 만든 공치는 놀이를 즐겼던 로마인의 놀이인 '필라 파가니카(pilar paganica)' 란 놀이가 스코틀랜드에 그대로 남아서 오늘날의 골프가 되었다는 유래가 전해오고 있다.

2) 국내 골프리조트 현황

(1) 국내 골프 리조트 동향

전 세계 191개국(UN가입 기준) 골프인구는 약 7천7백여만 명으로 추산하고 있으며 그 중에서 60% 정도의 골프인구인 4천7백여만 명이 미국인이며 골프장비의 시장 점유율 또한 일본의 3조 원보다 3배 많은 9조 원 정도가 미국으로 세계 1위의 규모로 성장하고 있다.

국내 골프리조트도 지난 2000년을 기점으로 하여 급격하게 증가하였다. 1998년의 IMF사태에 어려움을 겪던 골프리조트 산업은 2000년대에 들어서면서 1천2백만 명에 이르는 골프 인구로 증가하였으며, 골프장도 1990년도의 55개소에서 2016년에는 운영 중인 골프장이 278개로 이러한 추세로 비추어보면 2020년에는 약 700여 개의 골프장이 운영될 것으로 전망된다.

(2) 국내 골프 리조트의 영업 현황

국내 골프 리조트의 영업 현황은 결코 순조롭지만은 않은 상황이다. 우선 양적으로 골프장의 숫자가 급격히 증가하고 있지만 오히려 국내의 인구는 점차 줄어들고 있는 게 현실이다.

현재 운영 중인 전국 18홀 이상의 골프장 중에서 지역별로 배정한 109개소를 모집단으로 하여 2007년도 손익을 분석하였다. 과거 전성기시대의 기존 골프장들은 2006년도 영업이익률이 17%였지만 점차 감소추세에 있어 향후 500개 골프장시대를 예상하면 고객유치를 위한 치밀한 경영전략이 요구되고 있다. 골프장마다 과감한 영업전략을 구사하고 차별화된 운영전략에 더욱 박차를 가할 것으로 예상된다. 바야흐로 치열한 경쟁시대에 돌입한 것이다.

표 14-1 국내 주요 대기업의 골프장 소유 및 운영 현황

순위	업체명	골프장명	위치	규모(홀)	개장연도
2	삼성	안양베네스트 동래베네스트 안성세븐힐스 글렌로스 가평베네스트	경기도 군포시 부산시 금정구 경기도 안성시 경기도 용인시 경기도 가평군	18 18 18+9 9 27+9	1967.11월 1971.01월 1999.06월 1999.09월 2004.06월
3	LG	곤지암 강촌 엘리시안	경기도 광주시 강원도 춘천시 북제주군 애월읍	18 27 27+9	1993.12월 1997.01월 2005.01월
5	현대자동차	해비치	제주도 남제주군	18+9	1999.09월
8	한진	한일	경기도 여주군	36	1992.01월

순위	업체명	골프장명	위치	규모(홀)	개장연도
9	롯데	서귀포	제주도 서귀포시	27+9	2004.09월
10	포스코	승주	전남 순천시	27	1992.09월
12	한화	프라자 설악프라자 제이드팰리스 제주프라자	경기도 용인시 강원도 속초시 경기도 가평군 북제주군 애월읍	36 18 18 27	1980.06월 1984.07월 2004.09월 2004.09월
15	금호아시아나	아시아나 남원	경기도 용인시 제주도 남제주군	36 18	1993.06월 건설예정
17	두산	춘천	강원도 춘천시	27	1990.08월
22	대림	오라	제주도 제주시	36	1979.08월
23	CJ	나인브릿지	제주도 남제주군	18+9	2001.08월
24	동양	파인크리크 파인밸리	경기도 안성군 강원도 삼척시	27+9 18	2000.06월 2003.10월
29	코오롱	우정힐스 마우나오션	충남 천안시 경북 경주시	18 18	1993.05월 1999.07월
34	KCC	금강	경기도 여주군	18	1992.08월
36	한솔	오크밸리	강원도 원주시	36+9	1998.06월
38	대한전선	무주리조트	전북 무주군	18	2004년
45	농심	일동레이크 미정	경기도 포천시 울주군 언양읍	18 36	1995.04월
46	하이트맥주	블루헤런	경기도 여주군	18	1992.03월

자료 : 레저백서, 유도재(2006), 리조트경영론, 참조 · 재구성

2 스키 리조트

1) 스키의 유래와 발달

(1) 스키의 유래

스키의 어원은 skid, skip, skate 등에서 유래되었으며 BC 3천년경부터 시작되어 러시아 동북부의 추운 지방인 Aldai와 Baikal호 지역을 중심으로 발전하기 시작했다.

근대 스키는 1830년대 후반 노르웨이에서 시작되어 주로 크로스컨트리 경기와 점프 경기가 많이 개최되었으며, 알렌 경기는 턴기술의 발전과 함께 개최되기 시작되었다.

1877년에는 크리스차이나(현재의 Oslo)에 스키클럽이 생겼고, 2년 후 1879년에는 하비스힐에서 제1회 점프대회가 열렸다. 1924년 1월에는 프랑스 샤모니에서 제1회 동계올림픽을 개최하였으며, 동년 2월에는 국제스키연맹(FIS : Federation International de Ski)이 탄생되었다.

(2) 한국 스키 리조트의 유래

한국의 스키 역사는 썰매에서 유래되었으며 구한말 선교사들이 국내에서 포교활동을 한 것과 때를 같이하여 겨울철 눈 덮인 산에서 스키를 즐겼다고 전해진다. 1904년 함경도 원산지역의 신풍리에 최초의 스키장이 개설되었다. 당시는 해방되기 전이므로 일본인들에 의해서 개장되었으며, 1927년에는 역시 일본인들에 의해 최초의 스키강습회가 개최되었다. 1929년에는 일본인들에 의해서 원산 근교 신풍리에 한국 최초의 스키장이 개설되었으며, 한국인 스키어가 탄생한 것은 1930년대 무렵이었다.

1930년 2월 16일 원산시에서 일본인 선수들로 구성된 제1회 전조선스키선수권대회가 개최되었으며, 1947년 2월에 제1회 전국스키선수권대회가 지리산 노고단에서 한국인들도 함께하는 70여 명의 참석인원으로 처음 개최되었다. 1960년 제8회 미국 스쿼밸리 동계올림픽 때 처음으로 태극마크를 단 한국선수들이 참여함으로써 세계무대에 등장하는 계기가 되었다.

2) 스키 리조트의 개념

스포츠나 레저활동으로써의 스키는 잘 알려져 있지만 스키 리조트(Ski Resort)라는 용어의 의미는 다소 새롭게 들릴 수 있다. 리조트의 사전적인 의미에 스키를 붙여 스키장과 같은 의미로 사용되기도 하나, 스키라는 스포츠로서의 의미뿐만 아니라 보건과 휴양이라는 의미도 갖게 되는 것이다.

스키 리조트는 스키장 체육시설 하나에 리조트가 접목된 종합휴양지이다. 따라서 종전에는 스키장의 단독시설에 의존하는 경향이 높았으나 레저인구의 증가에 따라 체재형, 자연성, 휴양형, 다기능성, 스포츠형, 광역성 등의 다양한 욕구를 충족시키기 위해 콘도미니엄, 호텔, 빌라, 방갈로 등의 숙박시설과 스파나 식당, 휴게오락실 등의 부대시설들이 복합적으로 갖추어져 오늘날의 스키 리조트가 탄생 · 발전하게 되었다.

표 14-2 한국의 스키 리조트 현황

지역	위치	스키리조트명	주변관광지
경기 (5개)	광주	곤지암리조트	도자기박물관, 무갑산
	용인	양지파인리조트	와우정사, 세중옛돌박물관
	이천	지산리조트	이천세계도자기센터, 설봉산성
	포천	베어스타운	국립수목원, 몽골문화촌
	남양주	스타힐리조트	모란미술관, 축령산자연휴양림
강원 (9개)	춘천	엘리시안강촌	남이섬, 구곡폭포
	홍천	대명비발디파크	팔봉산, 개야강변
	원주	오크밸리리조트	옥산유원지, 판대유원지
	횡성	현대성우리조트	청태산자연휴양림, 산채마을
	평창	보광피닉스파크	이효석문화관, 둔내자연휴양림
		용평리조트	오대산, 월정사
		알펜시아리조트	오대산, 월정사
	정선	하이원리조트	정선레일바이크, 아우라지
	태백	오투(O2)리조트	태백산, 검룡소
전북	무주	덕유산리조트	덕유산국립공원
충북	충주	사조리조트	조령산, 덕가산
경남	양산	에덴밸리리조트	통도사, 대원군척화비

자료 : 고상동 · 원문규(2011), 리조트경영과 개발, 참조 · 인용

표 14-3 외국의 스키 리조트 현황

국가	스키장명	슬로프	리프트	부대시설	비수기대책
스위스	St. Moritz and Upper Engrandine	전장:350km 최장: 9km 고도 Top:3,303m Base:1,856m	59개 케이블웨이 7 케이블카 3 곤도라 1 의자리프트 5	골프장(18홀) 스포츠클럽, 상가, 박물관, 빙상폴로, 행글라이딩, 수영장	빙상스키, 윈드서핑, 뱃놀이, 뗏목타기, 사이클, 경마, 하이킹, 산보, 패션쇼, 골프
	Davos	전장:270km 최장: 14km 고도 Top:2,844m Base:1,560m	40개 (산악철도) 페니쿨라 3 케이블카 10 곤도라 5 의자리프트 2	레스토랑, 극장, 수영장, 테니스장, 행글라이딩, 패러글라이딩, 박물관, 사우나, 골프장	승마학교, 윈드서핑, 낚시, 뱃놀이, 골프, 잔디스키, 빙하스키, 산악철도

국가	스키장명	슬로프	리프트	부대시설	비수기대책
프랑스	Courcheval	전장:92km 최장: 4km 고도 Top:3,200m Base: 600m	67개	레스토랑, 디스코텍, 피아노바, 극장, 방송국, 행글라이딩, 낙하산, 사우나, 수영장	정기적인 고전음악회, 국립공원, 9홀 골프, 테니스코트, 낚시, 궁도, 수영, 스케이트, 산상바이킹, 자전거타기, 페스티벌, air-related sports
	La plagne	전장:200km 최장: 15km 고도 Top:3,250m Base:1,250m	101개 케이블카 1 케이블캐빈 7 의자리프트 23	레스토랑, 극장, 디스코텍, 스쿼시, 크로스컨추리, 자연아이스링크, 수영장, 사우나	빙하스키, 테니스, 여름스포츠
	VAL d' 15ERE	전장:150km 최장:4,824km 고도 Top:3,500m Base:1,850m	51개 케이블카 3 곤돌라 3 의자리프트 17	레스토랑, 비어 디스코텍, 극장, 실내풀장, 사우나, 골프연습장, 스포츠클럽	실외테니스코트, 빙하스키, 승마, 궁도, 등산, 윈드서핑, 낚시, 골프, 산상바이킹, pa-rascending, 야간 눈자동차여행
캐나다	Lake Louise	최장:8km 고도 Top:2,637m Base:1,644m	9개 의자리프트	레스토랑, 디스코텍, 극장, 크로스컨추리, 수영장, Jacuzzi, 헬스스포츠클럽, 사우나, 아이스스케이트	급류타기, 승마, 하이킹, 골프, 수영(호수, 풀장), 낚시, 곤돌라관광, 국립공원
	Whistler Resort	전장:12km 고도 Top:2,284m (Blackcomb) Base:652m (Whistler)	29개 곤돌라 2 의자리프트 19	레스토랑, 클럽, 사우나, 테니스장, 미니골프장, 크로스컨추리, 박물관, 영화관	카약(캔버트를 입힌 카누형 보트), 카누, 여름스키, 바이킹, 콘서트, 헬리콥터관광, 낚시
	Sun Shine Village	최장:8km 고도 Top:2,730m Base:1,658m	12개 곤돌라 1 의자리프트 8	레스토랑, 바, 카지노, 영화관, 크로스컨추리, 사우나, Jscuzzi	54km 산책로, 곤돌라타기, 살인추리극(범죄해결하기), 하이킹
미국	Aspen	최장:4.8km 고도 Top:3,420m Base:2,420m	8개 곤돌라 1 의자리프트 7	극장, 클럽, 크로스컨추리, 헬스클럽, 스케이트, 미술관	하이킹, 풍선타기, 산상바이킹, 급류타기, 콘서트, 뮤직페스티벌

국가	스키장명	슬로프	리프트	부대시설	비수기대책
미국	Park City	최장:5.6km 고도 Top:3,840m Base:2,183m	14개 곤돌라 1 의자리프트 13	레스토랑, 바, 노천극장, 골프장	하이킹, 바이킹, 승마, 헬리콥터관광, 비행낚시, 열기구타기
	Deer Valley	최장:2.25km 고도 Top:2,865m Base:2,195m	8개 의자리프트 8	레스토랑, 식품점, 크 로스컨추리, 테니스장	여름 콘서트, 골프

자료 : 고상동 · 원문규(2011), 리조트경영과 개발, 참조 · 인용

무주리조트

자료 : blog/danielbang1. 캐나다 Cypress 스키장

3 테마 리조트

1) 테마파크의 개념

테마파크는 우리나라에서 여러 명칭으로 사용되어 불리고 있다. 테마파크를 번역하게 되면 '주제공원(主題公園)', '놀이공원', '위락공원' 등의 일반명칭과 'OO랜드' 처럼 고유명칭이 사용되기도 한다. 영어표현으로는 'theme park', 'pleasure garden', 'amusement park' 등의 일반명칭과 특정주제와 연관된 ' marine park', 'water park' 등으로 불린다. 이처럼 테마파크는 '특정한 주체를 가지고 일정한 공간 내에 비일상적으로 이루어지는 공연, 이벤트, 오락, 식음료 등을 제공하여 방문객들에게 흥미를 제공하는 공원' 이라고 할 수 있다.

2) 테마파크의 분류

(1) 인간사회의 민속을 테마로 하는 파크

가. 민가와 민속, 공예, 예능을 종합적으로 연출한 파크

어떤 시대나 지역의 민속적, 문화적 특성을 건축물이나 그 시대의 환경을 재현하여 놓은 장소로 파크 내에서는 각종 민속 공예품을 전시하거나 판매하며, 민속공연이나 민속적 이벤트를 개최하기도 한다. 한국의 민속촌, 일본의 하우스텐보스, 스페인촌, 하와이 폴리네시안 빌리지 등이 해당한다.

자료 : 네이버 블로그(jjssokorea), 일본의 하우스텐보스파크 전경

나. 특정 지역을 보전하여 지역 전체를 파크화

지역에 밀착된 건축양식을 전통적 문화유산으로 보전하고 활용하는 경우로 생생한 생활자체가 존재하며, 통상 입장료는 없으나, 수익을 확보하기 위한 개별 시설물은 확보할 수 있다. 안동 하회마을과 낙안읍성 등이 이에 해당한다.

다. 지역의 전통 공예예술 등을 테마로 한 파크

지역 특산의 농수산물 또는 산업제품 등을 특성화하여 생산, 제도공정을 재현하고 체험하며 정보전시 등을 주로 하는 파크로 이천의 도자기촌, 담양의 죽세공마을, 금산의 인삼파크 등이 있다.

(2) 역사축의 단면을 테마로 하는 파크

가. 전설, 문학, 유적을 테마로 하는 파크

고대의 전설이나 유명한 작가나 문학작품, 문화유산 등에서 테마를 설정하고 이에 얽힌 스토리를 전개하는 것으로 영국의 셰익스피어 생가와 국내에서는 평창(메밀꽃 필 무렵의 배경지)의 이효석 생가 주변의 테마파크 등이 있다.

나. 역사를 테마로 한 파크

하나의 역사적 사실과 인물에 중점을 두고 환경과 상황을 재현해 나가며 구성하는 것으로 지역에 밀착된 소재가 대부분이며, 사실과 가설과의 조화를 기할 필요가 있다. 국내에서는 청해진의 장보고 테마파크, 충무의 이순신 파크 등이 있으며, 최근에는 이러한 역사적 사실과 장소를 특정한 장소에 '드라마촬영지'를 위해 재현하여 관광자원화하고 있다.

자료 : 네이버 블로그(beobun1), 이순신 촬영지

(3) 지구상의 생물을 테마로 하는 파크

가. 동물, 조류, 곤충관 등을 테마로 한 파크

동물의 생태를 본래의 생식하는 환경을 재현하여 보여준다. 동물에 관한 정보를 전시하는 사파리의 형식도 있다. 플로리다의 디스커버리월드(Discovery World), 싱가포르의 주롱 새 공원, 국내에서는 해남의 공룡발자국 보존지역과 공룡박물관 등이 있다.

나. 어류, 바다의 생물을 테마로 한 파크

어류, 펭귄, 물개, 돌고래 등 바다 생물의 전시를 중심으로 정보, 컬렉션, 동물 쇼 등으로 구성하며 진기한 종류의 동물전시 여부에 따라 인기가 좌우된다. 일본의 요코하마 씨 파라다이스, 플로리다 씨월드(Sea World), 홍콩의 오션파크(Ocean Park), 국내에서는 63빌딩 수족관, 코엑스와 아쿠아리움 등이 있다.

싱가포르 주롱 새 공원

(4) 구조물을 테마로 한 파크

가. 거대한 건축물, 타워를 테마로 한 파크

구조물의 규모, 높이, 거대 조형물의 매력이 화제와 흡인력의 원인이 된다. 외관의 건축적 이미지와 내부 공간으로부터의 조망 및 내부 공간의 이용과 연출이 중요하다. 파리의 에펠탑, 시드니의 오페라하우스, 뉴욕의 자유여신상 등이 있으며, 국내에서는 남산타워 등이 있다.

나. 건축과 환경을 미니어처화하여 테마파크화 한 파크

특정한 도시의 환경상황, 유명 건축물, 생활모습 등을 일정 스케일로 축소, 표현하여 전시한 파크로 네덜란드의 매드로담 및 대만의 소인국, 부천 아인스월드 등이 있다.

자료 : 네이버 블로그(rrlawnsals), 대만의 소인국 부천 아인스월드

(5) 예술을 테마로 하는 파크

가. 영화를 테마로 한 파크

영화세트를 환경으로 이용하는 경우로 명화의 한 장면을 어트렉션으로 재현한다. 영화정보의 전시, 로케 현장 및 어트렉션 등을 종합적으로 구성한다. 미국의 유니버설 스튜디오, MGM스튜디오 등이 있으며, 국내에서도 최근 지방에 위치한 드라마 촬영 세트장이 관광상품으로 등장하는 예이다.

나. 미술과 음악을 테마로 한 파크

야외 갤러리 정원, 음악 스튜디오 또는 이벤트 등으로 구성된다. 파리의 라빌렛 공원, 스페인의 가우디 공원 등이 있고, 국내에서는 에버랜드 내에 위치한 조각공원으로써 호암미술관 등이 있다.

(6) 놀이를 테마로 하는 파크

가. 스포츠를 테마로 한 파크

골프나 스키, 사이클과 같은 스포츠 활동과 건강을 아이템으로 한다. 캐나다의 휘슬러 스키 리조트나 일본 북해도 지역의 스키 리조트, 발리의 골프 리조트, 국내에서도 골프 리조트나 스키 리조트의 건설이 활성화되고 있다.

나. 레저풀을 테마로 한 파크(워터파크)

파도풀, 유수풀, 슬라이더풀 등 물놀이를 할 수 있는 다양한 장치를 갖춘 풀로 구성되며 최근에는 슬라이더, 파도풀의 대형화가 특징이다. 일본의 와일드 블루 요코하마, 미야자키 시가이어, 에버랜드 캐리비안 등이 있다.

자료 : 캐리비언 베이 전경

다. 어뮤즈먼트 기종의 놀이 자체를 테마로 한 파크

코스터, 드롭, 다크라이더 등 다양한 라이드물을 체험하는 즐거움을 중심으로 하며 기종의 다양성이 매력의 포인트이다. 국내에서는 에버랜드, 롯데월드, 서울랜드 등이 있다.

라. 자동차 운전을 테마로 한 파크

서키드 코스와 드라이브 코스가 갖추어져 있으며, 기본적인 미니서키드와 본격적인 서키드가 있으며, 포장 여부와 차종에 따라서 다양한 형태를 생각할 수 있다. 포장된 온로드 서키드와 비포장의 오프로드 서키드가 있으며, 일반자동차, 포뮬러카, 모터사이클 등의 차종에 따른 코스가 있다. 미국의 말리브 서키트, 일본의 스즈카 서키트랜드, 한국의 에버랜드 스피드웨이, 창원의 자동차경주장 등이 있다.

자료 : 다음 카페(lovesmarts), 용인 스피드웨이

(7) 자연자원(바다, 산, 폭포, 공원, 온천 등)을 테마로 한 파크

가. 자연경관을 테마로 한 파크

설악산국립공원, 나이아가라 폭포, 그랜드캐년 등의 국립공원 등이 해당된다.

나. 온천을 테마로 한 파크

온천 리조트 중에서 온천, 쿠어시설, 스포츠시설을 복합시켜 체재형 파크로 구성한다. 종합적이기 때문에 테마를 특정하기 어렵다. 온천이 발달된 일본의 사례가 많고, 토마무리조트, 삿뽀로리조트, 독일의 바덴바덴, 한국의 설악한화리조트(워터피아) 등이 있다.

표 14-4 **국내 주요 테마파크 현황**

지역	공원명	2011년	2012년	2013년
서울	롯데월드	6,082,005	6,383,000	7,400,000
경기	에버랜드	6,015,837	6,853,000	7,303,310
	서울랜드	1,713,803	1,804,342	1,898,594
	서울대공원	4,076,023	3,496,286	3,712,081
	한국민속촌	1,086,795	1,002,006	1,034,996
	허브아일랜드	664,040	746,182	540,815
	카트랜드	35,225	76,520	50,406
	베다골 테마파크	103,795	121,900	124,017
	용인농촌 테마파크	301,865	352,253	384,267
강원	치악산 드림랜드	64,553	40,163	57,699
	남이섬 유원지	2,298,961	2,587,729	2,706,774
충남	아산 피나클랜드	150,480	150,075	109,005
	서동요테마파크	21,743	14,712	24,600
충북	상수허브랜드	1,001,278	949,979	540,819
경북	대구 허브힐스	326,841	357,763	310,712
	경주월드	1,187,839	1,130,443	1,147,864
울산	울산대공원	551,947	518,078	291,177
경남	통도환타지아	508,198	452,591	477,134
	합천 영상테마파크	245,114	323,104	308,235

지역	공원명	2011년	2012년	2013년
전북	사선대 해피랜드	33,305	36,378	88,220
	무주 반디랜드	136,520	143,364	230,817
	춘향테마파크	139,634	142,197	151,155
	부안 영상테마파크	113,147	106,995	97,833
	임실치즈 테마파크	3,930	51,750	58,896
전남	편백숲 우드랜드	1,275,860	1,253,870	943,378
제주	소인국테마파크	729,794	146,332	288,675
	일출랜드	643,139	546,890	458,334
계(총 27개사)		29,511,671	29,787,902	30,739,813

유도재(2015), 리조트경영론

4 스파, 온천, 워터파크 리조트

1) 스파 리조트

오늘날 현대인들이 추구하는 가장 큰 이슈는 건강이다. 건강한 삶을 유지하고 스트레스 해소와 기분전환을 위해서 스포츠와 운동을 하는 것은 무엇보다도 중요하다. 스포츠와 운동을 하고 난 후에 피로회복과 건강유지를 위해 스파를 이용하고 온천, 헬스, 워터파크와 같이 물을 테마로 하는 요양과 휴양을 취하는 부분도 매우 중요하게 대두되고 있다. 특히 고령화 사회가 급격히 도래함에 따른 건강과 치료목적의 스파는 물론 온천, 헬스 리조트의 개발과 워터파크 놀이시설이 겸해진 종합 리조트가 경쟁력 있는 건강과 휴양 리조트로 개발되고 있다.

(1) 스파 리조트 정의

스파 리조트란 스파의 테마시설을 이용한 리조트라고 할 수 있다.

가. 국제스파협회(ISPA : International Spa Association)**의 정의**

'스파' 란 몸, 마음, 정신 모두에 균형된 건강을 되찾기 위한 다양하고 전문적인 솔루션을 의미한다.

나. 대한스파협회(KISPA : Korea International Spa Association)의 정의

'스파'란 물의 열, 부력 및 마사지를 이용해 인체의 혈을 자극, 몸의 평온과 스트레스를 해소시키고 질병예방 및 신체 컨디션을 재조정하는 선진 수치료 시설이다.

다. 일반적 정의

'스파'란 목욕시설과 미용시설을 비롯하여 심신안정을 위한 다양한 시설 등이 갖추어진 곳이다.

(2) 스파의 유래

스파의 명칭 유래에는 두 가지 설이 있다.

첫 번째는 벨기에 '리게' 지방에 온천으로 유명한 스파우(Spau)라는 마을이름에서 비롯되었다는 설과 두 번째는 프랑스어로 '건강에 좋은 물'의 뜻을 가진 'Sante per Aqua'의 첫 글자를 따서 SPA로 했다는 설이다.

본래는 물을 이용한 건강증진 및 질병치료를 가리키는 말이었는데 최근에는 그 의미가 마사지를 포함하여 미용분야까지 확대되었다. 인류가 물을 이용한 건강 증진이나 질병 치료, 곧 하이드로 테라피(Hydro Therapy)는 고대로부터 행하여져 왔다.

(3) 스파와 온천의 차이점

가. 온천의 범위

온천수에 입욕만을 위한 범위(스파를 번역하면 온천임)로 인공적인 부대기능이 없이 자연현상 그대로 사용한다.

나. 스파의 범위

온천수의 입욕을 기본으로 하여 부대시설이나 기능을 인공적으로 갖춘 것을 말하며 온천수에 건강과 향이 좋은 각종 입욕제를 넣은 고급 목욕시설과 물놀이시설인 워터파크, 마사지서비스, 찜질방 등의 시설을 갖춘 곳을 총체적인 스파의 범위로 본다.

(4) 스파의 효과

스파의 목적은 의료적 처치를 병행하기도 하고, 비만을 줄이거나 스트레스를 해소하기 위한 용도 등 폭넓은 분야에 적용된다. 여기에 아로마테라피를 병행하면 효과를 높여준다. 예를 들면, 재스민 향은 신경안정에, 오이나 샐러리는 피로회복에 좋다. 또 소금을 넣으면 신진대사를 원활하게 하여 신경통이나 관절염에 좋고 피부를 촉촉하게 하며, 다이어트 효과도 있다.

2) 온천 리조트

(1) 온천의 정의 및 분류

가. 정의

온천을 정의하자면 학문적 정의와 법률적 정의로 크게 나누어 볼 수 있다. 학문적 정의로는 '일반적으로 땅속에서 지표로 그 지역의 평균기온 이상의 물이 자연히 솟는 샘'이라 정의하는데 여기서 평균기온은 상대적인 것으로 나라마다 일정하지 않다. 과학적 견해로는 '마그마성 수증기에 의하여 뜨거워진 지하수가 땅위로 용출되는 것'을 온천이라고 한다.

법률적 정의로는 1961년 3월 2일 법률 제3377호로 제정 공포된 우리나라 「온천법」 제2조에 의하면 "지하수로부터 용출되는 섭씨 25도 이상의 온수로 그 성분이 인체에 해롭지 아니한 것"이라고 정의한다.

나. 분류

가) 온도에 의한 분류

표 14-6 온도에 의한 온천의 분류

온천분류	온도	온천사례
냉온천	25℃ 미만	상대
미온천	26~34℃	도고, 도곡, 왕궁, 화순, 이천 등
온천	35~42℃	청도, 도산, 영일만, 돈산, 신북 등
고온천	43℃ 이상	부곡, 마금산, 동래, 해운대, 백암, 덕구, 불국사, 덕산, 온양, 유성, 수안보, 설악, 척산, 오색 등

자료 : 박래준, 우리나라 온천의 실태와 치료적 효과 연구, 대한물리치료학회지 제12권 제3호, 2000, 유도재(2006), 리조트경영론, 재인용

표 14-7 세계 나라별 온천물 온도기준

온도	나라(해당국)별
섭씨 25도 이상	한국, 일본, 남아프리카 공화국
섭씨 21도 이상	미국
섭씨 20도 이상	영국, 독일, 프랑스

나. 화학성분에 의한 분류

온천을 화학성분으로 분류하면 단순천, 유황천, 식염천, 방사능천, 탄산천, 철천 등으로 나뉜다.

표 14-8 온천의 화학성분별 분류

온천분류	기준과 특성	해당온천
단순천	• 온천수 1kg에 함유성분(총 고용물량)이 0.8g 미만인 온천 • 우리나라 대부분의 온천이 해당 • 무색, 투명, 무미 • 수질이 부드러워 자극적이고 고령자에게 적합함 • 신경통, 류마티스에 효능	• 척산온천 • 동래온천 • 수안보온천 • 덕산온천
유황천	• 온천수 1kg 중에 유황이 1mg 이상 함유 • 삶은 달걀 썩는 냄새 • 동맥경화, 동상, 천식, 습진, 기관지염 효능 • 노인에게 부적합, 피부염증 우려	• 도고온천 • 백암온천 • 해운대온천
식염천 (염화나트륨천) (염화칼슘천) (염화마그네슘천)	• 온천수 1kg 중에 식염 함유량 1g 이상 기준 • 1,000mg 이상은 강식염천, 500mg 이하는 약식 염천 • 소금과 같은 짠맛 • 고혈압환자는 금지 • 신경통, 류마티스, 근육통, 요통, 외상의 후유증에 효능	• 해운대온천 • 마금산온천 • 동래온천
방사능천	• 라듐천이라고도 함 • 온천수 1L 중에 라듐의 함유량이 1억분의 1mg 이상인 온천 • 화강암지대에 많이 분포 • 미온천에 많이 함유 • 신경통, 류마티스, 당뇨병, 좌골신경통에 효능	• 백암온천 • 덕산온천 • 유성온천 • 해운대온천
탄산천	• 유리탄산가스를 1L에 1g 이상 함유한 광천 • 목욕과 마시는 방법 • 심장병, 심장병에 효능 • 석회암이 많은 터키, 프랑스, 독일 등의 온천이 주로 해당됨	• 온양온천
철천	• 철성분이 1L에 10mg 이상 함유된 온천 • 위장병, 빈혈, 관절, 피부질환에 효능	• 이천온천 • 동래온천 • 덕구온천

자료 : 고상동 · 원문규(2011), 리조트경영과 개발, 참조 · 재구성

(2) 온천 리조트의 개념

온천 리조트는 온천을 테마로 한 건강, 보양의 리조트다. 즉 요양지에서 장기간 체류하면서 병을 고치는 생체반응요법인 쿠어(Kur)요법을 할 수 있는 요양과 휴양의 적합한 시설을 갖춘 곳을 온천 리조트라고 할 수 있다. 대부분의 온천수는 지표로부터 침투된 물이 지하 깊은 곳에 스며들어가 마그마성의 열과 만나 뜨거워져서 단층선이나 기타의 통로를 따라 지표로 표출된 것이다. 지표로 표출될 때 지하에 있는 다양한 광물성분이 한데 섞여 분출되므로 온천수의 수질은 어떤 광물이 섞여서 분출되느냐에 따라 유황천, 라듐천, 탄산천 등으로 분류된다.

가. 지역별 온천현황

표 14-9 지역별 온천 현황

지역	온천명	위치	고시일자	성분
수도권	서울온천	서울 노원	–	게르마늄
	금강산랜드	경기 파주	–	게르마늄
	김포 약암	경기 김포	–	철분, 염분
	달우물	인천 강화	–	칼슘, 칼륨
	이천	경기 이천	81.8	나트륨
	일동사이판	경기 포천	93.8	유황
강원	오색	강원 양양	81.9	염소, 유황, 철분, 망간
	척산	강원 속초	81.9	유황, 나트륨, 라듐
	홍천	강원 홍천	91.5	알칼리성 중산나트륨
	설악	강원 속초	–	–
충북	수안보	충북 충주	81.8	염소, 불소, 황산, 라듐
	단양	충북 단양	94.8	유황, 유화수소천
	돈산	충북 충주	92.2	탄산천
충남/대전	유성온천	대전 유성	81.9	칼슘, 칼륨, 황산염, 라듐
	온양	충남 온양	81.9	라듐
	덕산	충남 예산	–	염소, 유황, 망간, 철분
	도고	충남 아산	77	유황, 규산, 나트륨
경북	불국사	경북 경주	–	중산나트륨
	도산	경북 안동	–	강알칼리성 유황천
	영일만	경북 포항	–	철분, 칼슘, 불소
	덕구	경북 울진	83.12	중산나트륨
	문경	경북 문경	–	약산성칼슘, 중산탄천
	백암	경북 울진	81.10	유황, 라듐, 나트륨, 불소
	상대	경북 문경	81.10	맥반석온
	석성	경북 울진	–	약알칼리성 온천

지역	온천명	위치	고시일자	성분
경북	청도 용암 탑산 포항온천	경북 경산 경북 청도 경북 청도 경북 포항	- - - -	유화수소천 게르마늄 유황천 게르마늄 약수완천 유황식 염천
울산	울산온천	울산시	-	라듐
부산	해운대 동래	부산 해운대 부산 동래	81.9 82.4	알칼리성 단순식염천 약식염천
경남	가조온천 부곡 마금산	경남 거창 경남 창녕 경남 창원	- 81.9 81.9	염소이온, 약식염천 유황, 규소, 염소, 칼슘 나트륨, 라듐, 아연, 규소
전북	변산온천 석정 왕궁 장수 죽림 화심	전북 부안 전북 고창 전북 익산 전북 장수 전북 완주 전북 완주	- - 90.12 - - 90.12	유황, 중산나트륨 게르마늄 나트륨 유황 유황, 탄산나트륨 알칼리성 중산나트륨
전남	도곡온천 월출산 지리산 화순	전남 화순 전남 영암 전남 구례 전남 화순	83.12 93.10 87.12 83.12	유황 및 탄산천 - 게르마늄 중탄산단순천, 라듐

자료 : 김인문(2003), 보양온천을 중심으로 한 수치금 시설의 비교연구, 건국대, 박사논문
유도재(2006), 리조트경영론, 참조 · 재인용

나. 온천 리조트의 분류

분류	특징
자연형 온천지	온천수가 자연 그대로 용출되며 주변의 위락시설이 갖추어지지 않은 온천지
리조트형 온천지	온천 주변에 숙박시설과 위락휴양시설이 갖추어진 온천지
요양과 휴양형 온천지	치료효능이 있거나 숙박, 레저시설이 갖추어진 온천지

3) 워터파크(Water Park) 리조트

(1) 워터파크 리조트의 개념

워터파크(Water Park)란 단순히 물 속에서 단지 수영과 물놀이만을 즐기는 것이 아니라 물을 매개체로 한 각종 물놀이 놀이시설(미끄럼틀, 인공폭포, 인공 파도타기 등)과 건강시설, 그리고 휴식공간이 함께 갖추어진 물놀이 공간을 말한다. 즉 워터파크는 물

을 이용해 즐기고 휴식하는 동시에 스릴이 추가된 복합적이고 동태적인 물놀이 기능을 가진 물 중심공원인 테마파크이다. 워터파크의 개념은 다양하게 분류될 수 있지만 미국의 워터파크협회(WWPA : World Water Park Association)에서 발행되는 스플래쉬(Splash)호에 의하면 "워터파크란 'Free Fall', 'Water Slide', 'Wave Pool' 등을 주제로 하는 Leisure pool이 있는 것을 말하며 대부분 옥외형 레저시설"이라 정의하고 있다.

워터파크의 개념이 체계화된 곳은 미국이라고 할 수 있다. 미국 플로리다주 올랜도에 위치한 '웨튼와일드(Wet' n Wild)'가 물 중심의 동태적인 놀이기능을 가진 워터파크의 원조라고 알려져 있다. 워터파크는 일반적으로 유럽에는 실내포장형이며 미국에는 실외풀장형으로 되어 있지만 일본에는 동일건물 내 · 외부를 적절히 설계 활용하여 유럽풍의 실내풀장과 미국형의 실외풀장을 같이 설치하고 건강스포츠센터를 겸비하여 운영하는 것까지 워터파크로 정의하기도 한다.

(2) 워터파크 리조트의 분류

워터파크는 운영목적에 따라 건강지향성과 레저지향성으로 나누어진다. 대도시권 주변에는 가족중심형 물놀이테마파크인 레저지향성 워터파크가 점차 증가하고 있는 추세이다. 각각의 특성에 대하여 살펴보면 다음과 같다.

가. 건강지향성 워터파크

건강지향성의 워터파크는 온천욕 개념이라고 볼 수 있다. 온천을 통한 피로회복과 피부병의 치료가 주목적이 될 수 있으므로 주 고객층은 노년층이 많이 이용하게 된다.

나. 레저지향성 워터파크

레저지향성 워터파크는 다양한 물놀이시설을 갖추고 보트나 파도타기, 유수풀수로타기, 폭포타기, 동굴타기, 미끄럼틀타기 등으로 이용객들에게 활동적인 스릴과 흥분, 감동을 주는 놀이시설형 워터파크이다. 시설구조가 활동적인 구조이며 어린이를 동반한 가족중심으로 레저를 즐길 수 있는 워터파크이다.

(3) 국내의 워터파크 현황

국내에는 경기도 용인에 위치한 '캐리비언베이'가 있으며, 천안의 '휴러클(Huracle)', 강원도 홍천의 '비발디파크 오션월드', 충남 예산의 '리솜워터파크', 속초의 '설악워터피아', 경남 창녕의 '부곡하와이', 경북 경주의 '블루원 워터파크' 등이 있다.

표 14-10 **전국 워터파크 현황**

지역	소재지	워터파크명	특 징
경기도	용인	캐리비안 베이	• 에버랜드에 위치(입장 시 별도의 입장료 필요) • 세계에서 가장 큰 실내/외 워터파크(119㎢) • 카리브해를 재현 • 미국 유원시설협회에서 '꼭 가보아야 할 워터파크'로 선정
	부천	웅진 플레이 도시	• 실내테마파크로 최신형 인공파도와 7가지 다양한 슬라이드, 이색적인 스파시설까지 갖춘 워터파크&스파 • 길이 270m, 폭 70m의 초대형 실내스키장, 국내 최장 360야드에 최대 200타석의 초대형 골프연습장 • 다양한 회의공간, 명랑운동회를 직접 체험하는 참여형 스포츠 워크숍, 캐릭터와 함께 뛰어노는 키즈놀이체험 학습센터를 365일 한곳에서 즐길 수 있음
	이천	이천 테르멘덴	• 독일어로 Terme(온천)+Eden(낙원)으로 '온천의 지상낙원'이라는 뜻을 지닌다. • 부지면적이 독일 평균보다 1.7배나 넓은 약 429,000㎡(13만평)의 부지 위에, 울창한 숲으로 둘러싸인 삼림욕장(森林浴場)이 있고, 옥내 1,596.6㎡(482평), 옥외 2,296.8㎡(696평)로 총 3,887.4㎡(1,178평)의 세계적 규모의 바데풀과, 약 33,000㎡(1만평)의 부지에 건평만도 10,296㎡(3,120평)인 온천관이 있음
	광주	스파 그린랜드	• 10만 평 대지 위에 세워져 있고 조각공원에 둘러쌓여 특급호텔 분위기를 풍김 • 자연 휴양림에서 삼림욕과 족욕을 즐길 수 있음 • 수치료형 마사지 시설인 실내버블탕(바데풀)과 노천 아쿠아탕으로 구분되는데, 수치료 개념으로 설계된 120여 개의 분사구에서 나오는 물줄기가 각종 신경통, 류머티즘성 관절염에 효과가 있다고 함
인천	중구	인스파 월드	• 56m 물놀이 슬라이드와 수영장, 아쿠아시스템을 갖춘 전국 최대 규모의 실내워터파크 • 서해안 지역에서 예로부터 그 효능을 널리 인정받는 천연 해수탕과 함께 참나무를 직접 때는 전통 재래식 불가마를 비롯한 다양한 사우나시설을 완비하여 명실상부한 초대형 복합레저타운

지역	소재지	워터파크명	특 징
서울	광진구	워커힐	• 롯데호텔, 인터콘티넨탈호텔 다음으로 단일지역에 1천 실 이상의 객실을 가진 호텔 • 본관, 골프장, 각종 VIP 맨션 및 빌라, 야외 대형 수영장, 그리고 W서울 워커힐까지 갖추고 있음 • 1963년 관광 진흥의 뜻을 세워 창립한 워커힐호텔은 우리나라 호텔 중에서는 가장 이른 시기에 세워진 현대식 호텔 중 하나임
충청북도	단양	대명 아쿠아월드	• 단양, 영월, 충주호, 월악산, 소백산 등 천혜의 자연조건과 사계절 전천후 물놀이 테마파크
충청남도	천안	휴러클 리조트 테딘 워터파크	• 유럽 각국의 다양한 문화를 테마로 하나 워터파크 • 국내 최초 쓰나미 슬라이드, 국내최장 급류 원형 파도풀 시스템(371m), 국내 최초 튜브 옥토퍼스레이서, 국내 최장 업힐 슬라이드, 국내 최초 웨이브 슬라이드, 사계절 이용 가능한 실내외 유수풀, 야외 노천탕 및 다양한 실내 워터 슬라이드
	아산시	파라다이스 스파도고	• 국내 최초 수준의 호텔 체인인 파라다이스호텔을 운영하는 파라다이스 그룹이 운영 • 총 2만 4,621㎡(약 7,500평) 규모에 최대 5,000여 명을 수용할 수 있음 • 자연이 만든 프리미엄 스파
	예산군	리솜 리조트	• 국내 최초 세계적 규모의 웰빙 스파리조트 • 휴양, 건강형의 럭셔리 리조트/회원중심의 고품격 멤버십리조트
	천안시	상록 리조트	• 계절이나 날씨에 상관없이 물놀이를 즐길 수 있도록 실내 2,500평/야외 2,000평 규모로 조성되어 있음 • 실내에서 서핑을 즐길 수 있음
전라남도	나주	중흥골드스파 & 리조트	• 워터락(레인보우오션 : 실외 물놀이) : 약 10,000평 • 휴안수(실내 스파존) : 약 3,000평 • 동양 유일의 토네이도, 국내 최대 규모의 워터롤러코스터를 비롯한 각종 테마물놀이시설과 다양한 평형의 콘도, 펜션, 수상레포츠, 35홀 규모의 호남 최고 명문 클럽
	여수	디오션 리조트	• 2012 여수세계박람회를 이끌어냈으며, 아름다운 남해안의 다도해를 배경으로 콘도, 워터파크, 호텔, 골프장 등 화양지구 복합 관광단지로 이루어진 명품 해양리조트
전라북도	변산	대명 아쿠아월드	• 국내 리조트시설로는 처음으로 Cloud 9 특급호텔 시설을 동시에 운영 • 총면적 : 79,398㎡, 유럽풍 고급리조트, 변산국립공원 내 위치
강원도	홍천군	비발디파크 오션월드	• 강원지역의 능선이 굽이치는 청정수림 속에 상상을 초월하는 바다를 옮겨놓은 듯한 착각을 불러일으키고자 세워진 오션월드는 이집트를 쏙 빼닮았음 • 자연환경의 훼손을 최대한 억제한 친환경 워터파크 • 오션월드는 크게 실내존, 익스트림존, 다이나믹존으로 구분되며, 이 중 실내존은 파도풀, 유수풀, 슬라이드, 바데풀, 유아용 아쿠아놀이터, 찜질방, 테라피센터, 야외노천탕 등으로 구성되어 있어 다양한 연령층이 함께 이용할 수 있음

지역	소재지	워터파크명	특 징
강원도	평창군	휘닉스파크 리즈트 블루캐니언	• 깊고 푸른 지중해풍의 고품격 물놀이공간을 테마로 다양한 휴게/놀이시설을 배치 • 국내 최초의 업힐형 슬라이드와 국내 최장/최대폭의 패밀리 슬라이드 도입 • 총 22,336.19㎡ 규모의 공간에 동시에 5,600명 이상 수용
	설악	대명아쿠아월드	• 동해바다와 설악 연봉의 장관을 볼 수 있음 • 총 683실의 객실과 골프장, 아쿠아월드 등 다양한 부대시설과 연회장으르 갖추고 있음 • 천혜의 관광요람과 풍부한 주변 광광지
		설악 워터피아	• 천연 온천수로 즐기는 종합온천 워터파크 • 양이온인 나트륨, 칼슘, 마그네슘과 음이온인 탄산수소, 염소, 탄산, 황산 등이 함유된 중성탄산나트륨 온천수로 100% 천연 온천수를 이용한 종합 온천 테마파크 • 섭씨 49도의 일일 채수량 3,000여 톤으로 설악 최고의 수질을 자랑
	양양	대명아구아월드	• 소노펠리체단지 내 바다에 접한 야외 워터파크
대구	달성군	스파밸리	• 3세대 온천으로 건강과 레저를 함께 즐길 수 있는 온천 • UK-Ball을 이용한 음양오행 건강온천욕 시스템이 있음 • 약 2,000평 규모의 야외 워터파크는 숲속에서 산림온천욕과 함께 물놀이를 즐길 수 있음
경상북도	경주	경주월드 리조트 캘리포니아 비치	• 33,000㎡의 대규모 시설로서 계획단계부터 세계적인 테마파크 전문 설계회사인 캐나다 Forrec사에 콘셉트 및 상세설계를 의뢰하여 진행 • 대형 파도풀 '산타모니카비치'는 규모뿐 아니라 국내 유일의 파도시스템을 갖춘 파도풀이며 국내에서 두번째로 긴 유수풀 • 휴식개념의 워터파크가 아닌 '젊음'과 '열정'을 콘셉트로 함
		대명아구아월드	• 경주 온천수를 이용해 운영
		블루원 워터파크	• 영남권 최대 4계절 워터파크 • 남태평양의 폴리네시안을 테마로 전체 39,339㎡ 하루 최대 10,000명을 수용할 수 있음 • 국내 최고 높이 2.6m 파도풀 스톰웨이브 설치
경상남도	창녕	부곡하와이	• 200여 개의 객실을 갖춘 1급 관광호텔과 국내 최고의 78℃ 온천수를 자랑하는 대장글탕, 스파니아, 놀이동산 하와이랜드, 실내수영장, 파도풀장, 숲과 연못, 조각공원이 한데 어우러진 하와이파크에 이르기까지 손색없는 스파리조트 시설
	양산시	통도 아쿠아 환타지아	• 대형 자연호수 및 영취산을 배경으로 한 수려한 자연환경 속에 위치하여 있음 • 6개의 테마존(월드프라자, 중앙광장, 이벤트광장, 호수존, 관람지구, 썰매장)과 다양한 서비스시설 및 먹을거리 시설로 편의를 더함

자료 : 고상동 · 원문규(20011), 리조트경영과 개발, p.232~234., 재인용

(4) 미국의 워터파크 현황

미국의 뉴저지주의 'Mountain Creek Water Park'와 텍사스주 오스턴에 'Schlitterbahn Water Park'가 있으며 올랜드에는 'Typhoon Lagoon'이 실외 워터파크 중 세계 최대이다.

5 크루즈 · 마리나 리조트

1) 크루즈

(1) 크루즈의 정의

크루즈(Cruise)란 순항한다는 뜻으로 일정한 항로에 교통선으로 운항하는 여객선이 아니라 단순한 해상관광의 목적으로 여러 항구를 경유하면서 길게는 수개월 짧게는 수일간의 항해를 하는 순수 관광여객선이다. 따라서 여행객이 보고, 먹고, 즐길 거리가 있으며, 고급호텔과 같은 안락한 침실을 갖출 것을 조건으로 한다.

일반적으로 크루즈에서의 모든 식사와 부대시설, 선상프로그램은 크루즈 요금에 포함되어 있으며, 숙박은 호텔수준의 크루즈 객실에서 하면서, 세계의 관광지를 순항하는 여행 패턴으로 운송의 개념에 리조트와 호텔의 개념이 합쳐진 새로운 여행패턴이다.

세계관광기구(UNWTO)에서는 크루즈관광을 "최단시간에 다양한 경험을 즐길 수 있는 여행"이라고 하며, 한국관광공사(1987)에서는 크루즈의 개념을 운송보다는 순수 관광을 목적으로 하는 선박여행으로 "숙박, 음식, 위락 등 관광객을 위한 시설을 갖추고 수준 높은 관광상품을 제공하면서 수려한 관광지를 안전하게 순항하는 여행"이라 정의하고 있다.

「관광진흥법」에서는 크루즈산업의 정의를 관광객이용시설업의 한 부분인 관광유람선업으로 규정하며 "해운업에 의한 해상여객운송사업 면허를 받은 자 또는 유선 및 도선 사업법에 의한 우선사업의 면허를 받거나 신고한 자가 선박을 이용하여 관광객에게 관광을 할 수 있도록 하는 업"이라고 정의하고 있다.

(2) 크루즈 리조트의 특성과 분류

크루즈는 일반정기여객선과 달리 부정기여객선으로 운항 정기성, 객실의 등급수, 선박의 내부시설, 기상상태, 예약과 판매 관리 및 승무원 구조에 있어서 차이가 있다.

크루즈는 선박을 이용하는 여행자를 대상으로 생산 · 판매하는 여행상품이며, 선박 이용 자체가 여행으로서 가치를 갖는 경우와 왕복 교통편으로 선박을 이용하는 경우로 분류되는데 유람선 여행상품은 통상 장시간에 걸쳐 시행되어 일반 여행상품에 비해 비교적 고가라는 특성이 있다.

크루즈는 일반적으로 왕복여행의 항해가 대부분이지만, 특정 구간을 설정하여 편도의 선박여행을 하기도 한다. 따라서 크루즈는 단순한 운송이라기보다는 위락을 위한 선박여행으로 숙박, 음식, 위락시설 등 관광객을 위한 각종 구비와 수준 높은 서비스를 제공하면서 순수관광유람을 목적으로 수려한 관광지를 안전하게 순항하는 선박여행이라고 규정할 수 있다.

표 14-11 **정기여객선과 크루즈의 특성 비교**

구 분	정기여객선	크루즈선
운항정기성	정기운항	부정기운항(계절성, 시장수요, 공급상황, 항로변경에 따라)
객실등급	적은 등급수	다양한 등급(단기 5~10개/중장기 10~20개)
선박시설	최소한 숙박시설 및 식사시설	호텔수준의 다양한 객실(식당, 바, 스포츠, 엔터테인먼트 시설)
예약관리	단순	복잡하고 장기적(객실등급별, 유통경로별, 시장수요별 요금 적용)
승무원	기본적인 서비스	승객활동을 중심으로 다양한 서비스

자료 : 이경모, 「크루즈산업의 이해」, 대왕사, 2004, 고상동 · 원문규(2011), 리조트경영과 개발, 재인용

표 14-12 **크루즈의 항해지역, 선박크기, 목적별 분류**

구분		내 용
항해지역	해양크루즈	대양으로 항해 또는 국가 간 이동
	연안크루즈	한 지역의 해안을 따라 이동
	하천크루즈	긴 강을 따라 이동하며 숙박을 제공

구분		내 용
선박크기	소형크루즈	25,000톤급 이하/ 승객 500명 수용
	중형크루즈	25,000~70,000톤급 이하/ 승객 500~700명 수용
	대형크루즈	70,000~100,000톤급 이하/승객 1,000명 수용
	초대형크루즈	100,000톤급 이상/승객 2,500명 이상 수용
크루즈목적	관광크루즈	일반적인 관광목적 크루즈선사에서 직접 운영
	세미나크루즈	MICE(Meeting, Incentive, Convention, Exhibition) 관련 크루즈 교육, 훈련, 연수목적, 크루즈선사에서 임대, 선상 프로그램
	테마크루즈	오페라, 판촉, 상품발표회 등 특별주제로 운영하는 것이 목적, 유럽과 시행 (예: 옥토버페스트크루즈, 올드무비 크루즈)

자료 : 고상동 · 원문규(2011), 리조트경영과 개발, p.151., 참조 · 인용

표 14-13 일반패키지여행과 크루즈여행의 특성 비교

구 분	일반패키지여행	크루즈여행
교통상황	• 여행사의 지정된 교통수단 이용	• 크루즈 기항지의 지상관광 시 자유여행
가방/짐관리	• 숙소 이동 시마다 휴대	• 크루즈 출발부터 들어올 때까지 옮길 필요 없음
숙박/식사	• 관광지마다 호텔 이용 • 지정된 식사메뉴	• 크루즈 내 최고급 호텔수준의 뷔페 이용 • 고급 전문식당 이용 시 별도요금 지불
여행일정	• 지정된 프로그램 참여 • 개인활동 제한	• 기항지관광의 선택관광코스 이용 • 크루즈 내의 다양한 위락시설(골프장, 수영장, 사우나, 카지노, 나이트클럽, 오락실 등)
입출국수속	• CIQ(가이드가 단체 일괄 수속)	• 전용터미널이 없을 경우 국제여객터미널에서 CIQ 개별수속 후 선박 이동 • 선상 수속은 선내 라운지 안내에 따라 CIQ가 개별 수속하거나 대면 없이 CIQ 일괄수속 후 입국

자료 : 고상동 · 원문규(2011), 리조트경영과 개발, 참조, 인용

(3) 한국의 크루즈 리조트산업 현황

가. 한국의 크루즈 리조트시장 환경

우리나라는 3면이 바다로 둘러싸인 반도국가의 지리적 특성과 더불어 조선 · 해운업 등이 발달한 해양선진국이다. 그럼에도 불구하고 크루즈관광산업은 아직 미흡한 상황

이다. 지금까지의 우리나라 국민 여가활동은 산악과 내륙지역이 많은 관계로 해양관광과 관련된 관광활동과 기반시설 자체가 발달하지 못하고 있는 실정이다.

우리나라에 크루즈사업이 본격적으로 도입된 것은 1998년 현대아산의 '금강산크루즈사업' 으로 크루즈에 대한 개념이 정립되기 이전에 사업이 시작되었다. 이에 따라 사업의 인?허가와 관련된 사항에서부터 시작하여 선박의 도입, 크루즈터미널 등의 기반시설 정비, 크루즈관련 물류의 운송에 이르기까지 많은 어려움을 겪었으며 금강산으로 접근하는 육상교통수단의 정비와 함께 사업이 종료되었다.

이후 스타크루즈사가 동북아 크루즈라인의 개최를 목적으로 2001년부터 부산과 평택 등을 거점으로 우리나라를 정기적으로 취항하여 중국 · 일본을 연계하는 크루즈상품을 판매하였지만, 사업의 수익성 부족으로 인하여 2006년에 운항을 중단한 상태이다.

우리나라를 모항으로 하는 크루즈사업의 경우, 사업 허가와 관련된 근거법령이 마련되지 못하여 사업이 추진되지 못하다가 해운법의 해상여객운송업 중 기타 해상여객운송업에 국제 크루즈산업이 추진될 수 있는 계기를 마련하게 되었다.

나. 한국의 국제여객터미널 현황

크루즈 관광산업의 발전 초기단계에 있는 우리나라는 아직까지 국제크루즈 선박의 접안을 위한 전용부두나 방문객의 편의제공을 위한 터미널시설이 조성되어 있지 않다. 즉 크루즈 관광산업이 발전하기 위한 기반시설 자체가 미흡한 우리나라는 국제 크루즈 선박의 국내 유치나 기항지가 되기에는 많은 어려움이 있으며 국내 연안크루즈의 운항도 용이하지 못한 것이 현 실태이다.

우리나라에는 무역항 28개소와 연안항 23개소가 있으며 이 중 부산항, 인천항, 평택 · 당진항, 군산항, 목포항, 제주항, 울산항, 동해항 등 8곳에 국제여객선 터미널이 조성되어 있다. 따라서 국제 크루즈선은 이들 항만을 이용하여 입항해야 하지만, 선석의 길이 및 수심확보 때문에 대규모 크루즈선박은 접안이 어렵고 컨테이너와 화물을 중심으로 운영되는 우리나라의 항만여건상 선석을 확보하는 일도 쉽지 않다.

표 14-14 항만별 크루즈부두 개발 현황

업체명	정기여객선	크루즈선
합계 (6개항)	부산항, 인천항, 평택 · 당진항, 목포항, 여수항, 제주항	5만G/T 4선석 8만G/T 4선석
부산항	북항재개발계획에 크루즈부두 개발 반영	8만G/T 2선석
인천항	인천항 종합발전계획과 관련 국제여객부두 개발로 수도권 관광항의 위상 제고	5만G/T 4선석
평택 · 당진항	한 · 중 간 크루즈유람선 수요에 대처하기 위하여 신규 국제여객부두 입지에 크루즈부두 개발 반영	5만G/T 4선석
목포항	서남해안 관광레저 도시와 관련하여 선외항에 크루즈부두 개발 반영	5만G/T 4선석
여수항	여수세계박람회 개최 시 관람객 유치를 위하나 크루즈부두 개발 반영	8만G/T 4선석
제주항	외항에 크루즈부두를 개발하여 해양관광 활성화 도모	8만G/T 4선석

자료 : 한국해양수산개발원

표 14-15 인천항 · 중국 · 러시아 항로 국제여객선 현황

항로	사업자	선명	총톤수	수송능력	운항횟수
인천/위해 (238마일, 440km)	위동항운유한공사 (한 · 중합작)	뉴 골드 브리지 Ⅱ	26,463	여객 : 731명 화물 : 252TEU	주 3회 (14H)
뉴 골드 브리지Ⅵ		-	25,151	여객 : 620명 화물 : 220TEU	예비선
인천/청도 (338마일, 625km)	위동항운유한공사 (한 · 중합작)	뉴 골드 브리지 Ⅴ	29,554	여객 : 660명 화물 : 280TEU	주 3회 (15H)
인천/천진 (460마일, 852km)	진천국제객화항운 (한 · 중합작)	천인	26,463	여객 : 800명 화물 : 279TEU	주 2회 (25H)
인천/연운항 (390마일, 722km)	연운항중한윤도 유한공사 (한 · 중합작)	자옥란	16,071	여객 : 392명 화물 : 293TEU	주 2회 (24H)
인천/연태 (267마일, 494km)	연태중한륜도유한공사 (한 · 중합작)	항설란	16,071	여객 : 392명 화물 : 293TEU	주 3회 (15H)
인천/대련 (292마일, 540km)	대인훼리(주) (한 · 중합작)	대인	12,365	여객 : 555명 화물 : 125TEU	주 3회 (17H)

항로	사업자	선명	총톤수	수송능력	운항횟수
인천/단동 (284마일, 526km)	단동국제항운유한공사 (한 · 중합작)	동방명주 Ⅱ	10,624	여객 : 599명 화물 : 125TEU	주 3회 (16H)
인천/석도 (220마일, 407km)	영성화동해운유한공사 (한 · 중합작)	화동명주 Ⅵ	19,534	여객 : 1,000명 화물 : 253TEU	주 3회 (14H)
인천/영구 (420마일, 778km)	범영훼리(주) (한 · 중합작)	자정항	12,304	여객 : 394명 화물 : 228TEU	주 2회 (22H)
인천/진황도 (400마일, 740km)	진인해운유한공사 (한 · 중합작)	신욱금항	12,304	여객 : 348명 화물 : 228TEU	주 2회 (21H)
평택/영성 (210마일, 388km)	영성대룡해운유한공사 (한 · 중합작)	대룡	17,980	여객 : 834명 화물 : 150TEU	주 3회 (16H)
평택/연운항 (400마일, 740km)	연운항중한윤도 유한공사 (한 · 중합작)	씨케이 스타호	8,577	여객 : 668명 화물 : 170TEU	주 2회 (21H)
평택/청도 (368마일, 429km)	청도풍양훼리(주) (한 · 중합작)	뉴칭다오	16,485	여객 : 750명 화물 : 125TEU	주 3회 (17H)
평택/일조 (372마일, 689km)	씨엔훼리(주) (한 · 중합작)	케이씨 레인보우	11,550	여객 : 735명 화물 : 220TEU	주 3회 (17H)
군산/석도 (210마일, 336km)	석도국제훼리(주) (한 · 중합작)	씨다오	17,022	여객 : 750명 화물 : 203TEU	주 3회 (12H)
속초/자루비노 (378마일, 718km)	동춘항운(주) 한 · 중합작)	뉴동춘호 ('06.4.6 선박교체)	12,961	여객 : 599명 화물 : 119TEU	주 2회 (17H)

자료 : 한국해양수산개발원

표 14-16 기타 국제여객터미널

항만	현황	주요항선지
평택항	지상 2층	• 평택-중국 주 3회 운항 • 평택-대련-텐진-칭다오 주 2회 운항
군산항	지상 2층	• 군산-연태-칭다오-석조 주 3회 운항
목포항	철근콘크리트	• 목포-중국 상해 주 2회 운항

항만	현황	주요항선지
속초항	철근콘크리트	• 속초-러시아 자루비노/플라디보스토크
제주항	경량철골조	• 부정기 크루즈선(일본, 중국)
울산항	경량철골조	• 울산-일반 고쿠라

자료 : 한국해양수산개발원, 참조 · 재구성

표 14-17 **부산항 · 일본 정기여객선 현황**

항로	사업자	선명	총톤수	수송능력	운항횟수
부산/시모노세키 (123마일, 227km)	부관페리 (한국)	성희	16,665	여객 : 601명 화물 : 120TEU	주 3회 (10H)
	관부페리 (일본)	하마유	16,187	여객 : 500명 화물 : 114TEU	주 3회 (14H)
	카멜리아 라인 (일본)	뉴 카멜리아	19,961	여객 : 522명 화물 : 220TEU	주 6회 (7.5H)
부산/하카다 (116마일, 214km)	구주여객철도 (일본)	비틀2	164	여객 : 215명	주 7회(3H)
		비틀3	162	여객 : 215명	주 7회(3H)
		제비	263	여객 : 215명	주 4회(3H)
		제비2	263	여객 : 215명	주 4회(3H)
	미래고속 (한국)	코비	192	여객 : 222명	주 7회(3H)
		코비Ⅲ	125	여객 : 229명	주 7회(3H)
		코비Ⅴ	125	여객 : 223명	주 7회(3H)
부산/대마도 (71마일, 131km)	대아고속 (한국)	씨플라워 2호	363	여객 : 376명	주 4회(2.5H)
		드림플라워	303	여객 : 300명	주 4회(2.5H)
부산/오사카 (369마일, 680km)	팬스타라인 닷컴 (한국)	팬스타 드림	9,690	여객 : 688명 화물 : 220TEU	주 3회 (18H)
		팬스타 써니	26,183	여객 : 683명 화물 : 250TEU	주 7회 (18H)
*연안/한/일 크루즈		팬스타 허니	14,036	여객 : 510명 화물 : 110TEU	-
부산/모지 (126마일, 227km)	C&크루즈 (한국)	KC Bridge	16,340	여객 : 600명 화물 : 110TEU	주 6회 (8H)
부산/카나자와 (410마일, 759km)	동일본훼리(주)	팬스타 허니	14,036	여객 : 510명 화물 : 110TEU	주 1회 (21H)

자료 : 국토해양부
주 : 한국 측 운항사업자, 크루즈 항로를 정기항로에서 제외

(4) 세계의 크루즈 리조트산업 현황

가. 세계 크루즈 리조트의 시장 현황

세계 크루즈 관광인구는 2010년 기준으로 2,200만 명에 달하며 세계 관광객의 연평균 증가율 3.9%보다 2배 이상 빠른 속도로 증가하고 지난 2001년에 크루즈관광객 1,000만 명 시대를 개막한 이후 연평균 10%의 급속한 증가를 보이고 있다.

지역적으로 미국을 포함한 북미지역의 관광객이 전체 70%에 해당하는 1,000만 명을 차지하고 있으며, 유럽지역은 약 25%에 해당하는 380만 명으로 알려져 있다. 아시아지역은 크루즈 시장이 성장하고 있으나 관광인구는 약 70만 명으로 추정되어 전체 시장에서 차지하는 비중이 아직 10% 미만에 불과하다. 남미와 호주지역의 크루즈 인구도 5% 미만으로 파악된다. 그러나 OSC(Ocean Shipping Consultants)에 따르면 근거리 크루즈의 유행, 중국 관광시장의 개방과 더불어 향후 아시아 시장의 성장률이 높아질 것으로 기대하고 있다.

세계적으로 크루즈시장 규모는 레저산업 가운데 초고속 성장세를 보이며 지속적으로 증가하고 있고 향후 전망도 밝은 것으로 예상하고 있다. 특히 공급이 수요를 20% 초과해 카리브해와 알래스카를 중심으로 할인경쟁이 돌입된 상태이다. 선박연령이 높은 선사들은 선박의 노후화를 극복하기 위해 타 지역으로 리포지션하려는 시도와 함께 틈새시장 확보를 통한 시장의 세분화를 모색하고 있다.

나. 세계의 주요 크루즈 리조트상품 현황

가) 카리브해 크루즈 리조트상품(중남미)

카리브지역은 동부, 서부, 남부로 나누어지며 각 지역을 운항하는 상품과 3지역을 모두 순환하는 상품으로 구성되어 있다.

표 14-18 카리브해 크루즈 리조트상품의 종류

지역	선사명	선박명	기간(일)	기항지	
				기항지수	기항회수
동부	RCCL	Enchantment	7	4	5
		Grandeur	7	5	5
		Explore	7	4	5

지역	선사명	선박명	기간(일)	기항지	
				기항지수	기항회수
동부	CARNIVAL	Camival Destiny	7	4	5
		Paradise	7	5	6
		Triumph	7	4	5
		Camival Victory	7	4	5
	NCL	Norwegian Sky	7	5	6
서부	RCCL	Enchantment	7	5	6
		Grandeur	7	4	4
		Voyager	7	4	5
	CARNIVAL	Celebration	4/5	2	3
			7	3	4
		Camival Destiny	7	4	5
		Ecstasy	4	3	4
		Imagination	4/5	3	4
		Inspiration	7	4	5
		Triumph	7	4	5
		Tropicale	4/5	3	4
	NCL	Majesty	3	3	4
		Norwegian Sky	3	3	4
남부	RCCL	Monarch	7	5	6
		Majesty	7	4	6
		Nordic	3/4	2	3
	CARNIVAL	Fascination	7	5	6
		Inspiration	7	5	6
		Triumph	10/11	4	5

자료 : 한국해양수산개발원, 참조 · 재구성

표 14-19 아시아지역 크루즈 리조트상품의 종류

선사명	선박명	기간(일)	코스
Star Clippers	Star Flyer	7	푸켓~부탕그룹~페낭~고리페~코카이~페낭~시밀란섬~푸켓
		7	푸켓~코수린~코미안~코노록~랑카위~피피섬~팡가~푸켓

선사명	선박명	기간(일)	코스
Star Cruises	Virgo	6	싱가포르~푸켓~랑카위~싱가포르~딕슨항~클랑항~싱가포르
		4	싱가포르~푸켓~랑카위~싱가포르
		3	싱가포르~딕슨항~클랑항~싱가포르
	Europe	8	램차방~회민시~콘손~코사무이~램차방~푸콕~램차방(태국, 베트남 일대)
		6	램차방~호치민시~콘손~코사무이~램차방~푸콕~램차방
		3	램차방~푸콕~램차방(태국, 베트남 일대)
	Superstar Taurus	7	램차방~푸콕~상해~푸토산~고베~벳푸~후쿠오카(여름)
		5	부산~벳푸~고베~후쿠오카~제주~부산(봄, 가을)
		3	부산~벳푸~고베~후쿠오카~부산(겨울)
	Gemini	8	싱가포르~포트크랑~페낭~푸켓~랑카위~말라카~싱가포르
	LEO	6	홍콩~장지앙~하롱베이~홍콩~해난도~홍콩
		4	홍콩~장지앙~하롱베이~홍콩
		3	홍콩~해코우(해안도)~홍콩
RCCL	Temple & Treasures	21	싱가포르~쿠알라룸푸르~발리~코사무이~방콕~호치민시~보르네이~마닐라~홍콩
	Ancient Mariners	14	두바이~고아~쿠친~푸켓~페낭~쿠알라룸푸르~싱가로프
	Barrier Reef	17	시드니~브리스베인~발리~싱가포르

자료 : 한국해양수산개발원, 참조 · 재구성

표 14-20 세계의 주요 크루즈 리조트상품 현황

지역	해당국가	상품명	주요 기항지
중남미	미국/베네수엘라 멕시코/바하마 도미니카공화국 등	카리브해크루즈	마이애미/포트로더데일
유럽	이탈리아 스페인 프랑스	지중해크루즈	베니스/제노바/나폴리 바르셀로나/팔마 마르세유
북유럽	노르웨이 덴마크 핀란드 러시아	피오르드와 러시아크루즈	오슬로 코펜하겐/스톡홀롬 헬싱키/폴림 비크

지역	해당국가	상품명	주요 기항지
북미	캐나다	알래스카크루즈	밴쿠버/앵커리지
남유럽	그리스 터키	에게해크루즈	산토리니 미코소스 크레타섬 이스탄불
아시아	싱가포르 홍콩 태국 대만 일본	동남아크루즈	싱가포르/홍콩/푸켓/ 오키나와

자료 : 노윤구, 동해안 크루즈관광 타당성 연구, 대경연구원, 2009, 고상동 · 원문규(2011), 리조트경영과 개발, 참조 · 인용

자료 : 네이버 블로그(darkspwn1), 크루즈 리조트

크루즈 리조트

2) 마리나 리조트

(1) 마리나 리조트의 개념

마리나(Marina)의 의미는 라틴어로 '해변의 산책길' 에서 유래되었다. 따라서 마리나리조트의 개념을 정리해 보면 '레저용 선박을 위한 계류시설과 클럽하우스, 선착장, 호텔, 쇼핑센터, 다이빙시설, 주차장 등을 갖춘 종합적인 해양레저시설' 의 총칭이다.

최근에는 여가활동이 진행되는 가운데 해양레저 레크리에이션도 다양화되어 해수욕, 선텐, 낚시, 해상유람 등 전통적인 것에 비하여 세일링요트, 모터요트, 수상오토바이, 수상스키, 서핑 등 해양 레저활동의 유형이 다양화되고 있다. 이처럼 해수욕, 보트타기, 요트타기, 수상스키, 스킨다이빙, 낚시, 해저탐사 등과 같은 다양한 해변 레저활동을 즐길 수 있는 체재를 위한 종합적인 레저 · 레크리에이션 시설 또는 지역을 마리나 리조트라고 한다.

(2) 한국의 마리나 리조트 현황

우리나라 마리나 리조트는 해양관광시대를 맞이하여 지속적으로 개발되고 있는 실정이다. 규모 면에서는 부산 수영만 요트경기장이 가장 크고 경남 통영의 충무마리나리조트와 제주 서귀포의 중문마리나리조트가 그 뒤를 잇고 있다.

표 14-21 **한국의 마리나 리조트 현황**

명칭(위치)	개발/운영	비고
수영(부산 해운대)	부산시	공유수면매립법
충무(경남 통영시)	금호충무	항만법(무역항)
진해(경남 진해시)	코리아마린	공유수면매립법
삼천포(경남 사천시)	삼천포마리나	〃
중문(제주 서귀포)	퍼스픽랜드	〃
소호(전남 여수시)	여수시/전남요트협회	〃
거제(경남 거제시)	거제시/경남요트협회	〃
보령(충남 보령시)	보령시	〃
전곡(경기 화성시)	화성시/경기도	〃

자료 : 고상동?원문규(2011), 리조트경영과 개발, p.205., 참조, 인용

(3) 외국의 마리나 리조트 현황

외국의 마리나 리조트 시설은 세계 1위가 미국이며 그 외 독일, 호주, 스페인이 마리나리조트의 경쟁국에 해당된다. 해양리조트시대를 맞이하여 세계 각국에서도 마리나 리조트의 개발붐은 급속도로 증가하고 있는 실정이다.

가. 마리나 델 레이 리조트(Marina Del Rey) : 미국

마리나 델 레이는 미국 캘리포니아주 L.A에 있으며 1957년 정부와 주에서의 보조에 의해 L.A시 사업으로 착공되었다. 마리나 델 레이는 1만여 척의 요트를 계류시킬 수 있는 세계 최대규모의 마리나 리조트이다.

나. 미션베이파크(Mission Bay Park) 마리나 리조트 : 미국

미션베이파크는 미국 캘리포니아주 샌디에이고 북서쪽 8km 지역에 약 1,861만㎡(563만여 평)의 크기에 마리나와 파크의 임해복합개발로 조성되었다.

다. 프리미어 마리나그룹(Premier Marina Group) 리조트 : 영국

프리미어 마리나그룹은 영국의 대표적인 마리나 운영그룹 회사이다. 이 그룹은 영국 내에 6개의 마리나를 소유하고 있으며, 브라이트마리나, 뷰세트마리나, 키체스터마리나, 포트솔랜트마리나, 사우스시마리나, 팔마우스마리나가 해당된다.

라. 랑그도크루시용 마리나 리조트(Languedoc Roussillon) : 프랑스

랑그도크루시용 마리나 리조트는 4계절이 따뜻한 프랑스의 남쪽 지중해 연안에 위치하고 있으며 마르세유 도시에서 스페인 국경까지의 아담한 해안지역 180km를 따라 7개의 지역으로 나누어 마리나 리조트를 개발한 곳이다.

6 카지노 리조트

1) 카지노 리조트의 개념

카지노 리조트라 함은 카지노를 주된 기능으로 하여 다양한 부대시설을 갖추고 관광, 레저, 휴양 등을 즐길 수 있도록 조성된 복합레저단지를 말하는 것으로 도시형과 자연형이 있다.

카지노(Casino)의 어원은 도박, 음악, 쇼, 댄스 등 여러 가지의 오락시설을 갖춘 연회장이라는 의미의 라틴어 'Casa'에서 유래되었다. 당시의 '까사'는 르네상스 귀족시대의 귀족이 소유하고 있었던 사교, 오락용의 별관을 뜻하였으나 현재는 해변이나 온천 리조트 등에 있는 실내도박장으로 변화되었다.

한국에서는 「관광진흥법」 제3조1항제5호의 규정에 의거, 카지노업이란 "전용영업장을 갖추고 주사위, 트럼프, 슬롯머신 등 특정한 기구 등을 이용하여 우연의 결과에 따라 특정인에게 재산상의 이익을 주고 다른 참가자에게 손실을 주는 행위 등을 하는 업"으로 정의하고 있다.

2) 한국의 카지노 리조트 현황

우리나라에 카지노가 도입된 것은 1960년대 후반 이후 국가적으로 근대화를 위한 경제개발계획이 한창 진행 중이던 시기로 당시 정부에서는 경제개발 재원의 확보라는 명제를 해결하기 위해 관광산업 육성을 위해 전략적으로 정부의 지원 속에 카지노를 도입하였다.

국내 최초 카지노 설립은 1967년 8월 인천 올림포스 관광호텔의 카지노이며, 이듬해인 1968년 서울 워커힐호텔 카지노가 영업하면서 국내에 카지노산업이 자리를 잡아가게 되었다. 1970년대에는 충북 보은군에 속리산관광호텔 카지노 외 3개 업소가 설립되었고, 1980년대에는 강원도 설악파크 카지노 외 1개 업소와 1990년대 제주지역에 5개 업체를 영업허가하였다. 현재 카지노는 지역별로는 서울 3개, 부산 2개, 인천 1개, 강원도 2개, 대구 1개, 제주도에 8개가 있어 2014년 현재 총 17개의 카지노가 운영 중에 있다.

표 14-22 국내 카지노업체 현황

(단위 : 명, 백만 원, ㎡)

시·도	업소명	허가일	종사원 수	매출액	입장객	면적
서울	워커힐카지노(파라다이스)	68.03.05	1,115	415,801	796,363	3,970.97
	세븐럭카지노(강남코엑스)	05.01028	1,011	258,429	451,429	6,093.57
	세븐럭카지노(강북힐튼)	05.01.28	415	200,238	898,546	2,811.94
부산	세븐럭카지노(부산롯데)	05.01.28	269	75,661	220,633	2,554.50
	부산카지노(파라다이스)	78.10.29	301	80,476	92,656	2,283.50
인천	인천카지노	67.08.10	415	108,638	58,673	1,703.57
강원	알펜시아카지노	80.12.09	22	556	11,254	689.51
대구	인터불고카지노	79.04.11	175	12,540	72,981	3,473.37
제주	더케이제주호텔카지노	75.10.15	228	24,839	49,234	2,359.10
	제주카지노(파라다이스)	90.09.01	243	62,713	61,132	2,756.76
	마제스타카지노	91.07.31	308	40,380	47,278	2,886.89
	로얄팔레스카지노	90.11.06	171	19,559	30,823	1,353.18
	롯데제주카지노	85.04.11	215	37,308	44,646	1,205.41
	더호텔엘베가스카지노	90.09.01	145	13,781	54,642	2,124.52
	겐팅제주카지노	90.09.01	192	7,949	28,983	803.30
	골든비치카지노	95.12.28	136	18,351	42,560	1,528.58
16개 업체(외국인 대상)			5,361	1,377,219	2,961,833	38,598.67
강원	강원랜드카지노	00.10.12	3,570	1,422,002	3,006,900	12,792.95
17개 업체(내외국인 대상)			8,931	2,799,221	5,968,733	51,391.62

문화체육관광부(2014)

3) 세계 카지노 리조트 현황

세계 카지노리조트는 미국이 900여 개의 카지노를 가지고 있으며 세계1위의 카지노 대국이다. 미국을 중심으로 나라별 카지노업체의 경쟁이 심화되고 있으며 카지노를 중심으로 한 부대시설의 확장으로 고객유치를 위한 경쟁이 심화되고 있다. 특히 일본의 경우 갬블과 카지노의 도입을 합법화하지 않는 나라이지만 카지노 도입을 검토하고 있으며, 중국과 대만에서도 카지노 도입을 고려하는 것으로 나타나고 있다.

표 14-23 세계적인 카지노 상위 10위 업체

순위	테이블		슬롯머신		호텔객실	
	대	회사명	대	회사명	대	회사명
1	426	겐팅하이랜드 (말레이시아)	7,374	폭스우드 (미국)	8,000	겐팅하이랜드 (말레이시아)
2	350	크라운카지노 (호주)	6,300	모히간 선 (미국)	5,049	베네치안 (미국)
3	311	포스우드 (미국)	4,800	트럼프타지마할 (미국)	5,034	MGM그랜드 (미국)
4	277	샌즈 마카오 (마카오)	4,704	소아링이글 (미국)	4,460	만덜레이베이 (미국)
5	252	모하간 선 (미국)	4,495	트로피키나 (미국)	4,407	룩소 (미국)
6	200	스타씨티 (호주)	4,200	하리스애틀랜틱 (미국)	4,299	서커스서커스 (미국)
7	200	윈 라스베이거스 (미국)	3,970	소보트애틀랜틱 (미국)	3,991	엑스칼리버 (미국)
8	191	윈햄엘콘퀴스타 (푸에르토리코)	3,700	미스트레이크 (미국)	3,565	플라밍고 (미국)
9	164	MGM그랜드 (미국)	3,640	보고타체로키 (미국)	3,408	벨라지오 (미국)
10	150	나이아가라뷰 (캐나다)	3,600	하리스체로키 (미국)	3,211	벨라지오 (미국)
강원랜드	150	세계 21위	960	세계 296위	673	세계 104위

자료 : 강원랜드, 참조 · 재인용

표 14-24 **국가별 카지노사업 현황**

국가명	주요 내용
미국	• 1930년 네바다주의 라스베이거스가 시작 • 1990년대 폭발적으로 카지노 인구 증가 • 29개 주에서 카지노 승인, 10개 주에서 합법화 추진
캐나다	• 7개 주에서 44개의 카지노가 영업 중
아르헨티나	• 24개의 카지노가 운영 중 • 이 중 22개가 중앙정부 또는 지방정부 소유
프랑스	• 1907년 이후부터 온천과 휴양지 지역으로 한정시킴 • 현재 140개의 카지노가 운영 중(유명 카지노 12개가 매출액의 60%를 점유하고 있음) • 1987년 이후 게임종류와 카지노를 현대화하였음
영국	• 1960년 카지노산업이 합법화됨 • 130여 개의 카지노가 운영 중이며, 엄격한 회원제로 관리 • 18세 이상이면 회원신청이 가능
독일	• 18세기 중엽부터 온천도시를 중심으로 운영되기 시작(바덴바덴과 비스바덴 온천도시에서 시작) • 14개 주에서 38개 카지노가 운영 중
스페인	• 1977년 카지노가 합법화 • 25개 카지노가 운영 중
오스트리아	• 1922년 세입목적으로 온천이나 휴양지에 허가 시작 • 12개 업체 중 오스트리아연방공화국이 2/3의 지분 소유
뉴질랜드	• 1990년 「카지노 규정방안」 통과 • 현재 4개 업체가 운영 중
호주	• 미국 카지노회사와 합작으로 운영하는 형태 증가 • 현재 12개 업체가 운영 중
일본	• 카지노는 공식적으로 인정되지 않고 있음 • 준카지노 형태인 카지노바(Casino Bar)가 500여 개 성행
필리핀	• 1987년 제정확보 차원에서 도입 • 10개 업체 중 8개 업체를 정부가 관리
중국(마카오)	• 마카오의 관광수입 중 카지노가 20% 점유 • 9개 업체를 정부에서 관리 · 운영

자료 : 오수철 외 3명, 「카지노경영론」, p.76-85., 참고 · 재인용

베니시아 마카오

라스베이거스

7 승마 리조트

승마는 현대인들에게 선호되는 고급 레저 스포츠이다. 따라서 개인별, 동호회별 승마클럽에서 레저를 즐기는 사람들이 급증하는 추세이다. 승마는 그 어떤 레저보다 사람이나 사물이 아닌 말이라는 동물과 호흡을 같이하는 레저이므로 세심한 배려와 인내심이 요구된다.

전국의 승마장은 2010년 12월 기준 293개가 있으며 승마관련 종사자도 838명으로 2년 전보다 무려 85%나 증가하였다. 승마를 정기적으로 이용하는 자는 2만 5천여 명으로 매년 1~2천 명 정도가 늘어나고 있다. 전국 293개의 승마장 연간매출액은 227억(승마장 전체 평균 8천3백만 원) 원이며 전체 승마장의 27.9%가 연간매출액 2천만 원 이상으로 나타나고 있으며, 72.1%가 2천만 원 이하의 적자로 나타나고 있다.

이러한 현상으로 보아 승마는 지금까지 '관광형'과 '대회형' 승마가 주를 이루고 있으나 앞으로는 레저형 승마인구의 저변확대가 요구된다고 하겠다.

1) 한국 승마의 유래

한국의 승마는 1945년 '한국학생마을연맹'이 창설되었고, 같은 해 10월에 대한승마협회가 정식으로 발족되었다. 1948년 최초의 올림픽 참가 노력에도 불구하고 예산상의 이유로 출전하지 못하고 1952년 제15회 헬싱키올림픽에 처음으로 출전하게 되었다.

2) 경마와 승마의 구분

(1) 경마

말과 기수가 일체가 되어 최대로 빨리 달리는 스피드 스포츠이다.

(2) 승마

말과 기수가 호흡을 같이하며 마술적 스릴과 쾌감을 얻는 레저 스포츠이다.

승마 리조트

8 휴양 리조트(휴양 콘도미니엄)

1) 휴양 콘도미니엄의 연혁과 개념

콘도미니엄은 1950년대 이탈리아에서 중소기업들이 종업원 후생복지를 위하여 여러 회사가 공동투자하여 연립주택이나 호텔형태로 건립한 별장식 가옥을 10여 명이 소유하고 공동 휴양시설로 개발한 것이 그 효시이다.

휴양 콘도미니엄(Resort Condominium)은 리조트(Resort)와 콘도미니엄(Condominium)의 합성어로 휴양을 즐기기 위한 숙박시실이다. 콘도미니엄의 기본원칙은 동일한 자산(토지+건물)을 공동소유하고 공동관리하는 것이다.

우리나라 「관광진흥법」에서는 휴양 콘도미니엄의 정의를 "관광객의 숙박과 취사에 적합한 시설을 갖추어 이를 그 시설의 공유자/회원 그 밖에 관광객에게 제공하거나 숙박에 딸리는 음식, 운동, 오락, 휴양, 공연 또는 연수에 적합한 시설 등을 함께 갖추어 이를 이용하게 하는 업"으로 규정하고 있다.

2) 휴양 콘도미니엄의 분류

표 14-25 **휴양 콘도미니엄의 분류**

구분	내용	특징
건축양식	• 아파트식 • 연립주택식 • 별장식	• 50실 이상 대규모, 선호도가 높다 • 신축적 운영 · 관리 기능 • 만족도가 높다. 관리상의 어려움
기능	• 리조트형 • 관광 휴양지형 • 단순 레저형 • 단순 주거형	• 휴양, 레저, 근린레저시설을 갖춘 리조트 단지 내에 위치 • 유명관광, 휴양지에 위치, 가족 단위에 적합 • 숙박시설 기능 강조 • 부대시설 완비
회원제도	• 공동회원제 • 일반회원제 • 복합절충제	• 소유권 보유 • 시설이용권 보유
회원권 소유방식	• 공동소유제 • 단일소유제	• 5~10개의 계좌 설정 • 1실당 1계좌

자료 : 유도재(2006), 리조트경영론, 참조 · 인용

3) 한국 주요 콘도미니엄 현황

(1) 한화리조트

국내 최대 규모의 콘도 및 복합리조트를 운영하고 있는 한화국토개발(주)의 한화리조트는 국내 최다 객실을 보유하고 있다. 한화리조트는 수도권(양평, 용인, 산정호수), 유명관광지(설악산, 지리산, 경주, 대천), 온천(백암, 수안보)과 동계올림픽이 개최되는 평창 등 전국적인 체인망을 갖고 있다.

표 14-26 **한화국토개발(주)의 콘도 현황**

콘도명	위치	개장연도	객실 수
설악한화콘도	강원도 속초시 장사동	1982	1,564
용인한화콘도	경기도 용인시 남사면	1985	250
양평한화콘도	경기도 양평군 옥천면	1988	401
백암한화콘도	경북 울진군 온정면	1988	249
수안보한화콘도	충북 중원군 상모면	1993	72
산정호수한화	경기도 포천군 영북면	1992	209
경주한화콘도	경주시 북군동	1996	193
지리산한화콘도	전남 구례군 마산면	1988	101
대천한화콘도	충남 보령시 신흥동	1999	305
제주한화콘도	제주도 봉계동	2003	50
해운대한화콘도	부산시 해운대구 우2동	2001	421
평창한화콘도	평창군 봉평면 면온리	2004	440

자료 : 한화리조트 홈페이지

설악한화콘도

경주한화콘도

백암한화콘도

제주한화콘도

(2) 대명콘도

(주)대명레저산업은 3개의 자체 체인과 스키장, 연계 체인을 가진 체인형 콘도업체이다. 시설의 고급화와 편리성을 추구하면서 회원들에게 질 좋은 서비스를 제공하고 있다.

1990년 설악대명콘도를 개장하였고, 1992년에 양평대명콘도, 1993년도에 대명비발디파크를 개장하였다. 현재 대명비발디파크는 1,801실의 객실규모를 보유하여 단일 콘도미니엄 중 최대의 객실 규모를 갖추고 있다. 2006년에 대명경주콘도를 비롯하여 제주도에 제주대명콘도, 강원도에 델피노, 솔비치, 전라도에 거제마리나, 여수엠블, 변산대명콘도 등 전국 곳곳으로 콘도사업을 확장하고 있다.

표 14-27 (주)대명레저산업의 콘도 현황

콘도명	위치	개장연도	객실 수
설악대명콘도	강원도 고성군 토성면	1990	662
양평대명콘도	경기도 양평군 개군면	1992	201
대명비발디파크	강원도 홍천군 서면	1993	1,801
대명단양콘도	충북 단양군 단양읍	2002	806
경주콘도	경북 경주시 신평동(보문단지 내)	2006.6	414
델피노대명콘도	강원도 고성군 토성면	1990-2012	688/318
쏠비치(양양)	강원도 양양군 손양면	2007	450
쏠비치(삼척)	강원도 삼척시 갈천동	2016	650
제주대명콘도	제주시 조천읍	2007	380
거제마리나	전남 거제시 일운면	2013	480
여수엠블	전남 여수시 오동도로	2012	250
변산대명콘도	전북 부안군 변산면	2008	450

자료 : 대명레저산업 홈페이지

양평대명콘도

델피노대명콘도

솔비치

경주대명콘도

(3) 한국콘도

현재 8개의 체인(경주, 설악, 도고, 제주, 해운대, 남원, 수안보, 용평)을 운영하고 있는 (주)한국콘도는 지난 1979년 경주 보문단지에 국내 최초로 콘도를 건설하는 등 사실상 우리나라에 콘도 문화를 정착시킨 업체이다. 한국콘도는 다른 업체들이 진출하지 않은 해운대 및 제주지역에 체인을 구축, 이용률과 지명도가 상대적으로 높다.

표 14-28 (주)한국콘도의 콘도 현황

콘도명	위치	개장연도	객실수
경주한국콘도	경주시 신평동	1981	108
도고한국콘도	충남 아산시 선장면	1987	107
제주한국콘도	서귀포시 색달동	1982	216
해운대한국콘도	부산시 해운대구 중1동	1984	192
수안보한국콘도	충북 충주시 상모면	1992	92
남원한국콘도	전북 남원시 어현동	1990	156
용평한국콘도	강원도 평창군 도암면	1997	198

자료 : 한국콘도 홈페이지 참조 · 재인용

(4) 금호리조트

금호산업(주) 레저사업부는 골프장, 테마파크, 4개 체인형 콘도를 운영하는 종합리조트 레저회사로 2000년부터 5년 연속 "한국서비스대상"과 산업자원부로부터 서비스품질 우수기업 선정, 2003년 "국가품질경영대회 서비스혁신상", 인기 연예인이 선정한 "Star Best Brand 대상" 그리고 소비자가 직접 참여하여 선정하는 "2004년 한국소비자의 신뢰기업 대상"을 수상하였다.

1991년 광주패밀리랜드 개장을 시작으로 1994년에 한국의 나폴리라 불리는 통영에 위치한 충무리조트를 개장하였다. 1997년에는 설악산에 위치한 설악리조트를 개장하였고, 동년 9월에는 남도제일의 온천휴양지로 유명한 화순에 화순리조트를 개장하였다. 2002년 5월에는 제주도 남원관광지 내에 위치한 Seaside Resort로써 금호리조트의 4번째 체인인 제주리조트를 개장하였다.

표 14-29 **금호산업(주)의 콘도 현황**

콘도명	위치	개장연도	객실수
충무마리나콘도	경남 통영시 도남 2동	1994	272
화순금호콘도	전남 화순군 북면	1997	220
설악금호콘도	강원도 속초시 노학동	1997	247
제주리조트	제주도 남제주군 남원동	2002	50

자료 : 금호산업 홈페이지 참조 · 재인용

금호충주마리나리조트

금호설악리조트

(5) 일성콘도

일성레저산업(주)의 일성콘도미니엄은 1989년 부곡콘도미니엄 건설을 시작으로 매년 비약적인 발전을 거듭하여 현재는 전국에 7곳의 직영콘도를 운영하고 있으며, 타사와의 체인협약으로 9곳의 체인콘도를 운영하고 있다. 제주도에만 제주비치콘도 & 리조트와 제주협재콘도 & 리조트를 건설하여 운영 중이며, 서해안(충남 보령 무창포해수욕장)에 비체팰리스 대단위 신규 콘도미니엄을 건설하여 운영 중이다.

표 14-30 **일성레저산업의 콘도 현황**

콘도명	위치	개장연도	객실수
부곡일성콘도	경남 창녕군 부곡면	1992	248
설악일성콘도	강원도 고성군 토성면	1996	340
제주일성콘도	제주도 북제주군 한림읍	1998	50
지리산일성콘도	전북 남원시 산내면	1998	166
남한강일성콘도	경기도 여주군 북내면	1999	168
무주일성콘도	전북 무주군 무풍면	2002	120
경주일성콘도	경북 경주시 신평동	2003	122

자료 : 한국콘도 홈페이지 참조 · 재인용

제주일성콘도

무주일성콘도

9 생태관광 리조트

1) 에코-힐링형 리조트의 개념

에코-힐링(Eco-Healing)형 리조트는 생태(Ecology)+치료(Healing)의 합성어로 정신수양과 음식을 통하여 건강과 웰빙을 추구하고 스트레스를 해소시키는 자연적인 치료 목적의 리조트이다.

현대인들은 너무나 치열한 경쟁 속에서 오직 성과와 실적을 위해 바쁘게 살아가고 있으며 그로 인한 스트레스와 정신적 공황상태가 발생하고 있는 게 현실이다.

더구나 아날로그형 문화에서 디지털형 문화로 빠르게 변화하는 시대적 환경과 요구에 적응해 나가는 것 자체가 우리의 삶을 변화시키고 있으며, 이러한 변화와 적응 상황도 곧 스트레스 요인 중의 하나이다.

이러한 정신적 갈등과 스트레스에서 해방, 치유되는 방법 중의 하나가 에코-힐링이며 이러한 테마를 주요상품으로 개발 운영하는 리조트가 에코-힐링형 리조트이다.

2) 에코-힐링형 리조트의 특징

에코-힐링형 리조트의 근본적인 치유방법은 약물투여에서 벗어나 오직 자연 속에서 마음의 안정과 여유로운 삶을 추구하는 방법이다.

따라서 이곳 리조트는 전화, TV, 라디오, 시계, 달력도 없으며 느림의 원칙인 슬로-시티(Slow-City)의 생활화를 실천하는 것이 가장 큰 특징이다.

3) 에코-힐링형 리조트의 현황

(1) 한국의 '힐리언스 선마을'

힐리언스 선마을은 2008년 강원도 홍천에 세워진 전형적인 자연 치유센터이다. 이곳은 천혜의 자연속에서 생활하면서 다음과 같은 3가지를 기본 콘셉트로 하고 있다.

첫째, '의도된 불편함' 을 원칙으로 하고 있다.

운명의 혜택이 곧 정신과 신체건강에 스트레스를 준다는 것이며, 따라서 이곳에서 TV, 라디오, 에어컨, 냉장고가 없고 휴대폰 수신이 안 되며, 금연과 금주가 기본이다.

둘째, 생활환경을 자연과 함께한다.

셋째, 모든 건물은 친환경 공간으로 설계되어 있다.

휴식과 치유를 목적으로 이곳을 찾는 사람들은 '숲치유명상', '와식명상(식사 후 누워서 낮잠), '낙조명상' 을 하며 지친 심신을 달래고 산악 트래킹으로 숲에서 뿜어져 나오는 '피톤치드(Phytoncide : 그리스어인 식물의 Plant와 살균력 Cide의 합성어로 식물이 분비하는 살균물질)' 로 면역력까지 높일 수 있다.

(2) 제주 '지니어스 로사이' 명상관

지니어스 로사이(Genius Loci : 이 땅을 지키는 수호신) 명상관은 제주도 섭지코지 지역의 휘닉스아일랜드 리조트 내의 바닷가에 위치하고 있다. 이곳은 세계적 건축가인 '안도 다다오'가 건축과 예술을 접목하여 '과거와 현재, 그리고 미래가 만나는 곳, 하늘과 땅과 인간이 조화를 이루는 곳이다'라는 생각으로 만든 곳이다.

건물은 단층과 지하 형태의 터널식으로 되어 있으며 내부에는 3개의 공간으로 구성되어 있다.

생명의 숲

(3) 일본 '생명의 숲' 리조트

일본 지바현에 있는 '생명의 숲' 리조트는 건강과 스포츠를 테마로 하여 자연과 더블어 숙박을 하면서 건강명상 프로그램을 실행하는 전형적인 에코-힐링형 리조트이다.

이 리조트는 대단위 면적에 울창한 숲으로 조성되어 있고 그 숲속 가운데 숙박시설과 명상체험관, 식당 등의 부대시설이 있다.

리조트 내의 숙박시설은 16층의 타워형 호텔과 단독주택 형태의 코티지(Cottage)로 운영되며 각종 편의시설이 갖추어져 있다.

특히 일본의 지진 참사로 인한 정신적 충격을 받은 사람들이 이곳에 와서 명상을 통한 치유를 하는 경우도 있다.

(4) 일본 '호시노야 가루이자와' 리조트

일본 동경에서 신칸센으로 1시간 정도의 거리에 있는 나가노현의 호시노야 가루이지와(호시노 : 대표이름 / 가루이자와 : 지역명) 리조트는 100년이 넘은 일본의 전형적인 '료칸' 형태 숙박의 에코-힐링형 리조트라고 할 수 있다.

친환경을 강조하기 위해 리조트 입구의 리셥션센터에서 안내를 받고 그곳에서 차를 두고 호텔 셔틀차량으로 7~8분 거리의 프런트 데스크로 이동하는 방법을 취하고 있다. 리조트 로비는 촛불 정도의 컴컴한 조명으로 상대편 얼굴을 쉽게 분간하기가 어려울 정도로 조용하고 적막하게 만들어 놓았으며, 은은한 명상음악만이 고요한 적막을 깨뜨리는 분위기다.

자료 : 네이버 블로그(ajikang)

(5) 미국의 키스톤 로지 스파

미국 콜로라도주에 있는 키스톤 로지 스파(Keystone Lodge Spa) 리조트는 기존의 스파 리조트의 친환경적인 요소를 결합해 만든 대표적인 에코-힐링형 스파 리조트이다. 이곳의 건축재료는 재활용 나무만 사용하였고, 전기는 풍력을 이용하여 공급하는 시스템을 갖추고 있다.

(6) 태국의 식스센스 리조트

태국의 대표적인 식스센스(Six Sense) 리조트는 에코 리조트이며 이곳 리조트 내 모든 정원의 식물들은 식용이 가능하고 지역의 모든 식품들은 유기농으로만 가공되는 에코 리조트이다.

(7) 필리핀의 산베니토 리조트

필리핀의 산베니토(The Farm at San Benito) 리조트는 필리핀의 의료와 관광이 접목되어 의료서비스와 리조트를 동시에 느낄 수 있는 곳으로 최고급의 리조트 내 병원 시설이라고 할 수 있다.

⑩ 에듀-컬처형 리조트

1) 에듀-컬처형 리조트의 개념

에듀-컬처형(Edu-Culture) 리조트는 기존의 오락중심 리조트를 벗어나 문화와 예술 공연을 통한 감성적 체험이나 특정 테마중심의 교육을 제공하는 리조트라고 할 수 있다.

지금까지는 놀이시설이나 오락만으로 사람들의 인기를 끌 수 있었지만 이제는 이용자들이 자신의 개성은 물론 교육과 문화에 맞는 다양한 주제에 좀 더 차별적인 체험을 원하고 있기 때문에 교육과 문화가 접목된 에듀-컬처형 리조트를 추구하는 것이 현실이다.

2) 에듀-컬처형 리조트의 특성

에듀-컬처형 리조트의 특징은 우선 교육적인 소재와 문화를 발굴해야 한다는 점이다. 따라서 고품격 문화공연을 위한 공연시설과 프로그램의 개발이 매우 중요하다.

3) 에듀-컬처형 리조트 현황

(1) 롯데부여 리조트

충남 부여에 건립된 롯데부여 리조트는 쉬면서 백제의 역사, 문화를 배우고, 체험하기 위한 테마형 리조트이다.

이곳에는 백제 테마정원, 백제예술거리, 역사재현촌, 백제역사문화관 등의 학습장이 꾸며져 있으며, 왕의 침실, 생활공간, 연회행사공간들이 재현되어 있다.

(2) 경주 신라밀레니엄파크

경주 보문단지에 있으며 선덕여왕 드라마의 촬영지이기도 한 신라밀레니엄파크는 신라시대의 건축물과 풍물거리, 신라주제공연, 신라궁궐 등이 잘 갖추어진 대표적인 에듀-컬처형 리조트라고 할 수 있다.

특히 단지 내에는 신라시대 전통가옥인 한옥형태의 '라궁(羅宮)호텔'을 운영하고 있으며 16채의 한옥호텔에 100m가 넘는 복도와 회랑을 갖추고 있다. 각 한옥 객실에는 노천온천탕이 설치되어 있으며, 우리나라의 한국 전통미를 나타내는 대표적인 호텔이라고 할 수 있다.

라궁호텔 전경

경주밀레니엄파크

제4부

나라별 복합리조트 현황

제15장 싱가포르

1 월드센토사 개요

1) 센토사 개요

구 분	시설 내용
개장 시기	2010년 1월(2007년 공사 시작함)
부지 면적	49만㎡ (16만 평)
투자비	49억 달러
숙박 시설	• 6개 호텔에 1,830실 Crockfords Tower, Hotel Michael, Hard Rock Hotel, Festive Hotel, Equarius Hotel • Spa Villas
회의 시설	• 3개 시설 통합 동시 12,000명 수용 • 극장식 볼룸 7,300석 • 극장식 쇼룸 1,600석 • 22개 미팅룸 3,390석
엔터테인먼트 시설	• Universal Studios Singapore • Equarius Water Park • Spa 등 • Marin Life Park • Maritime Xperiential Museum
상업 시설	45개소 이상의 명품아울렛
카지노	• 약 1.5만㎡, 회원전용 30개 게임룸 • 테이블 530여대, 머신 1,300여대

자료: 싱가포르 관광청 홈페이지(http://app.stb.gov.sg), FactSheet:ResortsWorldatSentosa

2) 입지 및 접근성

싱가포르는 말레이시아 반도 끝 적도 부위에 위치한 60여 개의 섬으로 이루어진 국가로 유럽, 동아시아와 호주를 연결하는 동남아의 교통 요지로서 주요 시장으로부터 접근성이 뛰어나고 교통 인프라 시설이 우수하다.

센토사섬의 경우 본섬에서 케이블카, 택시, 센토사 익스프레스를 통해 4분에서 15분 거리에 있다.

3) 시설 및 이벤트

테마 섬이라는 주제로 다양한 존을 설치하여 개발하였다. 실로소 해변, 골프장, 바다의 노래 등 다양하고 스펙터클한 이벤트와 레저 시설, 매력적인 음식점 및 편의 시설을 제공하고 있다.

바다의 노래쇼는 센토사 섬의 최고의 나이트라이프 활동으로 바다 위에서 특수효과, 음악과 함께하는 분수 쇼이다. 실로소 해변은 각종 레저 활동을 제공하고, 실내 스카이 다이빙 시뮬레이터, 4650㎡의 파도풀장, 웨이크보트와 바나나보트 시설, 바, 시장, 외부 스파 등 제공, 새로이 조성된 생태공원형 테마 트레일이 조성되어 있다.

다양한 형태의 식당과 바가 산재해 있으며 2007년 싱가포르 음식페스티벌 개최, 2007년 월드 고메이 서밋 등이 개최되었다. 계속적인 테마형 주제고원 개발을 통해서 새로운 관광물을 개발(예: 유니버셜 스튜디오, 리조트 월드)하고 있다.

숙박시설 건설로는 호텔(샹그릴라 호텔, 라사센토사, 아마라생츄어리 리조트, 카펠라 싱가포르, 큐사이드 아일, 주거형 콘도, 방갈로, 테라스 등이 있다.

4) 관광 현황

센토사 섬은 500헥타르에 싱가포르 및 아시아 최대 관광지 중 하나로 레저 및 엔터테인먼트 관광지이며 바닷가를 중심으로 주거단지가 있다.

2007/8년도 총 6,125천 명의 방문객을 기록하였으며 이중 해외 관광객은 총 3,487천 명으로 해외 관광객이 차지하는 비율은 57%로 매우 높다.

해마다 증가하는 해외 관광객 유치를 위해 다각적인 홍보활동과 마케팅전략을 구사하고 있다. 이러한 전략의 일환으로 현재 진행되는 개발 외에도 레저 활동과 엔터테인먼트 등의 할거리, 볼거리, 먹을거리에 핵심을 둔 개발을 진행 중이다.

방문객들이 좋아하는 관광지로는 해변(3,815천 명), 해저세계와 돌고래 라군(1,761천 명), 싱가포르 케이블카(1,652천 명), 바다의 노래(1,259천 명)와 센토사 루찌와 스카이 라이드(1,082천 명)가 있다.

특히 센토사 섬의 내 바다의 노래는 2007년 Thea award 무대세트상 수상, 2008년 ASENTA award for Excellence 수상, 2007 IAAPA 아시안 관광지 상 수상하였으며 그 외에도 다양한 수상경력을 자랑하는 아시아 최고의 관광지로 급부상하고 있다.

현재 센토사 섬은 5개의 존(Zone)으로 구성되어 있으며 주제공원존, 그린존, 해변존, 골프코스 및 센토사 코브로 구성되어 있다. 증가된 방문객을 수송하기 위하여 본섬으로부터 센토사 섬까지 연결되는 센토사 익스프레스를 1억 4천만 불을 투자하여 설치하였으며 소요시간은 약 4분으로 시간당 6천 명을 수송하고 있다.

5) 설립 배경

싱가포르정부는 1972년 센토사 섬을 아시아 최고의 관광지로 개발하고 관리하기 위해서 준 정부기관으로서 센토사 개발공사를 설립하고 센토사 섬을 연결하는 게이트웨이 에버뉴 다리(Gateway Avenue Bridge)를 비롯한 섬 전체의 개발과 관리를 관장하고 섬으로 연결되는 항만에 관련된 사항을 관리하도록 하였다.

6) 조직운영의 특징

개발공사의 강력한 리더십, 민간 기업형 HR트레이닝과 정부의 지원이 있으며, 개발공사법을 통한 공사의 개발과 관리에 대한 100% 자율권을 보장하고 있다.

관광 비즈니스 센터형 지원으로 우수한 인프라 제공, 양질의 노동력, 우호적인 사업환경, 강력한 정부 지원, 탄탄한 시장을 확보하고 있다.

리더개발 과정을 통한 인재육성(Leaders in Development programme)은 45인의 잠재리더를 선발하여 리조트 내 다양한 부서에서 경험을 하도록 기회를 제공하여 차세대 리더로 육성하고 있으며 리조트 내 가장 중요하다고 판단되는 직책을 지정하여 직책지정 교육제도를 실시하고 있다.

일반 직원, 학생 및 기업체 직원들을 대상으로 하는 관광 아카데미를 운영하고 있으며 하와이대 미누아 캠퍼스와 연계하여 교수 초청 강연도 실시하고 있다. 그 결과 2007년 총 116개의 HR관련 상을 수상하였다.

② 싱가포르 마리나 베이 샌즈

1) 마리나 베이 리조트 개요

구 분	시설 개요
개장 시기	2010년 4월(2007년 2월 착공)
위치	싱가포르 마리나 베이 금융센터 인근임
부지 면적	약 17만 평
투자비	58억 달러
층수	지상 55층, 지하 1층
건축 면적	약 55만m²
숙박 시설	호텔 객실 : 약 2,560실
회의 시설	• 약 12만m² • 회의실 수: 최대 250실, 최대 45,000명 수용 • 대회의실(샌즈그랜드볼룸)은 8,140m²로 11,000명 수용
전시 시설	• 1층 전시장: 14,560m²(5개홀) • 지하 2층 전시장: 17,190m²(5개홀)
엔터테인먼트 시설	• 스카이 파크 (수영장 포함) • 4천 석 규모 극장 • 박물관, 결혼식장 등
상업 시설	쇼핑몰(약 80만m²), 브랜드 샵, 레스토랑 등 250개 점포
카지노	• 약 1.5m², 회원전용 30개 게임룸 • 테이블 600여 대, 머신 1,500여 대

2) 입지 및 접근성

싱가포르 마리나 베이 금융센터 인근에 위치하고 있다.

3) 개발 과정

싱가포르가 차세대 성장 동력 마련을 위해 국책 사업으로 추진한 복합리조트(Intergrated Resort)로 '다운타운 마리나 베이 프로젝트'에 따라 개발을 진행하고 있다. 다운타운 마리나 베이 프로젝트는 3단계의 개발 계획을 가지고 추진 중에 있다.

1단계인 2008~2015년에는 기존의 중심업무지구인 CBD(Central Business District)확장과 워터프런트를 개발하며, 2단계인 2015~2025년에는 화이트존을 중심으로 복합개발을 유도하고 있다. 3단계인 2025년 이후에는 새로운 시가지 조성이 완료될 예정이다.

마리나 베이의 컨벤션 센터는 120만 평방피트 면적으로 5만 4천명을 수용할 수 있도록 조성되었으며, 2,000여 개의 전시부스, 250개의 미팅장소 등 동남아에서 가장 큰 볼룸을 가지고 있다.

2009년 세계적 경제 위기의 여파로 싱가포르는 -2%의 경제성장률을 기록했으나, 새로운 성장 동력으로 복합리조트 사업을 선택하여 2010년 센토사 섬과 마리나 베이에 복합리조트를 차례로 개장했다. 이후 9개월 만에 1100만 명의 관광객이 마리나 베이 샌즈를 방문하였으며, 지난해 역대 최고인 14.7%의 경제성장률을 달성했다. 싱가포르 정부는 외국자본 투자유치를 위해 마리나베이에 카지노 설립 운영을 허가했다.

4) 시설 개요

마리나 베이 리조트는 약 55만㎡이며, 객실 수는 약 2,560실이다. 컨벤션 시설은 최대 250실이며, 최대 45,000명 수용이 가능하다. 대회의실(샌즈그랜드볼룸)은 8,140㎡로 11,000명 수용이 가능하다. 전시시설로는 1층 전시장이 14,560㎡이며 5개 홀로 구성되어 있으며 또한 지하 2층은 전시장은 17,190㎡(5개홀)로 구성되어 있다

세계적 명물인 스카이 파크 극장 4,000석이 있으며 웨딩홀 쇼핑몰(약 80만㎡), 브랜드 샵, 레스토랑 등 250개 점포가 있다. 카지노 시설로는 약 1.5만㎡, 회원전용 30개 게임룸과 테이블 600여 대, 머신 1,500여 대로 구성하는 리조트 시티다.

제16장
말레이시아

① 겐팅 하이랜드

1) 자연적 특징

말레이시아의 수도 쿠알라룸푸르에서 북동쪽으로 53km 떨어진 곳에 위치한 겐팅 하이랜드는 자동차로 1시간 정도 소요된다. 해발 1768m에 위치한 울루칼리 산 정산에 위치하고 있다. 차로 굽이굽이 정상까지 올라가야 한다. 물론 경치가 좋고 시원한 고산 기후로 풍광이 좋은 편이다.

케이블카는 겐팅 하일랜드의 하이라이트로 평가된다. 14.5km의 장거리로 20분 정도 소요된다. 주변 경치를 즐기며 겐팅 하일랜드에 연결되어 관광객들에게 인기가 많다. 높은 지대에 위치하여 구름 위에 리조트가 위치한 만큼 인상적이기도 하다.

무엇보다도 이곳이 더운 지역에서 휴양지로 알려진 것이 바람이 많이 불어 선선하고 시원하여 인기 있는 곳의 이유를 가늠하게 된다.

덥고 습한 동남아 지역에서 연간 기온이 15도를 넘지 않은 이곳은 정말 환상적인 휴양지라고 할 수 있다. 더욱이 고지대로 구름 위에 위치한 이 지역은 말레이시아 국민들뿐만 아니라 동남아인들에게는 방문하고 싶은 로망 관광지이다.

2) 가족 중심의 휴양지

겐팅 하일랜드는 카지노가 포함된 복합리조트로 성향을 갖고 있지만 무엇보다도 가족 중심의 휴양지라는 점이다. 놀이공원, 즉 테마파크와 호텔, 리조트 등의 숙박시설을 갖추고 있다. 휴식, 레포츠, 카지노, 주제공원을 포함한 복합리조트이다. 내부에는 현지식과 서양식을 갖춘 뷔페 등 고급 레스토랑 등을 갖추고 있다.

카지노, 테마파크, 수영장, 스파, 공연장, 승마 등 다양한 활동을 할 수 있는 곳이다.

3) 말레이시아 대표 관광명소

1969년 개발에 대한 프로젝트를 시작하여 1970년에 오픈한 겐팅 하일랜드는 오랜 역사를 갖고 있다. 창업자인 림우통이라는 중국계 사업가의 수완과 노력에 의해 개발된 이곳은 주말이면 10만 명에 이르는 사람들이 찾고 있는 말레이시아의 대표적인 관광명소이기도 하다.

4) 고산지대 골프장

겐팅 아와나 골프클럽은 해발 945m 지점으로 산중턱에 위치한다. 소나무가 많아 인상적이며 신선하고 쾌적하다는 평가를 받는다. 선선한 고산지대 기후를 느낄 수 있고 페어웨이가 정확하게 치는 골퍼들에게 적절하다는 평가를 지닌 골프장이다. 이러한 레저 스포츠 시설도 복합리조트로써 경쟁력을 더해 주고 있다.

5) 말레이시아 최대 카지노장

이곳은 말레이시아 최대의 카지노 시설을 갖고 있다. 2007년 90세의 나이로 사망한 림우통은 겐팅그룹의 총수이자 화교로서 이슬람국가인 말레이시아에서 정치지도자들을 설득하여 겐팅마운틴 정상에 1만여 명의 수용 가능한 호텔 5개와 축구장 크기의 2배가 넘는 카지노장과 테마파크 공연장 등을 갖춘 리조트를 건설하였다.

종업원이 약 1만여 명에 이르며 연간 관광객이 2000년대 중반 이미 1200만 명을 넘어선 것으로 나타나고 있다.

6) 인근 국가에 영향

싱가포르 마리아베이 리조트, 센토사 카지노리조트 등을 설립하는데 긍정적인 영향력을 미친 것으로 알려졌다. 카지노에 매우 부정적이던 싱가포르가 말레이시아의 겐팅 하일랜드에 영향을 받아 사행산업이 아닌 국가 경제에 기여하고 관광에 보다 긍정적인 효과를 창출하는 산업으로 카지노를 인식하게 된 것도 겐팅 하일랜드를 오랫동안 지켜본 결과로 보인다. 경제에 긍정적인 관광성장의 동력인 복합리조트에 대한 분석의 사례라 하겠다.

7) 미래에 투자한 기업가 정신

1970년 시작한 겐팅 하일랜드는 기업가 정신이 미래에 투자한 결과물로 평가된다. 설립자 사후 평가액이 22조라는 엄청난 가치뿐만 아니라 미래를 위한 선구자적 기업가 정신의 완성을 보게 된다. 말레이시아가 세계 관광대국 10위권에 진입하게 된 것도 이러한 선구자적 기업가 정신의 결과물의 영향이라 사료된다.

자료 : 겐팅 하이랜드 홈페이지

② 코타키나발루 수트라하버 리조트

2013~2015 호스피탈리티 아시아 플래티넘 어워즈(HAPA)에서 말레이시아의 최고 리조트로 선정된 코타키나발루에서 가장 규모가 큰 리조트로 마니라 & 컨트리 클럽, 골프, 스파 등 복합레저 시설을 갖추고 있으며, 리조트의 객실은 마젤란 수트라(456실)와 퍼시픽 수트라(500실)로 구성되어 있다.

마젤란 수트라 리조트(THE MAGELLAN SUTERA RESORT)는 자연친화적으로 넓게 펼쳐진 안락한 리조트로 고급스러운 느낌의 원목과 전통미가 조화된 객실로 허니문, 가족 및 골프여행객들에게 편안한 휴식을 제공한다.

자료 : 수트라하버 리조트 홈페이지

말레이시아 사바 룽구스 부족의 롱하우스 스타일의 거대한 로비를 자랑하며, 스위트룸에서는 잘 다듬어진 아름다운 정원과 툰구 압둘라만 공원을 배경으로 한 남지나해의 멋진 바다 전망을 감상할 수 있다. 총 15개의 레스토랑 중에서 5개의 레스토랑이 위치하고 있으며, 총 5개의 수영장 중 2개(폭포풀, 키즈풀)가 마젤란에 위치하고 있고, 키즈클럽에서는 만 3세~12세 어린이를 위한 다양한 놀이 프로그램을 제공하고 있다.

세계 유명 명품 브랜드 '만다라 스파'에서 수준 높은 트리트먼트를 제공하고 있으며, 마젤란 그랜드 볼룸은 최대 2,000명 이상의 그룹행사 연출이 가능하다.

자료 : 트라하버 리조트 홈페이지

퍼시픽 수트라 호텔(THE PACIFIC SUTERA HOTEL)은 이국적인 분위기와 품격 있는 500개의 객실에서 편안하고 여유로운 휴식을 즐길 수 있으며, 광활하게 펼쳐지는 27홀 골프장과 남지나해의 아름다운 풍경을 감상할 수 있다. 클럽 & 스위트룸을 이용하면 11층 클럽 라운지에서 여유로운 아침식사와 이브닝 칵테일을 즐길 수 있다.

총 15개의 레스토랑 중 5개가 퍼시픽 호텔에 위치하고 있으며, 남지나해의 아름다운 바다 풍경을 바라보며 퍼시픽 호텔의 웨이브 풀을 이용할 수 있다. 퍼시픽 그랜드 볼룸은 최대 1,000명 이상의 그룹행사가 가능하며, 5성급 호텔에서 즐길 수 있는 고급스럽고 품격있는 차바나 스파를 준비하고 있다.

자료 : 트라하버 리조트 홈페이지

1) 마리나 & 컨트리클럽(MARINA & COUNTRY CLUB)

수트라하버 리조트의 중심에 위치한 수트라하버 마리나 & 컨트리 클럽은 나른한 휴식과 역동적인 에너지가 공존하는 곳으로 해양스포츠, 육상스포츠, 레크리에이션을 위한 다양한 시설이 마련되어 있으며, 12레인의 볼링장, 키즈클럽, 게임룸, 피트니스 센터, 영화관, 당구장, 스쿼시 및 테니스 코트, 가라오케와 수영장 등이 있다.

다양한 스타일의 요트가 정박되어 있는 이국적인 풍경을 바라보며 식사를 즐길 수 있는 레스토랑과 곧게 뻗은 야자수로 둘러싸여 있어 뜨거운 태양을 피할 수 있으며, 미끄럼틀 풀과 올림픽규격 사이즈 풀을 즐길 수 있는 수영장이 있으며, 만 3세~12세까지의 어린이들을 위한 키즈클럽은 다양한 체험 프로그램이 마련되어 있어, 어린이를 동반한 가족 여행객들에게 인기가 있다.

자료 : 트라하버 리조트 홈페이지

2) 골프 & 컨트리클럽(GOLF & COUNTRY CLUB)

수트라하버 골프 코스는 퍼시픽 수트라 호텔과 마젤란 수트라 리조트의 주변을 감싸 안으며, 아름다운 해안가 지형에 드넓게 자리하고 있다. 세계적인 골프 디자이너 Graham Marsh가 디자인한 27홀의 챔피언십 골프코스에는 버뮤다 잔디가 깔려 있으며, 연중 쾌적한 날씨와 함께 아름다운 풍광이 어우러져 아마추어뿐만 아니라 프로 골퍼들 모두 극찬하는 골프장이다.

코타키나발루에서 유일하게 11시까지 야간 티업이 가능하여 여행 마지막 날까지 여유 있는 일정을 계획할 수 있어 골퍼들의 사랑을 받고 있다. 또한 수트라하버 골프 클럽은 레스토랑과 미팅룸, 드라이빙 레인지 등을 갖추고 있다.

자료 : 트라하버 리조트 홈페이지

제17장 홍콩

① 홍콩 디즈니랜드

구 분	시설 내용
개장 시기	2005년 9월
면적	381,818㎡
위치	홍콩 란타우 섬
숙박 시설	디즈니랜드호텔, 헐리우드호텔 2개 호텔 1,000실
엔터테인먼트 시설	• Toy story land • Fantasy land • Tomorrow land • Adventure land • Main street U.S.A
상업 시설	편의점, 마트, 기념샵, 패션아웃렛, 기타
식음 시설	광둥(廣東) 요리, 상하이(上海) 요리를 비롯한 중식, 동남아식, 일식 등 아시아 음식점 8곳

자료 : 홍콩 디즈니 랜드 홈페이지

② 입지 및 접근성

홍콩 첵랍콕국제공항이 위치한 홍콩 최대 섬인 란타우 섬 북부 페니베이에 자리 잡고 있다.

③ 개발 과정

홍콩정부와 월트디즈니사는 1999년 11월 홍콩 란타우 섬 페니만에서 디즈니랜드사를 건립하기로 합의하였고 합작사인 Hong kong international theme park ltd를 설립해 사업을 추진하기로 하였다. 합작사의 지분은 홍콩정부가 57%, 월트디즈니가 43%이다. 총투자비는 280억 홍콩달러이며 이 중 57%를 홍콩정부가 부담하였다. 홍콩 디즈니랜드사는 동일 주제공원으로는 전 세계 5번째이다. 미국에 2개소, 파리와 도쿄에 1개소가 있다.

④ 시설 개요

디즈니랜드는 381,818㎡의 부지에 디즈니 테마파크와 호텔 2채, 쇼핑몰, 음식점 등의 시설을 갖추고 있다. 홍콩 디즈니랜드는 동서양의 조화를 주제로 전통적인 디즈니 캐릭터 주인공들과 함께 중국, 아시아 문화를 체험할 수 있게 하는 것을 특징으로 하고 있다. 20세기 초 미국의 거리 풍경을 재현한 메인 스트리트 USA, 공상과학이나 우주 체험을 할 수 있는 투모로우 랜드, 잠자는 숲속의 공주' 성(城) 등 독특한 테마 경관을 갖춘 판타지 랜드, 밀림 등을 체험할 수 있는 어드벤처 랜드가 주축을 이룬다.

디즈니랜드에서 가장 인기 있는 롤러코스터인 '스페이스 마운튼', 20m 높이의 '우주궤도차' 등 최신 놀이기구와 함께 인어공주, 라이언킹, 미녀와 야수 등 디즈니랜드 고전을 입체 스크린으로 볼 수 있는 영화관 '미키 필하매직' 도 들어선다. 이들 놀이시설 외에 400실 규모의 디즈니 캐릭터를 형상화한 홍콩 디즈니랜드호텔, 1930년대 할리우드의 황금기를 묘사한 600실 규모의 디즈니 할리우드호텔이 들어선다. 또 디즈니랜드 주고객을 대륙 중국인들로 예상하고 광둥(廣東) 요리, 상하이(上海) 요리를 비롯한 중식, 동남아식, 일식 등 아시아 음식점 8곳을 갖춰놓았다.

자료 : 홍콩디즈니 랜드 홈페이지

제18장 마카오

① 변화의 중심

마카오는 현재 동양의 라스베이거스라고 불릴 만큼 최고의 카지노 도시가 되었다. 이전에 마카오는 포르투갈의 조차지였던 곳으로 아시의의 작은 유럽이라는 별칭도 갖고 있었었다. 그러나 카지노 매출이 세계 최고로 올라오면서 1999년 중국령이 된 이후 엄청난 속도, 즉 빛의 속도로 변화하는 도시로 평가되고 있다. 2006년부터는 미국의 라스베이거스를 제치고 세계 1위의 카지노 도시로 등극하였다. 다른 도시들보다 월등히 높은 매출을 기록하고 있다. 2013년에는 450억 달러(약 48조 원)의 매출을 올렸다. 이는 라스베이거스의 7배의 수입(국제신문, 2014.2.3; www.kookje.co.kr)이라고 한다.

2014년 카지노산업에서 마카오가 벌어들인 수익은 마카오 통화로 3천515억 파타카(약 48조 5천억 원)이며 36개의 카지노가 운영되는 카지노의 천국으로 불리고 있다. 제주도의 60분의 1, 서울 종로구 크기의 작은 땅이다. 마카오의 카지노산업 규모는 미국 라스베이거스 보다 7배 크며 정부 수입의 80% 이상이다(www.yonhapnews.co.kr; 2014.11.23)는 평가이다.

마카오는 세계 최고의 카지노 도시에 등극하였고 카지노를 포함하는 복합리조트 단지를 6개 가동 중에 있다.

② 국가 재정 기여

마카오 정부 수입의 약 75%가 카지노의 세금으로 충당되는 만큼 세계의 카지노, 레저, 컨벤션산업의 중심임에 틀림없다. 마카오의 경우에는 35개의 카지노가 성업 중에 있다. 2013년 매출■이 452억 달러로 한화로는 약 48조 9000억 원에 이른다. 참고로 2개의 카지노가 영업 중인 싱가포르의 경우 2013년 매출이 70억 달러로 우리 돈으로 환산하면 약 7조 500억 원이다(http://article.joins.com; 2014.1.28).

③ 확실한 국가경제 기반

마카오는 호텔과 쇼핑몰, 놀이공원, 컨벤션센터가 합쳐진 복합엔터테인먼즈 단지 조성도 계획 중인 것으로 알려지고 있다. 카지노 외에도 복합리조트를 더욱 확충하겠다는 의지로 보인다. 마카오의 1인당 국내총생산(GDP)■■은 7만 8천 달러로 한국의 3배 수준이다. 마카오 시민권자만이 카지노 딜러를 할 수 있는데다 관광객이 급증하면서 마카오 실업률은 1.7%에 불과(매일경제, 2014.6.26; mk.co.kr)한 것으로 나타났다.

카지노사업을 통해 마카오는 이미 소득수준이 높은 선진국에 진입했으며 내국인을 우대하는 정책으로 취업률을 제고하고 있다는 것을 알 수 있다. 마카오의 실업률은 2%로 세계 최저 수준으로, 정치와 사회체제도 비교적 안정적이라는 평가를 받고 있다(www.yonhapnews.co.kr; 2015.11.23).

④ 세수 확보

또한 세수 확보에서도 결과가 확실하게 나타난다. 카지노에서 세수의 84%를 거둬들

■매출의 기준은 카지노를 방문한 사람들이 돈을 잃고 가는 결과치, 즉 합산으로로 집계된다. 내방객의 이익을 제외한 금액으로 매출을 잡고 있다.

■■2014년 마카오의 1인당 GDP는 약 9만 달러(약 1억 원)으로 포르투갈에서 중국으로 주권이 넘어간 1999년과 비교하면 6배가량 급성장했다는 평가를 받고 있다. 미국 브루킹스연구소와 JP모건체이스가 세계 300개 도시를 대상으로 경제 성과를 비교분석한 '글로벌 메트로모니터' 보고서에 따르면 마카오는 세계 주요 도시권역에서 가장 훌륭한 성장과 고용실적을 거둔 곳으로 평가되며 2013년에 이어 2년 연속이다(연합뉴스, 2015.11.23.).

이는 마카오는 유치원에서 고등학교까지 무상교육을 제공하고 있다. 돈이 남아돌아 2008년부터는 시민들에게 현금 보너스를 제공하고 있다. 이러한 내용은 마카오가 이미 카지노사업을 국가기반의 산업으로 키웠으며 국가재정의 근간을 카지노와 복합리조트의 세수를 통해 충당하는데 부족함이 없음을 보여주는 것이라 하겠다. 시민들에게 보너스를 지급할 정도의 충분한 세수가 확보되어 있음이 인상적이다.

5 카지노 특징

마카오 카지노의 특징은 미국의 라스베이거스가 가족단위의 카지노 형태라면 마카오는 도박 중심의 특징을 지니고 있다고 하겠다. 중국 본토의 사람들이 주말을 이용하여 도박의 목적으로 카지노를 방문하여 많은 돈을 쓰고 가는 특징이 있는 곳이다.

또한 마카오는 중국 본토의 내방객이 많은 편이다. 인근에 본토의 광둥성 주민들을 위시하여 대륙관광객의 수요가 뒷받침되고 있는 특징을 보인다. 여기에는 비자조건■이 대폭 완화되었다는 점을 들 수 있다. 중국 본토의 부유한 부자들로 명명되는 인프라가 뒷받침되고 있다.

한국관광공사에 따르면 2008년에 마카오는 카지노 수익만 135억 달러를 벌어, 같은 기간 미국 라스베이거스가 벌어들인 수익의 두배 수준으로 평가되고 있다. 마카오는 포르투갈 식민지 시절 40년 간 유지하던 카지노 독점체제를 2001년 폐지하고 외국자본을 적극적으로 유치한 결과 세계의 카지노 수도의 지위를 확보(www.yonhapnews.co.kr)한 것으로 평가되고 있다.

최근에는 미국의 라스베이거스가 카지노 중심에서 컨벤션과 숙박산업을 주력으로 변신하는 모습을 보이는 가운데, 마카오 역시 베네치안리조트 같은 대형 복합리조트를 연달아 개장하는 등 카지노 중심에서 경제구조를 다변화하는 노력을 기울이고 있다.

■ 중국인의 마카오 출입 시에는 통행증이 필요하다. 본인이 태어난 도시에서 발급이 가능하며 지역마다 통행증의 색상이 다르다. 지역마다 홍콩과 마카오 출입 제한횟수가 있다. 북경, 상해는 자유롭게 통행이 가능하다. 즉 비자는 필요없고 사전에 미리 통행증을 발급받아 마카오를 방문하면 된다.

6 경쟁력 제고

1) 제반 인프라 건설

현재 세계 최고의 카지노 국가가 된 만큼 가장 큰 고객인 중국인 고객의 지속적인 유치노력의 일환으로 마카오는 홍콩과 마카오, 주하이를 연결하는 5.6㎞ 해저터널 구간을 포함해 총 50㎞ 길이의 강주아오 해상대교를 2017년 완공해 2018년 개통할 예정이다. 다리가 건설되면 홍콩 국제공항에서 마카오까지 30~40분 정도 소요될 것으로 전망되고 있다.

마카오와 중국을 오가는 통로가 다양해져 성장기회가 클 것으로 전망된다. 또한 카지노 시장과 비카지노 시장 간의 균형을 위한 정책차원도 고려된 것으로 평가된다(아주경제. 2017.5.16)

참고

강주아오대교

홍콩과 주하이 그리고 마카오를 잇는 강주아오대교는 120년의 수명을 보장하는 대공사이다. 1천50억 위안이 투자되는 강주아오대교는 광동성, 홍콩, 마카오가 공동 출자하고 공동 관리한다. 55km에 달하는 공사는 30만 톤 강철로 만들어진다. 6천 700미터에 달하는 해저터널은 33개의 도관으로 구성되며 길이가 180m에 달하는 도관은 하나의 크기가 항공모함과 비슷하다고 한다.

강주아오대교가 완공되면 주하이에서 홍콩까지 현재의 3시간 소요되는 시간에서 30분으로 대폭 단축된다고 한다. 경제판도를 바꾸어 놓을 것으로 전망되고 있다. 강주아오대교 건설 경험은 중국 대교 건설 역사에 새로운 한 페이지로 기록될 것으로 분석되고 있다(CCTV.com 한국어방송).

2) 국가 경제력의 동력

마카오의 카지노 수입은 마카오의 경제를 뒷받침한다고 해도 과언이 아니다. 국내총생산(GDP) 가운데 3분의 2를 차지하는 것이 카지노산업이다. 계속적인 발전과 성장을 구가해 오다가 시진핑 정권이 들어서 현재 중국의 경기부진과 부패척결 정책 등으로

2014년 중반부터 급하강세를 보이고 있다. 2015년 말 기준으로 18개월 연속 카지노 수입의 감소현상이 발생하고 있다.

3) 다변화된 관광인프라 구축

중국의 주해시 남부 횡금도를 다변화 계획 요충지로 판단하고, 카지노업체들이 수익을 횡금도에 투자해 비카지노 시설을 건립하도록 하는 상황이다. 약 2조 원 규모의 논게이밍(Non Gaming) 복합리조트 건립을 계획 중이며 MGM도 논게이밍 복합리조트를 단독 건립하려는 계획 중인 것(www.asiae.co.kr;2015.10.28)으로 알려지고 있다. 이러한 내용은 카지노 중심의 한계에 대비한 산업의 재정비작업으로 보아야 할 것이다.

4) 크루즈와 연계

크루즈 관광과 연계하여 마카오의 관광을 개발하는 연계성이 필요하다. 중국대륙과의 연계수단인 크루즈를 통해 경쟁력을 제고하는 것도 좋은 방안이다. 인근에 홍콩과 연결되는 크루즈를 활용하는 것도 필요하다.

관광상품으로서 마카오의 다양한 매력과 관광자원을 개발해서 관광수요를 올리는 것도 필요한 상황으로 분석된다. 최근 중국의 경기침체와 정책 등으로 마카오에 유입되는 중국인이 줄고 마카오내 관광수입이 줄어드는 현상이 보이는 바, 카지노에 치우친 관광수입을 관광상품 개발로 만회하는 것도 필요한 상황이다.

실제적으로 중국정부에서는 관광청과의 협약을 통해 크루즈산업을 통한 외국인 관광객 유치에 적극적인 대책을 내놓고 있는 것으로 나타나고 있다.

7 주요 카지노

1) 베네시안 리조트

The Venetian Macao는 마카오의 새로운 랜드마크로 부각되었다. 샌즈그룹에서 운영하고 있다. 객실의 경우 3천 실 이상을 갖추고 있다.

이탈리아 수상도시 베네치아를 본따서 운하와 건축물을 재현한 복합리조트이다. 호텔 앞에도 베네치아의 수상도시 스타일로 곤돌라가 떠다니는 석호가 있다. 호텔의 내부에도 베네치아에 있는 듯 인공하늘■과 다리와 내부 운하를 조성해서 분위기를 연출하고 있다. 내부에서도 곤돌라■■를 탈 수 있고 이탈리아처럼 뱃사공의 노래를 듣고 뱃놀이를 즐기며 이탈리아에 온 듯한 느낌을 갖게 된다.

(1) 시설

이곳에는 3천 개의 객실, 초대형 전시장, 미팅룸, 1만5천 석의 규모의 경기장■■■, 대형 쇼핑몰, 세계 최대의 카지노, 세계 각국의 음식을 경험할 수 있는 푸드코트 등이 설치되어 있다.

(2) 특별 쇼 및 이벤트

최근 마카오에서는 밤에 호텔 앞이나 내부에서 벌어지는 쇼가 특징적인 모습이다. 호텔 앞에 분수쇼가 이뤄지거나 호텔 내부에서 3D조명과 사운드로 볼 만한 쇼를 진행하고 있다. 매일 밤 거의 열리는 쇼는 호텔마다 주제가 다르지만 환상적이고 아름다운 영상을 감상할 수 있다. 이러한 요소는 엔터테인먼트와 서비스를 제공하는 측면이라고 할 수 있다. 복합리조트 내의 특별한 경험을 제공하는 하나의 요소인 것이다. 이제는 복합리조트는 새로운 패러다임을 추구하고 있다고 하겠다.

베네시안 마카오의 경우에는 50피트■■■■ 높이의 백색 크리스마스트리와 매력적인 소리가 나는 빛들, 아이스링크와 크리스마스 마켓, 그리고 다양한 엔터테인먼트를 경험할 수 있는 곳으로 홍보하고 있다. 3D Light Show는 크리스마스 축제 시즌과 일치하며 환상적인 3D Light와 소리는 43,000평방피트에 걸쳐 퍼지고 방문객에게 환상과 감동을 주고 있음을 강조한다.

■ 성 마르코 광장을 재현했다고 한다.

■■ 베네시안 곤돌라는 산 루카, 마르코 폴로, 그랜드 캐널 등을 따라 이동한다. 곤돌라 사공이 세레나데를 불러 준다. 우아하고 로맨틱한 베니스의 곤돌라를 타고 수로를 둘러보는 것은 인기 있는 코스이다.

■■■ 12만㎡ 규모의 코타이 아레나 경기장으로 세계적인 스포츠 대회, 콘서트, 각종 공연 등 대규모 행사가 진행된다. NBA농구대회, 팝가수 등 유명스타 콘서트, UFC 경기 등이 열리고 있다.

■■■■ 1피트(feet)는 30.48cm이다(http://search.daum.net).

다양한 즐길 거리가 함께 제공된다. 유명한 가수들의 라이브공연, 세계적인 권투경기 등 큰 이벤트가 연중 열리고 있다. 우리나라 아이돌의 공연이 열리기도 한다.

2) 시티오브 드림즈

이 카지노는 도박을 위한 목적을 위해 내방하는 사람들에게 가장 적합한 스타일의 카지노로 평가되고 있다. 42만 평방 피트의 규모의 카지노이다. 매출에서는 테이블 게임이 85%, 슬로머신 15% 정도를 차지한다고 한다. 520대의 게임테이블과 1350개의 게임기로 처음 개장을 시작한 것으로 알려진다. 시설 투자금만 3조 5000억 원이 사용되었다고 한다(www.asiae.co.kr;2015.10.28).

3) 그랜드 리스보아

2008년 완공된 시내에 위치한 카지노호텔이다. 430개의 객실을 갖추고 268개의 게임테이블, 786개의 슬롯머신을 갖추고 있다. 특히 미슐랭가이드의 3 Star 수상한 레스토랑이 유명하다. 이곳 레스토랑에 시판되는 와인종류만 7400가지라고 한다. 특이한 점은 호텔로비에 호텔의 주인인 카지노 재벌 스탠리 호가 세계에서 가장 비싼 다이아몬드(218캐럿)를 전시(국제신문, 2014.2.3 ; www.kookje.co.kr)한 것으로 유명하다고 한다.

4) 갤럭시 원

시설 투자금만 11조 원이 사용되었다(아시아경제; 2015.10.28)고 한다. 최근 갤럭시에서는 중국 정부의 규제로 인해 마카오 카지노가 최악의 실적을 기록하는 상황에서, 중국 주해 남부 횡금도를 바변화 계획의 요충지로 판단하여, 비카지노 시설을 건립할 계획으로 알려졌다. 약 2조 원 규모의 논게이밍(Non Gaming) 복합리조트 건립으로 2017년 강주아오대교가 완공되면 접근성이 다양해져 성장기회가 될 것으로 전망되고 있다.(http://view.asiae.co.kr).

5) 기타

분수쇼로 유명한 윈 호텔, MGM 등의 복합카지노가 계속적으로 건설되고 있는 상황이다.

제19장

미국

1 라스베이거스

1) 라스베이거스의 발전과정

라스베이거스는 미국 네바다 주 남동부 사막 가운데 위치한 도시로 세계적으로 카지노산업이 발달하여 관광과 도박의 도시로 유명하다. 라스베이거스는 1905년 사막 위에 세워졌고 6년 뒤 도시로 정식 등록되었다.

1910년에는 약 1,000명의 인구가 살았다. 1931년에는 주 정부가 카지노 도박업을 합법화하면서 빠르게 성장하였다. 같은 해에 후버 댐을 건설하기 시작하여 1935년에 완공되었다.

1940년에는 인구가 8,400명에 도달하였고, 제2차 세계대전 중에는 넬리스 공군 기지가 1941년에 포술 학교로 시작되었다. 1946년에는 첫 대형 카지노가 열렸다.

1950년에는 인구가 약 25,000명에 도달하였고, 카지노의 손님들을 끌어들이기 위하여 호텔들은 사치스러운 오락 시설들을 제공하였다. 1950년대 중반에는 도박업과 오락업을 주 산업으로 발전하여 라스베이거스를 미국에서 가장 큰 관광도시 중의 하나로 만들었다.

1960년에는 도시의 인구가 약 64,000명에 도달하였는데, 카지노산업이 번창하면서 인구가 두 배로 늘어난 것이다. 도시의 번영은 1967년부터 1983년까지 미드 호로부터 물을 끌어들이는 남네바다 물 계획(지금의 로버트 B.그리피스 워터 계획)의 개발을 촉구하였다. 도시의 인구는 1990년에 거의 260,000명, 2000년에 거의 480,000명으로 늘어났다.

1989년 11월 미라지호텔의 개장 이후, 1993년 MGM 그랜드 호텔, 1990년대 후반 벨라지오, 만달레이 베이, 파리스, 베네치안 호텔 그리고 2007년의 팔라조 호텔, 2008년의 윈 및 앙코르, 2009년 시티센터, 2010년 코스모폴리탄 호텔 등으로 테마가 있는 대규모 카지노 호텔의 개발이 이루어졌다.

라스베이거스의 대규모 카지노 호텔은 MICE와 테마어트렉션을 포함하는 형태로 개발하여 단순 카지노 이용객뿐만 아니라 컨벤션 참가객, 일반관광객으로 그 시장을 확대하 였으며, 이러한 모델이 아시아로 전파되어 대규모 투자를 수반하는 복합리조트 사업의 원형이 되었다. 라스베이거스 스트립에 위치하고 있는 이들 카지노 호텔은 MICE를 기반으로 한 최고급 호텔, 비즈니스 컨벤션 시설, 쇼핑몰, 레스토랑, 공연장, 엔터테인먼트 등을 갖춘 복합리조트 형태를 가지고 있다. 라스베이거스는 연간 300만 명 이상이 컨벤션 및 전시박람회에 참석하기 위하여 방문하고 있다.

2) 라스베이거스 리조트 구성

(1) 윈 리조트

라스베이거스 스트립에 위치한 AAA 다이아몬드 5개, 포브스 선정 별 5개를 받은 리조트로 2001년부터 사업구상이 시작되었고 27억 달러의 투자를 통해 2005년 4월 개장하였다. 개발이전 데저트 인이 있었던 자리였으며 윈 리조트 건설을 위해 스티브 윈은 벨라지오, 미라지, 트레저 아일랜드, MGM 그랜드 등의 다른 리조트 소유권을 매각하였다.

45층 187m 높이로 총 4,750개의 객실(앙코르 포함)과 10,300㎡의 카지노시설이 위치하고 있으며, 총 22,700㎡의 컨벤션시설(연회장 5개소, 미팅룸 36개소), 식음시설 및 쇼핑몰, 골프장, 극장 등 다양한 시설을 보유하고 있다.

(2) 벨라지오 리조트

1993년 듄 리조트가 있던 부지를 스티브 윈이 매입하여 1996년 공사에 착공해 1998년 개장하였으며 초기 공사비용은 16억 달러이며 소유주는 MGM 리조트 인터네셔널이다. 주요 시설로는 숙박시설이 총 3,933실로 식음시설 15개소와 쇼핑몰을 갖추고 있으며, 총 18,580㎡의 컨벤션시설과 약 10,800㎡의 카지노시설을 보유하고 있다. 엔터테인먼트로는 유명한 태양의 서커스쇼와 분수쇼를 공연하는 한편, 5개의 야외 수영장 및 피트니스 시설 등을 갖추고 있다.

(3) MGM 그랜드 리조트

1975~1991년까지 마리나 호텔이 있던 자리에 건설된 MGM 그랜드는 MGM리조트 인터내셔널 소유이며 1993년 개장 당시 전 세계에서 가장 큰 리조트 단지였으나 현재는 전 세계 3위, 미국 최대 규모의 리조트 단지이다. 1993년까지 오즈의 마법사를 테마로 하였으나 점차 테마가 변경되었으며 리조트의 마스코트이자 입구의 큰 사자상은 오즈의 마법사의 사자에서 따왔다. 2002년에는 MGM 그랜드 어드벤처 테마파크로 개장하려고 하였으나 계획을 수정하여 테마파크 부분을 콘도미디엄으로 변경하였다.

주요 시설로는 총 5,044실의 객실과 35,000㎡의 컨벤션시설, 그리고 라스베이거스 최대 규모인 15,930㎡의 카지노 시설을 보유하고 있으며 주요 엔터테인먼트로는 태양의 서커스 KA' 쇼와 크레이지 호스쇼 등을 공연하고 있고 극장과 나이트클럽, 식음시설, 쇼핑시설 등을 갖추고 있다.

(4) 시저스 팰리스 리조트

1962년 카바나 모텔 소유주인 제이 사르노가 최초로 14층 680개의 객실을 가진 리조트로 건설하여 1966년 개장하였으나 이후 시저스 엔터테인먼트가 소유주로 있다.

1990년대 들어 1992년 당시 스트립지역 최대 쇼핑몰인 포럼 샵을 개장하는 한편, 4단계에 걸친 개발을 2004년 완료한 바 있다. 이후 2006년에는 46층 높이의 아우구스투스 타워, 2009년에는 10억 달러를 투자하여 옥타비우스 타워와 스포츠 콤플렉스를 개발하였다. 추가적으로 컨벤션시설 또한 총 27,870㎡의 규모로 보유하고 있다. 총 120개 상점이 입주하고 있는 포럼샵과 더불어 공연장 및 수영장 등의 시설을 보유하고 있다.

시설 면적은 15,442㎡의 카지노와 더불어 엔터테인먼트로 콜로세움 공연장에서는 셀린디옹 콘서트가 매회 열리며 매진을 기록 중이며 미슐렝 스타 쉐프들을 영입한 레스토랑을 연이어 개장하고 있다.

3) 라스베이거스의 관광자원

(1) 시내관광

라스베이거스에서는 무료로 관람이 가능한 다양한 공연과 볼거리가 제공된다.

가. 트레져 아일랜드 호텔 해적선 쇼(The Sirens of TI)

트레져 아일랜드 호텔 앞 호수에서는 옛날 해적선과 영국 군함이 전쟁을 치르던 해적선 쇼를 공연하였다. 2003년 10월부터는 The Sirens of TI 라는 선상파티 쇼가 공연되고 있다. 공연시간은 매일 저녁 5시 30분, 7시, 8시 30분, 10시에 20분씩 진행된다.

The Sirens of TI show

The Sirens of TI show 공연팀

(2) 미라지 호텔 화산 폭발 쇼(Volcano Eruption Show)

호텔 앞에서 일몰 후인 오후 6시부터 밤 11시 30분까지 15~30분마다 8분 동안 진행되는 이 쇼는 정글 속의 분화구에서 화산이 터지고 또 높게 올라가는 불기둥 그리고 호수로 흘러내리는 용암들을 볼 수 있다. 길가 인도가 넓으므로 아무 곳에서나 다 좋은 광경을 볼 수 있다.

미라지호텔 화산폭발쇼

(3) 벨라지오 호텔의 분수 쇼

벨라지오 호텔 앞 넓은 인공호수인 분수대에서 30분~15분 간격으로 음악에 맞추어 물이 춤을 추는 멋있는 예술적인 장면을 볼 수 있다. 총공사비가 4,000만 달러 들었다는 이 분수대는 최고 높이 80미터 정도로 높게 치솟는 분수 물줄기의 웅장함과 1,200개의 노즐(Nozzles)에서 춤추듯 흐느적거리는 물줄기의 예술성, 4,500개의 라이트를 이용한 환상적인 조명 장치물의 향인과 함께 은은하게 흘러나오는 음향시설 등으로 항상 관광객이 많이 몰리지만, 구경하는 장소 또한 매우 넓어서 아무 데서나 구경할 수 있다.

평일은 오후 3시에 시작하고 주말에는 정오부터 시작하는데 오후 7시까지는 30분마다 공연을 하고 일몰 후인 오후 7시부터는 15분마다 공연을 한다. 자정인 밤 12시에 공연을 마친다.

water fountain show bellagio

(4) 엠지엠 호텔의 사자구경

MGM 호텔 레잉 포레스트 카페 옆에 MGM 호텔의 상징인 Lion Habitat이 있다. 구경할 수 있는 시간은 매일 오전 11시부터 오후 11시까지이며 요금은 없지만, 사진 촬영시에는 $20.00을 내야 한다.

사자의 서식에 적합하도록 열대 우림지대를 만들어 유리로 벽을 만들었으므로 그 내부를 볼 수 있게 하였다. 내부에는 4개의 폭포와 연못 그리고 나무들로 장식되어 사자의 움직임과 함께 내부를 자세히 구경할 수 있다.

(5) 리오 호텔의 마스크레이드 빌리지(The Masquerade Village)

리오 호텔의 2억 달러를 투입한 카니발 전문 공연장인 매스커레이드 빌리지에서는 수요일을 제외한 매일 오후 4시부터 밤 10시까지 1시간마다 흥겨운 음악소리와 춤의 향연인 카니발 쇼(Masquerade Show in the Sky)를 공연한다.

경쾌한 음악소리와 함께 꽃들로 온통 덮여있는 마차, 그리고 음악에 맞추어 춤추는 여인들을 보면서, 공짜로 주는 색깔별 예쁜 목걸이를 목에 걸고 있으면, 자기 자신도 축제에 참가한 양 마냥 즐겁다. 보는 것은 공짜인데, 마차를 타고 배우들과 함께 카니발의 퍼레이드에 참가하려면 1인당 $10을 내고 티켓을 구입해야 한다.

티켓은 삼바 극장 앞에 있는 티켓 판매장에서 구입하면 된다. 쇼가 끝난 후 퍼레이드 참가자에게는 배우들과 기념 촬영을 하는데, 사진을 찾으려면 추가 요금을 다시 지불해야 한다.

(6) 다운타운의 프리몬트 스트리트 익스피리언스

Fremont Street Experience는 스트립지역의 새로운 호텔들의 과감한 투자에 의해 손님을 스트립으로 빼앗겨 침체된 다운타운 호텔들의 인기를 다시 살리고자 다운타운 지역의 호텔들이 연합하여, 4천만 달러라는 엄청난 돈을 투자하여 1995년 12월부터 공연을 시작한 다운타운의 명물이다.

2003년 7월 1,700만 달러를 들여 한국의 LG 전자에서 기존의 전구 대신에 1,250만 개의 LED(발광 다이오드)를 설치하는 공사를 2004년 6월에 완공하여 지금은 선명한 화면과 함께 다이나믹한 사운드로 쇼의 질이 한층 높아졌다. 모든 공연이 36대의 컴퓨터로 조종된다는 이 쇼는 210만 개의 전구에서 64종의 컬러를 내면서 만드는 생동감 넘치는 화면, 218개의 스피커와 54만 와트(Watt)의 사운드 시설에서 나오는 엄청난 소리의 음악 그리고 주위 구경꾼들의 춤들이 어울려 주위의 황홀한 분위기와 춤추는 구경꾼들이 하나가 되는 공연이다.

Fremont Street Experience

제20장
일본

① 하우스텐보스

1) 하우스텐보스(Huis Ten Bosch) 개요

구 분	시설 내용
개장 시기	1992년 3월 25일
부지 면적	152km^2(약 49만 평)
위치	나가사키현 사세보
투자액	2,250억 엔
숙박 시설	• Hotel Europe(370객실) • Hotel Forestvilla(105객실) • Hotel Amsterdam(202객실) • Hotel Henn-na(144객실)
뮤지엄	• 테디베어 킹덤 • 기야만 뮤지엄 • 하우스텐보스 미술관 • 게임 박물관 • 포르세레인 박물관
컨벤션	• 유트레히트 플라자 • 렘블란트 홀(호텔 유럽) • 유트레히트 회의실 • 데하르
레스토랑	• 패롯 • 해산물 워프 댐 • 파롯트 등을 포함한 60개 레스토랑 • 오크 라운지 • 플라워 아이스 카페
상업 시설	• 시브리즈 • 유러피안 빌리지 • 비토로 등을 포함한 49개 쇼핑센터 • 홀랜드 하우스 • 안제리케

자료 : 하우스텐보스 홈페이지

하우스텐보스는 나가사키의 오무라 만의 북단에 조성된 대형 테마파크로 '인간과 자연의 공존'을 모토로 삼아 1992년 3월 개장한 일본 속의 네덜란드라 불리는 테마파크다. 환경 선진국인 네덜란드의 국토 조성 방식을 본받아 40만 그루의 나무를 심고 운하를 만들어 바닷물이 테마파크 안으로 흐르게 하는 등 자연의 재생에 초점을 맞추어 조성되었다. 운하의 흐름에 따라 나눈 구역에 벽돌길, 첨탑이 있는 교회, 광장 등 17세기의 네덜란드를 모델로 한 거리가 이어지고, 작은 네덜란드를 완벽히 재현하기 위해 모든 건축 자재를 네덜란드에서 직접 가지고 왔다.

네덜란드어로 '숲속의 집'을 의미하는 하우스텐보스는 실제로 네덜란드의 베아트릭스 여왕이 거처했던 궁전의 이름이다. 하나의 도시를 연상시킬 정도로 거대한 규모에 아름다운 자연이 어우러진 하우스텐보스는 개장 이래 자국민은 물론 외국 관광객에게도 주목받고 있는 테마파크다.

2) 하우스텐보스 특징

(1) 중세 네덜란드의 색다른 분위기

- 미국풍의 테마파크가 아닌 중세의 네덜란드 분위기

- 네덜란드 중세 건축양식, 풍속 분석, 기획하여 재구성
  예) 운하, 자동차, 돌길, 범선
- 공원 내 우체국, 은행, 소방서 등 있어 작은 도시를 연상

(2) 사람과 자연의 조화

- 기존의 테마파크와 리조트를 적절히 조화, 쾌적한 자연환경 유지
- 9만 평의 토지에 40만 그루의 나무와 30만 종의 꽃의 정원 조성
- 오오무라 만의 해수를 끌어드린 길이 6km, 너비 20m, 깊이 5m의 인공 운하 건설

(3) 생태 테마파크

- 냉난방기구에 깨끗한 천연가스 사용, 남은 에너지 가능한 재활용
- 대용량 맨홀 시스템 가동 '가스, 전기, 상하수도 시스템' 지하 연결
- 폐수는 하수처리장에서 3단계 걸쳐 처리, 재활용된 물 정화장치, 냉각 장치 등 재사용
- 첨단의 시스템으로 환경에 대한 끊임없는 노력

3) 하우스텐보스 직영 호텔

(1) 헨나 호텔(로봇 호텔)

- 16종류 182대의 로봇으로 운영되는 최첨단 호텔
- 총 층수 : 2층
- 객실 수 : 144실

■ 주요특징

가) 프런트/잔디깍기/창문청소/객실청소를 16종류 182대의 로봇으로 운영

나) 전용 출입구를 통해서 하우스텐보스로 바로 입장 가능

다) 4개 국어 대응 프런트 로봇 및 얼굴인식 도어락 등 최첨단 기술 적용

라) 와이파이 무료이용

마) 직영호텔 중 가장 저렴한 요금으로 숙박가능

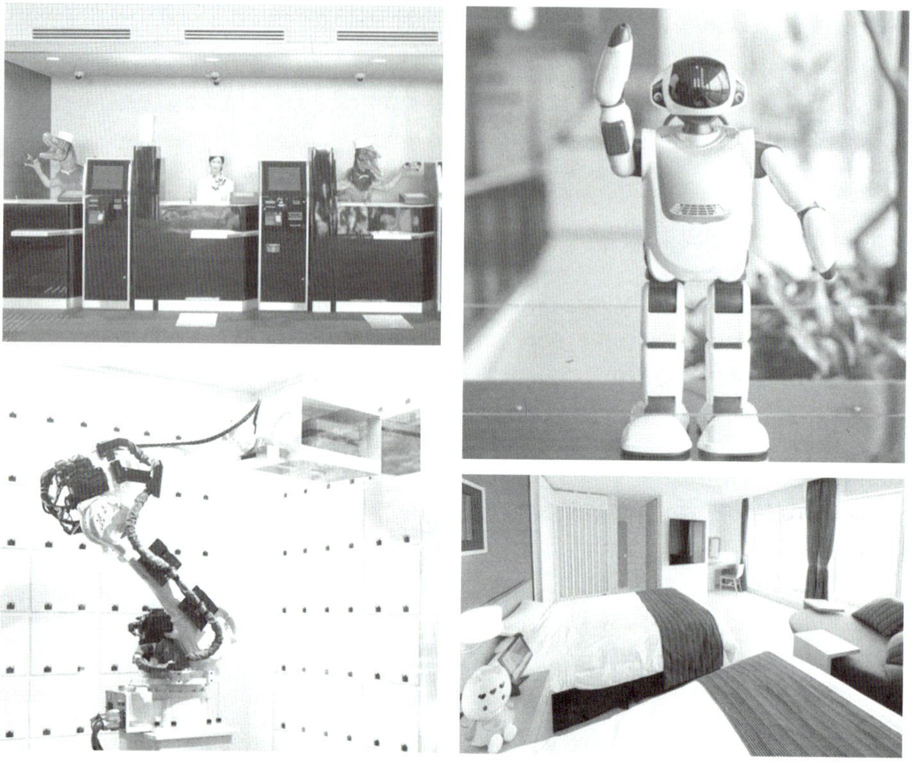

자료 : 하우스텐보스 홈페이지

(2) 포레스트 빌라

- 숲과 호수로 둘러싸인 별장감각의 코티지로 가족여행에 최적화된 시설
- 총 층수 : 2층
- 객실 수 : 105실

■ 주요특징

가) 독립된 코티지로 여유롭고 조용한 숙박이 가능

나) 암스테르담광장에서 펼쳐지는 가면무도회 초대(가면 제공, 망토 대여)

다) 체재 중 이용할 수 있는 재입장 패스포트(프리패스) 제공

라) 와이파이 무료 이용

마) 시기별 특전제공(카트택시 이용권, 레이트체크아웃, 생일특전 등)

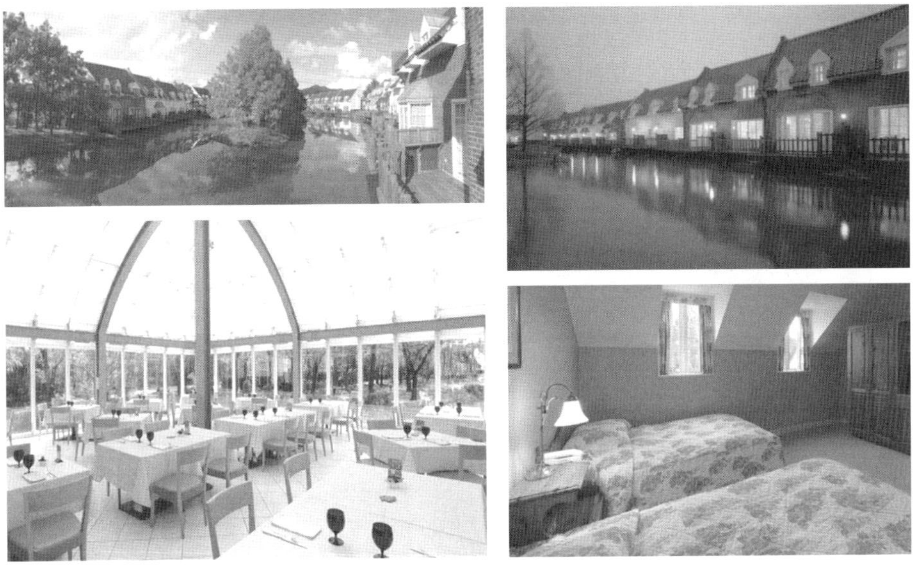

자료 : 하우스텐보스 홈페이지

(3) 호텔 유럽

- 꽃과 음악과 최고의 식사가 함께하는 호텔
- 총 층수 : 7층
- 객실 수 : 328실

■ 주요특징

가) 숙박자 전용 크루즈를 이용하여 체크인 체크아웃 가능

나) 4계절 다양한 꽃들이 로비 장식

다) 매일 진행되는 로비 콘서트 무료 초대

라) 와이파이 무료이용

마) 암스테르담광장에서 펼쳐지는 가면무도회 초대(가면 제공, 망토 대여)

바) 체재 중 이용할 수 있는 재입장 패스포트(프리패스) 제공

사) 나가사키공항 ↔ 호텔 간 무료 송영버스 탑승(사전예약 필요)

아) 시기별 특전제공(카트택시 이용권, 레이트체크아웃, 생일특전 등)

자) 실내 스파 & 리조트 풀 무료 이용

자료 : 하우스텐보스 홈페이지

(4) 호텔 암스테르담

- 하우스텐보스 중심 시가지에 위치
- 총 층수 : 4층
- 객실 수 : 220실

■ 주요특징

가) 하우스텐보스 테마파크 내에서 최고의 위치

나) 암스테르담광장에서 펼쳐지는 가면무도회 초대(가면 제공, 망토 대여)

다) 다음날 이용할 수 있는 재입장 패스포트(프리패스) 제공

라) 와이파이 무료 이용

마) 넓은 객실과 아침 장내 산책 가능

바) 매일 진행되는 로비 콘서트 무료 초대

사) 나가사키공항 ↔ 호텔 간 무료 송영버스 탑승(슈페리어 숙박자 제외, 사전예약 필요)

아) 시기별 특전제공(카트택시 이용권, 레이트체크아웃, 생일특전 등)

자) 실내 스파 & 리조트 풀 무료 이용

자료 : 하우스텐보스 홈페이지

4) 하우스텐보스 컨벤션시설

(1) 유트레히트 회의실

- 유트레히트 3층에 위치
- 회의는 물론 기업연수, 연구발표 등 목적과 규모에 따라 선택 가능
- 각 회의실 고속광케이블 사용

플로어	회의실	면적(m²)	수용인원수		
			디너 형식	스쿨 형식	시어터 형식
유트레히트 회의실	회의실1	185	96	-	119
	회의실2	157	48	-	84
	회의실3	166	72	-	120
	회의실4	242	120	-	180

플로어	회의실	면적(m^2)	수용인원수		
			디너 형식	스쿨 형식	시어터 형식
유트레히트 회의실	회의실5	175	–	96	135
	회의실6	85	–	30	52
	회의실7	85	–	18	32

(2) 유트레히트 플라자

- 돔토른을 둘러싼 레스토랑가에 위치
- 홀 파티(입식형식)의 경우 약 450명, 심포지엄형식 회의의 경우 최대 약 1,000명까지 수용 가능
- 이벤트, 패션쇼, 전시회는 물론, 국제회의 등과 같은 대규모 컨벤션에 적합
- 각 회의실 고속광케이블 사용

면적(m^2)	수용인원수	
	파티 형식	시어터 형식
819	200~450명	1,000명

(3) 렘브란트 홀(호텔 유럽)

- 호텔 유럽에 병설된 독립형식의 연회홀
- 17세기 네덜란드를 대표하는 화가 렘브란트의 이름을 사용한 중후하고 화려하면서도 기품 넘치는 내부장식
- 연회, 결혼식은 물론, 회의나 전시회 등 다목적 사용에 편리(홀은 2~3개로 나누어 이용 가능)

구분	면적(m^2)	수용인원수				
		정찬	입식	착석뷔페	스쿨	시어터
전체Span	475	261	400	210	324	500
A Span	180	72	80	60	90	144
B Span	125	45	–	–	72	100
C Span	170	72	80	60	90	144

구분	면적(m²)	수용인원수				
		정찬	입식	착석뷔페	스쿨	시어터
AB Span	305	100	150	110	180	350
BC Span	295	144	150	110	180	350
대기실A	32	–	–	–	–	–
대기실B	20	–	–	–	–	–

(4) 데하르

- 전체 길이 45.3m(쌍동선) / 돛 12.5m / 총무게 694톤 / 속력 약 13노트
- "수상 영빈관"이라 불리는 일본 최초의 쌍동형(캐터머랜선 방식) 레스토랑 선박
- 마호가니 자재를 사용한 고풍스럽고 차분한 분위기
- 크루즈를 대절한 결혼식, 파티 등 다양한 목적으로 이용
- 음향, 스크린 외 기타시설 완비

자료 : 하우스텐보스 홈페이지

5) 하우스텐보스 레스토랑

(1) 고급 레스토랑

- 프렌치 더 애드미럴
- 키스이테
- 에비스자

자료 : 하우스텐보스 홈페이지

(2) 세계 각국의 맛

- 최고야
- 샤봉디 하우스 원피스 레스토랑
- 치즈 워프
- 이탈리안 피노키오
- GMA 레스토랑
- 톳톳토
- 아메리칸 핫도그 Rock & Roll BRATS

최고야

GMA 레스토랑

Rock & Roll BRATS

톳톳토

(3) 카페 & 티 하우스

- 카페 CAFFEST
- 데리프리유
- 아 쿠르베르 카페
- 앵거즈 라운지
- Leon Heart

카페 CAFFEST

데리프리유

앵거즈 라운지

Leon Heart

(4) 패스트푸드

- 레카 아이스
- 버거 하우스 비켄비켄
- BANGAL & 후지이
- 피자 Sbarro

레카 아이스

피자 Sbarro

(5) 바 & 라운지

- 카페 & 비 아트가든
- Oak lounge
- Bar Grand Cafe
- 이자까야 안진
- 씨에헤라자드

카페 & 비 아트가든

Bar Grand Cafe

6) 하우스텐보스 뮤지엄

- 테디베어 킹덤 : 테디베어 1000개 전시
- 뮤지엄 모렌 : 풍차 견학
- 에네르기 파크 테마관 : 하우스텐보스에 설치된 태양광 발전량 확인
- 기어만 뮤지엄 : 세계 각국의 유리공예품 전시
- 폴 세레인 박물관 : 다양한 토기 3000점 전시
- 팰리스 하우스텐보스 : 네덜란드 빅토리아여왕의 궁전을 재현
- 하우스텐보스 미술관 : 시기별로 다양한 미술품 전시
- 범선 박물관 : 네덜란드 범선 전시

테디베어 킹덤

에네르기 파크 테마관

폴 세레인 박물관

팰리스 하우스텐보스

7) 하우스텐보스 교통수단

- 순환버스
- 렌탈 자전거 / 특이한 자전거
- 파티 크루저
- 카날 크루져
- 카트 택시 / 클래식 택시
- 수륙양용 덕 투어

- 원피스 싸우전드 써니호
- 헬리콥터 비행
- 마차 투어

특이한 자전거

카트 택시

수륙양용 덕 투어

헬리콥터 비행

② 유니버설 스튜디오

1) 유니버설 스튜디오(Universal Studios Japan) 개요

구 분	시설 내용
개장 시기	2001년 3월 31일
부지 면적	54만㎡(파크 39만㎡, 주차장 15만㎡)
위치	오사카시 코노하나구 사쿠라지마
투자액	400억 엔
숙박 시설	• The Park Front Hotell (598객실) • Hotel Kintetsu (456객실) • Hotel Keihan City (330객실) • Hotel Keihan Tower (641객실) • Hotel Universal Port(600객실)

구 분	시설 내용
컨벤션	• OPS Room • Fantasy Hall • Sol Room • Dream Hall • EDEN • Harmony Hall
어트랙션	• 위저딩 월드 오브 해리포터 존 • 유니버설 원더랜드 존 • 놀이기구 어트랙션 존 • 쇼 어트랙션 : 스테이지 & 스트리트 존
레스토랑	• 샌프란시스코 존 • 뉴욕 존 • 애머티 빌리지 존 • 할리우드 존 • 쥬라기 공원 존 • 위저드 월드 오브 해리포터 존

할리우드 영화를 테마로 54만m^2 부지 면적에(공원 면적 39만m^2) 조성되어진 아시아 최초의 유니버설 계열의 테마파크이다. 2001년 봄에 오픈하여 일본의 대표적인 테마파크로 자리 잡았고, 할리우드 유명 감독인 스티븐 스필버그가 참여하여 공원을 더욱 실감나는 영화 속 장소로 바꿔놓았다. 할리우드, 뉴욕, 주라기 파크, 워터월드, 샌프란시스코 등 영화를 몸으로 체험할 수 있는 여러 테마 지역으로 구성되며, 스릴 넘치는 놀이기구와 화려한 쇼가 방문객을 매료시킨다.

자료 : 유니버설 스튜디오 홈페이지

2) 유니버설 스튜디오 시설 개요

스튜디오와 고급 숍, 레스토랑이 모여 있는 영화의 거리 할리우드에서는 할리우드 영화를 이용한 다양한 어트랙션을 즐길 수 있으며, 4D 체험을 해볼 수 있는 '슈렉 4D 어드벤처' 와 세계적으로 인기있는 아동 프로그램을 재현한 '세서미 스트리트 4D 무비 매직' 등이 인기가 높다. 1930년대 뉴욕을 그대로 재현한 거리에서 체험하는 3D의 리얼한 영상과 놀랍고 재미있는 장치들이 가득한 '어메이징 어드벤처 오브 스파이더맨 더 라이드'와 3D 영상으로 펼쳐지는 박진감 넘치는 어드벤처인 '터미네이터 2:3D'도 필수 코스이다.

타임머신을 타고 빙하기에서 미래의 세계를 자동차로 추적하는 스릴 만점의 어드벤처인 '백투더 퓨처 더 라이드'는 꾸준히 인기를 얻는 어트랙션이며, 보트를 타고 공룡들이 서식하는 공원을 실감나게 탐험하는 '주라기 파크 더 라이드'나 거대한 상어가 관광객이 탄 보트 양쪽에서 덮치는 '조스' 등은 방문객에게 물보라를 맞게 되는 등 더욱 실감나는 체험을 제공한다.

'워터월드'는 쉴 새 없이 펼쳐지는 액션 탐험 쇼로 관람객의 눈길을 사로잡는 화려한 특수 효과와 스턴트맨들의 박진감 넘치는 액션이 볼 만하다. 이외에도 다양한 어트랙션과 쇼를 즐길 수 있으며 다양한 캐릭터 상품을 준비하고 있으며, 전문 레스토랑과 가벼운 간식도 준비하고 있다.

2012년 유니버설 원더랜드는 캐릭터를 테마로 한 놀이동산 세서미 스트리트, 헬로키티, 스누피를 개장하였고, 특히 2014년에는 '해리포터 앤 더 포비든 저니', '플라이트 오브 더 히포그리프' 두 가지 어트랙션과 다양한 엔터테인먼트 코너를 선보인 해리포터 에어리어를 선보이는 등 새로운 테마를 선보이기 위한 노력을 진행 중이다.

3) 유니버설 스튜디오 공식 호텔

(1) The Park Front Hotel

- 타임머신을 모티브로 한 객실 엘리베이터
- 객실 수 : 598실

옛날 미국에서 미래의 미국까지, 과거에서 미래로의 시공 여행을 즐길 수 있는 룸 디자인과 쾌적한 객실을 보유하고 있으며, 호텔 내에는 파크의 본고장 미국의 엔터테인먼트로 가득 찬 공간이 펼쳐져 파크의 여운을 그대로 즐길 수 있는 호텔이다.

■ 주요특징

가) JR 가까운 역까지 도보 1분! 교통 편리 · 최상의 위치

나) 전 객실의 절반이 파크뷰

다) 시공을 초월한 미국 여행이 콘셉트인 독특한 디자인

라) 전용 컨시어지 서비스와 어린이용 비품, 어메니티도 충실

마) 쇼핑과 식사를 편리하게 한 곳에서

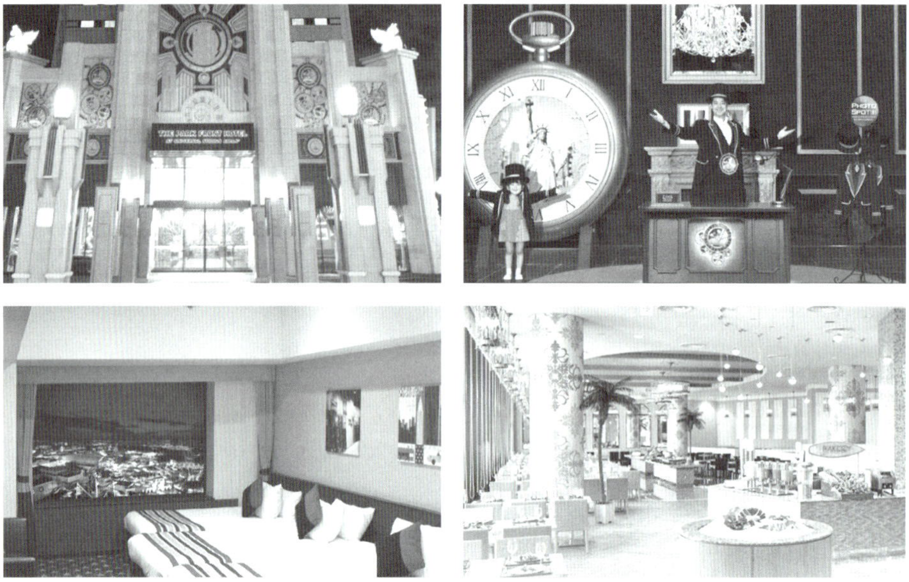

자료 : 유니버설 스튜디오 홈페이지

(2) 호텔 긴테쓰유니버설 시티

- 공항으로 이동이 가장 편리한 위치
- 객실 수 : 456실

■ 주요특징

가) 호텔 1층은 간사이국제공항행 공항리무진 버스의 승하차장으로, 공항에서부터 환승없이 편하게 체크인 카운터로 갈 수 있다는 편리성이 호텔 긴테쓰 유니버설 시티만의 특징이다.

나) 호텔 1층에는 Delivery Service Desk 택배 코너가 마련되어 있어 호텔에서 직접 자택으로 짐을 배송할 수 있는 서비스를 제공한다.

다) 호텔 1층과 3층에 코인 사물함이 준비되어 있어 숙박 고객은 체크인 전이나 체크아웃 후에도 전용 코인으로 무료 이용이 가능하다.

라) 와이파이 무료이용

마) 유니버설 스튜디오 재팬Ⓡ의 스튜디오 패스 및 유니버설 익스프레스Ⓡ 패스를 호텔의 테마파크 티켓 판매소에서 구입이 가능하다.

바) 테마파크 외부 유일의 직영 스토어가 호텔 안에서 운영되고 있어 호텔에 돌아온 후 천천히 선물을 고를 수 있으며, 기간 한정상품이나 인기캐릭터 상품도 다수 갖추어져 있다.

자료 : 유니버설 스튜디오 홈페이지

(3) 호텔 게이한 시티

- Forest, Lake, Movie, Concept의 다양한 콘셉트를 갖춘 룸
- 객실 수 : 330실

■ **주요특징**

가) 엘리베이터 홀을 내린 순간부터 마치 할리우드 세계에 뛰어든 것 같은 꿈꾸는 세계를 체험할 수 있는, 다채로운 콘셉트 룸을 준비하고 있다.

나) JR유니버설 시티역 도보 3분

다) 복도나 엘리베이터 호텔 등, 호텔 내의 곳곳에 아이들이 즐길 수 있는 장치가 가득한 호텔

라) 파크의 인기 어트랙션, 호텔 오리지날 포토 스포트 등, 여행의 추억 만들기에 꼭 맞는 촬영 스포트 준비

마) 스탭 블로그 운영으로 친절교육과 친근감을 제공

자료 : 유니버설 스튜디오 홈페이지

(4) 호텔 게이한 타워

- 지상 110m에서 즐기는 천공의 스파 · 온천
- 객실 수 : 641실

■ 주요특징

가) 오사카 처음으로 31층 천연 온천을 설계한 호텔

나) 오피셜 호텔 내 최고층으로 환상적인 야경감상이 가능한 호텔

다) JR유니버설 시티역이 바로 앞으로 시내 관광에의 액세스가 우수함

라) 키즈 스페이스나 어린이용 어메니티 등 가족을 위한 어린이 안심 서비스 준비

마) 여행의 추억에 남는 다채로운 포토 스포트 운영

아) 웃는 얼굴과 건강한 인사로 손님을 맞이하는 스탭교육

자료 : 유니버설 스튜디오 홈페이지

(5) 호텔 유니버설 포트

- 오사카 베이 에리어에 위치한 리조트 & 엔터테인먼트 호텔
- 객실 수 : 600실

호텔 유니버설 포트는 "바다", "영화" 그리고 "추억"을 테마로 한 다양한 엔터테인먼트 시설이 갖추어져 있으며, 넓은 객실, 다양한 호텔 시설과 어린이들을 위한 서비스로 가족, 단체, 커플 등 모든 고객님을 위한 서비스를 연출한다.

폭 115m의 긴 로비와 더불어 프런트 카운터 뒤편에는 전장 15m의 수조가 있는 등 작은 수족관을 연상시키며, 거대한 공룡알 모습의 오브제와 공룡에 파괴된 거리를 이미지로 만든 촬영 포인트 등 테마파크를 방불케 하는 리조트 호텔을 자랑한다.

■ 주요특징

가) 유니버설 스튜디오 재팬Ⓡ 공식 호텔 중에서 가장 세련된 디자인

나) 모든 객실에 넓은 욕실과 화장실이 별도 설치

다) 수족관 [카이유칸]까지 셔틀 보트로 약 10분 등 2개의 엔터테인먼트 시설을 즐길 수 있는 편리한 로케이션

라) 메인 레스토랑에서는 조식 약 90가지, 런치 약 50가지, 디너 약 70가지의 다양하고 푸짐한 뷔페 요리 제공
마) 어린이용 도어스코프 및 세면대 발판, 넓은 욕실 등 어린이 전용 어메니티 준비
바) 샌드위치나 스낵을 비롯해 다코야끼 등 오사카 명물 메뉴를 룸 배달

자료 : 유니버설 스튜디오 홈페이지

4) 유니버설 스튜디오 컨벤션시설

(1) Sol Room

- Hotel Kintetsu에 위치
- 회의는 물론 기업연수, 연구발표 등 목적과 규모에 따라 선택 가능
- 'SOL'은 태양과 빛을 모티프로 한 모던한 분위기의 펑션룸
- 최대 수용인원수 : 80명
- 넓이 : 200㎡

(2) OPS Room

- Hotel Kintetsu에 위치

- 'OPS' 는 테이블 플랜을 자유롭게 선택할 수 있는 타입의 회장
- 식사회장 전체 대절부터 회의 이용까지 폭넓게 대응 가능
- 최대 수용인원수 : 정찬 80명, 입식 100명
- 넓이 : 200㎡

(3) EDEN

- Hotel Keihan City에 위치
- 환송영회나 신송년회, 동창회 및 회의에 이용
- 최대 150명까지 수용 가능하며, 다양한 테이블 레이아웃 가능
- 이벤트, 패션쇼, 전시회는 물론, 국제회의 등과 같은 컨벤션 적합

	전실	반실
총면적	260㎡	130㎡
천장고	4m	4m
스쿨	180명	90명
극장	250명	120명
스탠딩 뷔페	180명	90명
착석 뷔페	150명	60명
큰 접시 코스	150명	60명
코스 요리	150명	70명

(4) Fantasy Hall

- Hotel Keihan Tower에 위치
- 용도나 인원수 등 이용 스타일에 따라 3개의 회장 선택 가능
- 각 회장 모두 용도에 맞춘 레이아웃 변경 가능
- 모든 요구에 대응하는 설비와 넓이, 호화로움을 완비한 회장
- 음향, 조명 설비 완비
- 영상 설비 및 스테이지 완비

	전실(A+B)	A	B
총면적	355㎡	205㎡	150㎡
천장고	4.5m	4.5m	4.5m
정찬	200명	100명	60명
스탠딩 뷔페	250명	150명	100명
착석 뷔페	170명	80명	50명
스쿨	270명	150명	96명
극장	400명	250명	150명

(5) Dream Hall

- Hotel Keihan Tower에 위치
- 이용 인원수에 맞추고, 다양한 씬에 대응할 수 있는 회장
- 음향, 스크린 외 기타시설 완비

	전실(A+B)	A	B
총면적	165㎡	105㎡	60㎡
천장고	3.4m	3.4m	3.4m
정찬	80명	50명	30명
스탠딩 뷔페	100명	60명	40명
착석 뷔페	120명	84명	36명
스쿨	120명	84명	36명
극장	170명	100명	30명

(6) Harmony Hall

- Hotel Keihan Tower에 위치
- 이용 인원수에 맞추고, 다양한 씬에 대응할 수 있는 회장
- 음향, 스크린 외 기타시설 완비
- 총면적 60㎡의 소규모 룸으로 정찬 30명, 착석 뷔페 30명, 스쿨형식 36명, 극장식 40명이 입장할 수 있는 룸

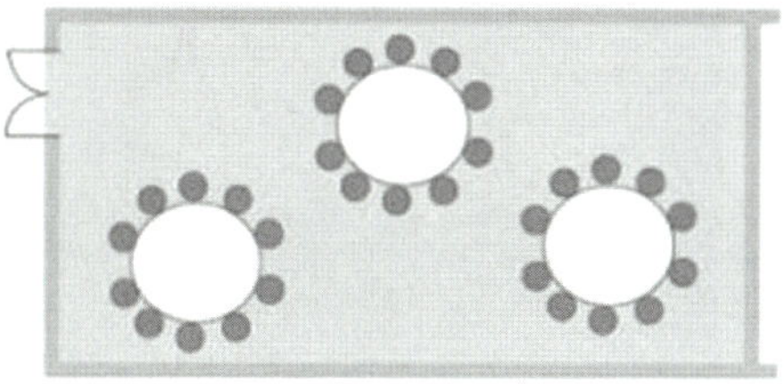

정찬

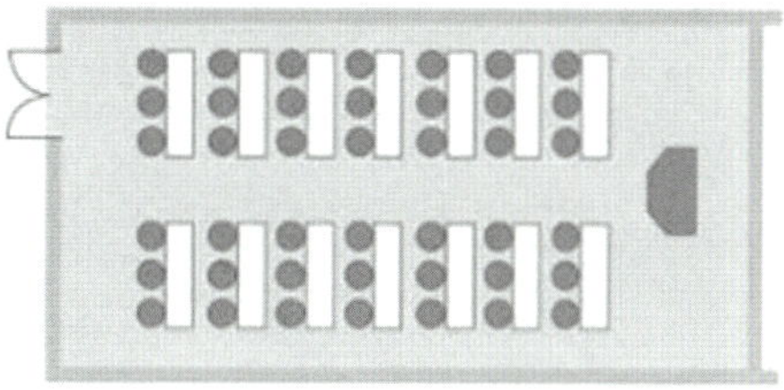

스쿨

5) 유니버설 스튜디오 어트랙션

(1) 위저딩 월드 오브 해리포터 존

가. 해리포터 & 더 포비든 저니

나. 플라이트 오브 더 히포 그리프

다. 스리 브룸스틱스

라. 허니듀크

마. 올리밴더스의 가게

바. 트리위저드 스피릿 랠리

사. 호그와트 특급

해리포터 & 더 포비든 저니

플라이트 오브 더 히포 그리프

올리밴더스의 가게

호그와트 특급

(2) 유니버설 원더랜드 존

가. 스누피 스튜디오 나. 헬로키티 패션 애버뉴

다. 세서미 스트리트 펀 월드 존

날아라 스누피

헬로키티 리본 컬렉션

엘모의 고 고 스케이트보드

어니의 러버 덕 레이스

(3) 놀이기구 어트랙션 존

가. 스파이더맨 더 라이드
나. 스페이스 판타지 더 라이드
다. 더 플라잉 다나너소어
라. 쥬라기 공원 더 라이드
마. 죠스
바. 헐리우드 드림 더 라이드

스파이더맨 더 라이드

쥬라기 공원 더 라이드

더 플라잉 다나너소어

스페이스 판타지 더 라이드

(4) 쇼 어트랙션 : 스테이지 & 스트리트 존

가. 워터월드
나. 슈렉 4D 어드벤처
다. 유니버설 퍼레이드
라. 백 드레프트
마. 미니언 슈퍼 그리팅
바. 세서미 스트리트 펑키파티
사. 다이너소어 패닉

워터월드

슈렉 4D 어드벤처

유니버설 퍼레이드

미니언 슈퍼 그리팅

6) 유니버설 스튜디오 레스토랑

(1) 샌프란시스코 존

- 해피니스 카페 : 샌프란시스코의 창고를 개조해 만든 해피바이러스로 가득찬 카레라이스 전문전
- 더 드레곤즈 펄 : 샌프란시스코 차이나타운에 위치한 중화요리 전문점

자료 : 유니버설 스튜디오 홈페이지

(2) 할리우드 존

- 비버리힐즈 블랑제리 : 샌드위치와 디저트전문의 프렌치스타일의 카페
- 핑크카페 : 할리우드에 있는 상점을 그대로 재현. 아이스크림과 우피파이전문점
- 멜즈 드라이브인 : 50년대 분위기의 햄버거 레스토랑
- 스튜디오 스타즈 레스토랑 : 아메리칸 사이즈의 BBQ프라이드 치킨전문점

비버리힐즈 블랑제리

핑크카페

멜즈 드라이브인

스튜디오 스타즈 레스토랑

(3) 뉴욕 존

- 피네간즈 바 & 그릴 : 브루클린의 아일랜드풍 펍에서 즐기는 식사와 하이볼 칵테일
- 루이즈 N.Y피자 팔러 : 리틀 이탈리아의 캐주얼 이탈리안 레스토랑
- 사이도 : 맨하탄 거리에서 즐기는 일식요리 전문점
- 파크 사이드 그릴 : 스테이크와 정통 그릴요리 전문점
- 아즈라 디 카프리 : 푸른 동굴을 연상케 하는 실내분위기와 즉석 벽돌 오븐 피자점

피네간즈 바 & 그릴

루이즈 N.Y피자 팔러

사이도

아즈라 디 카프리

(4) 쥬라기 공원 존

- 풋실 퓨엘즈 : 쥬라기 콘이 유명한 스낵바
- 로스트월드 레스토랑 : 남미 소울푸드 '페이조아다' 가 유명한 정글에 숨어있는 비밀 레스토랑
- 디스커버리 레스토랑 : 정글의 테마로 한 메뉴를 선보이는 쥬라기 공원의 방문자 센터를 연상하게 하는 디자인의 레스토랑

로스트월드 레스토랑

디스커버리 레스토랑

(5) 애머티 빌리지 존

- 애머티 랜딩 레스토랑 : '죠스' 의 무대 애머티 빌리지에 있는 조선소를 모티브로 한 프라이드 치킨 전문 레스토랑
- 보드워크 스낵 : 항구거리에 자리잡은 간이 레스토랑
- 애머티 아이스크림 : '죠스' 의 엘렌 브로디가 경영하는 아이스크림 전문점

카페 & 비 아트가든

애머티 아이스크림

(6) 위저드 월드 오브 해리포터 존

- 스리 브룸스틱스 : 마법학교의 선생님과 학생들이 즐겨 찾는 호그스미드의 술집 겸 여관. 버터 맥주, 피시&칩스, 고기파이가 명물
- 호그스 헤드 술집 : 아이들도 즐길 수 있는 버터 맥주부터 호그스 헤드 특별 양조 생맥주

스리 브롬스틱스

호그스 헤드 술집

(7) 유니버설 원더랜드 존

- 스누피 백롯 카페 : 스누피 친구들과 함께하는 귀여운 햄버거 레스토랑
- 헬로키티 컵케이크 : 헬로키티 놀이기구 모양의 깜찍한 컵케이크가 인기
- 헬로키티의 코너 카페 : 헬로키티 모양의 귀여운 음식이 가득한 카페
- 쿠키 몬스터키친 : 쿠키 모스터와 함께하는 샌드위치 전문점

자료 : 유니버설 스튜디오 홈페이지

제21장 한국

① 강원랜드

1) 강원랜드 개요

구 분	시설 내용		
개장 시기	2000년 10월		
위치	강원도 정선군 사북읍 하이원길 265		
숙박 시설	• 강원랜드호텔(477객실) • 하이원호텔(197객실) • 밸리콘도(123객실)		• 컨벤션호텔(250객실) • 마운틴콘도(437객실) • 힐콘도(343객실)
카지노	• 테이블게임 200대		• 머신게임 1,360대
스키장	• 슬로프 18면	• 리프트 6기	• 곤도라 3기
컨벤션	• 포레스트 볼룸 • 미팅룸		• 그랜드 볼룸 • 데하르
골프장	High1 C.C 18홀(퍼블릭 코스)		

강원랜드는 관광단지로서는 어울리지 않은 척박한 자연환경(폐광지역)을 기반으로 태동하였지만 사업영역별 최고 전문가들로 구성된 인적자원과 효율적인 경영시스템을 통한 탄탄한 경영능력을 기반으로 세계와 경쟁하고 있는 복합리조트이다.

카지노, 호텔, 스키장, 골프장, 테마파크, 콘도미니엄, 연수원 등 거의 모든 첨단관광 산업을 총망라하는 거대한 복합관광산업체로서, 강원랜드는 1차적으로는 강원도 폐광지역의 경제적 부흥을, 2차적으로는 전 국토의 균형 있는 발전을 위한 국가적 필요성에 의하여 창립된 복합리조트이다.

2) 강원랜드 특징

(1) 현재 한국에는 17개의 카지노가 영업 중이나 그 중 강원랜드를 제외한 16개는 외국인 전용으로 내국인의 출입이 불가능하며, 건전한 게임, 오락을 즐길 수 있는 시설은 경마, 경륜에 국한되어 있다. 그러나 강원랜드는 호텔 & 카지노 특별법에 의하여 지정된 국내 유일의 내국인 출입 카지노로 외국에서나 접할 수 있었던 환상적인 분위기를 강원랜드 호텔 & 카지노에서 느낄 수 있게 되었다.

(2) 강원랜드는 폐광지역 발전과 국가 경쟁력 제고를 위하여 정부와 강원도가 주도하는 범 국가적 리조트 사업으로 본 사업의 대상자는 특별법에 의하여 폐광지역진흥지구로 지정되어 있으며, "탄광지역개발촉진 지구 개발계획"에서 제시된 계획 중 가장 핵심적인 사업이다.

(3) 강원랜드는 산업통상자원부 산하 한국광해관리공단과 강원도에서 설립한 강원도개발공사, 그리고 폐광지역 4개 시군(정선, 태백, 영월, 삼척) 지방자치단체 등 공공부문이 51% 지분을 보유하여 정부 수준의 신용도를 유지함은 물론, 개발 및 사업 운영의 투명성 및 공정성을 확보하고 있다.

3) 강원랜드 성장비전

국민소득 향상과 선진형 관광/레저를 통한 휴식 및 여가활동의 급증으로 국내 관광수요는 계속 증가할 것이며, 항공 · 해상 교통을 이용한 외국인 관광객의 방문도 증가하는 추세로, 천혜의 관광자원 및 주변 지역을 확대 개발이 진행되는 우리나라 최대의 복합리조트로 발전하고 있다.

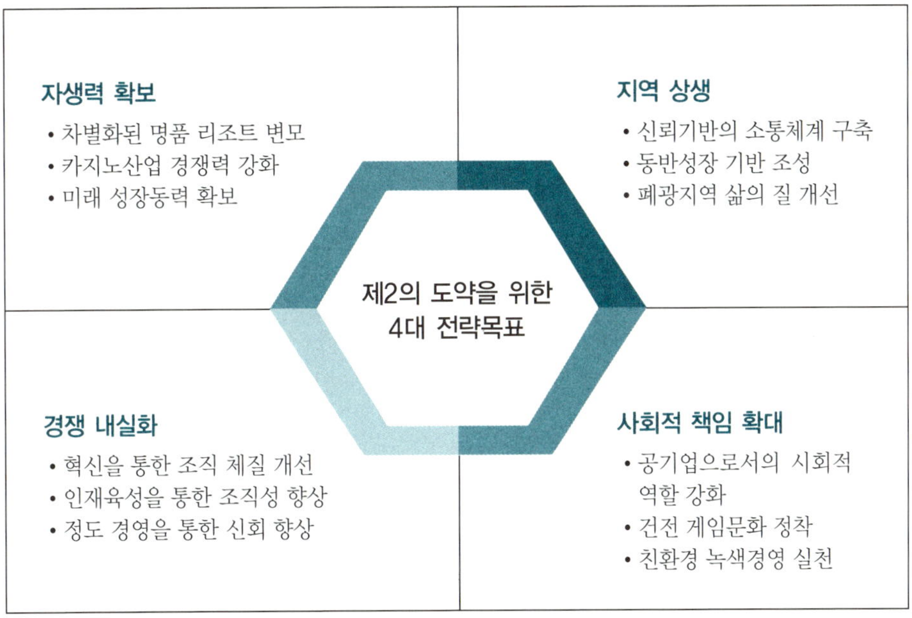

자료 : 강원랜드 홈페이지

4) 강원랜드 브랜드 체계도

브랜드 구성은 하이원리조트를 중심으로 강원랜드 컨벤션 호텔, 강원랜드 카지노, 강원랜드 호텔, 하이원 스키, 하이원 C.C, 하이원 호텔, 밸리 콘도, 마운틴 콘도로 구성되어 있다.

(1) 강원랜드 로고

강원도의 겹겹이 중첩되어 이어지는 산세와 탄광의 갱도를 하나의 특징적인 Motif로 조형화하여 지역성을 함축적으로 표현하였다. 점진적으로 상승하는 5개의 Line은 국내 석탄산업을 이끌어갔던 4개 시군(삼척시, 태백시, 정선군, 영월군)을 상징하고, 상위의 1개 Line은 강원랜드를 상징하여 폐광지역의 새로운 활로를 통해 지역발전을 함께 이루어 나가는 상생의 가치를 브랜드에 담아냈으며, 창공을 향해 상승하는 형태를 표방해 비즈니스의 성공과 최고의 가치를 추구하는 기업의지를 이미지화했다.

KANGWON LAND

KANGWON LAND CONVENTION HOTEL 강원랜드 컨벤션호텔 | KANGWON LAND CASINO 강원랜드 카지노 | KANGWON LAND HOTEL 강원랜드 호텔

(2) 하이원 로고

사계절 고객에게 만족을 드리는 최상의 서비스와 시설로 국제적 수준의 고품격 리조트 하이원의 브랜드 이미지를 표현하고자 하였다. 유럽의 친환경적인 스키 리조트의 이미지를 표현하기 위해 자연스러운 지형(Site)의 이미지를 서체에 담아 인공적이지 않은 자연의 깊은 산의 아늑한 리조트를 형상화하였고, 하늘아래 첫 번째의 높은 정상과 평지가 자연스럽게 이어진 모습을 레터에서도 느끼도록 하였으며, 블루의 맑고 깨끗한 강원의 자연 이미지는 리조트의 신뢰감을 동시에 표현하며, 그린칼라는 레저생활의 활기와 즐거움을 상징하고 있다.

High1 Resort 하이원리조트

High1 SKI 하이원 스키 | High1 Golf 하이원 골프 | High1 Hotel 하이원 호텔

5) 강원랜드 호텔 & 콘도

(1) 강원랜드 호텔

최고의 서비스를 부담 없는 가격으로 즐길 수 있는 스탠다드 룸에서부터 최고라고 자부하는 프레지덴셜 룸까지 다양한 스위트 룸을 갖추고 있으며, 고객들에게 최상의 만족을 주기 위해 정성을 다한 객실들로 꾸며져 있다.

가. 강원랜드 PRESIDENTIAL SUITE는 단 하나의 객실만을 운영하고 있으며, 최고급 객실의 진수를 선보이기 위한 강원랜드 호텔의 걸작이다. 아름답고 화려한 응접실과 침실, 우아한 인테리어 소품들은 그것 자체 만으로도 최고라고 자부할 수 있다.

나. EXECUTIVE SUITE는 시설 하나하나에 최고의 품격을 담기 위해 최선을 다한 객실로, 강원랜드 호텔에서 단 하나의 객실 밖에 없는 온돌 스위트와 로얄 스위트는 동양과 서양을 대표하는 최고의 아름다움을 표현하기에 부족함이 없도록 준비한 객실이다.

다. JUNIOR SUITE는 최고급의 인테리어 소품을 이용하여 객실 안을 장식하여 보다 품격 있고 세련된 느낌을 주며, 전통적인 한국의 안방과 같은 분위기의 온돌 룸은 외국인 고객들에게 한국의 전통적인 아름다움을 전해주기에 부족함이 없는 인테리어로 구성되어 있다.

라. STANDARD ROOM은 최고의 호텔 서비스를 부담 없는 가격으로 즐길 수 있도록 준비한 객실로 고객의 취향에 맞게 더블/트윈/트리플/ 온돌 룸 등의 다양한 침실형태를 선택할 수 있다.

자료 : 강원랜드 홈페이지

(2) 컨벤션 호텔

신개념 기능성 호텔의 역할을 다하기 위해 호텔 관련 모든 정보의 시스템 구축과 ONE STOP SERVICE 제공에 중점을 둔 호텔로, 컨벤션 및 성수기 가족고객 편의를 위해 다양한 유형의 객실을 두루 갖추고 있으며, 최상의 만족, 최고의 고객감동을 선사하기 위한 품격과 기능을 중시한 컨벤션 전문호텔로 대규모 국제회의, 공연, 전시회, 이벤트 전문 공간으로 구성되었다.

가. ROYAL SUITE는 단 하나의 객실만을 운영하고 있으며, 모던한 스타일의 객실로서 하이원 리조트를 한눈에 볼 수 있고, 최고급 음향장비와 씨어터룸을 겸비하였으며 침대 매트리스를 차별화하여 최고급 소재의 매트리스를 사용하였다. 그랜드 피아노와 대형 TV를 비치하여 이용 고객에게 아늑함을 제공하였고 각종 인테리어 소품들은 그것 자체만으로도 최고라고 자부할 수 있다.

나. 넓은 공간감의 이그젝큐디브 럭셔리 스위트룸은 최고급 인테리어와 가구의 조화를 이룬 스위트 객실로 차별화 콘셉트로 특급호텔의 동급 객실보다 넓은 공간감과 여유로움을 제공하며, 편안한 휴식과 최상의 안락함을 누릴 수 있도록 구성하였다.

다. LUXURY SUITE는 최고급의 인테리어 소품을 이용하여 객실 안을 장식하여 보다 품격 있고 세련된 느낌을 제공하고 있으며, 모던한 스타일의 객실로 한실과 양실이 있고 특히 한실은 전통 보료세트를 비치하여 안방과 같은 분위기를 제공하여 외국인 고객들에게 한국의 전통적인 아름다움을 전해주기에 부족함이 없는 인테리어로 구성되어 있다.

라. SUPERIOR ROOM은 최고의 호텔 서비스를 부담 없는 가격으로 즐길 수 있도록 준비한 객실로 모던하고 고급스러운 객실로 더블/트윈/트리플/온돌 룸 등의 다양한 침실을 선택할 수 있다.

자료 : 강원랜드 홈페이지

(3) 하이원 호텔

하이원 호텔은 하이원 C.C를 내려다 볼 수 있는 해발 1,100M 이상의 고지에 위치하고 있으며, 최고급 인테리어와 시설을 자랑하는 로열 스위트룸에서 스탠다드룸에 이르기까지 다양한 형태의 객실을 보유하고 있다.

가. 격조 높은 휴식 공간을 위한 55인치 LED 대형 TV, 객실 내 홈바, 테이블 세트, 시야 가득히 펼쳐지는 자연의 변화, 그리고 최상의 서비스를 제공하고 있으며, 모든 객실에는 최첨단 고급 빙카드 시스템을 채택하여 도난이나 기타 모든 위험으로부터 고객을 보호하고 있다.

나. 주니어 스위트는 욕조와 객실 사이를 유리로 마감하여 넓은 공간을 확보하고 있으며, 각 객실에는 개별금고가 비치되어 있어 귀중품 휴대에 따른 불편을 해결하였다. 또한 모든 객실에는 가볍고 보온성이 뛰어난 다운 80%의 오리털 침구를 비치하고 있다.

다. 온돌과 트윈, 더블, 헐리우드 등 네 가지 타입의 객실이 있으며, 한실 구조의 온돌은 유리장과 벽지를 한지로 마감하여 아늑하고 은은한 한식의 분위기가 방안 가득히 배어나는 고급 한옥의 정갈한 분위기를 연출하였다.

자료 : 강원랜드 홈페이지

(4) 마운틴 콘도

복층 구조의 넓고 여유로운 공간, 고급 대리석과 원목 마루로 마감한 격조 높은 인테리어가 차원이 다른 편안함을 제공하고 있으며, 하늘샘 노천(야외풀), 스키스쿨 등 최고의 부대시설을 갖추고 있다.

가. 하이원 리조트의 초대형 자존심 MOUNTAIN PENTHOUSE는 넓고 여유로운 공간과 고급 대리석과 마감재, 원목마루와 격조 높은 인테리어가 지금까지 경험해보지 못한 웅장함을 통해 최고의 특별함을 제공한다.

나) MOUNTAIN PRESIDENTIAL SUITE에서 차원이 다른 편안한 휴식을 느낄 수 있으며, 복층 구조의 넓고 여유로운 공간, 고급 대리석과 마감재, 원목마루와 격조 높은 인테리어가 고객님의 품격을 한층 업그레이드시켜 평화롭고 완벽한 하모니를 누릴 수 있는 분위기를 조성한다.

다) MOUNTAIN FAMILY SUITE는 행복과 즐거움이 넘치는 가족여행을 위한 공간으로, 이용하기 편리한 넓은 공간을 제공하며 일상에서 느끼지 못한 편안함과 색다른 즐거움을 느낄 수 있다. 침대와 온돌형 두 가지 타입으로 준비되어 있으며, 복층과 단층구조 중에서 객실을 선택할 수 있다.

라) MOUNTAIN DELUXE는 마운틴콘도의 일반적인 객실로 합리적인 가격과 함께 기대 이상의 특별함을 느낄 수 있는 공간으로 대리석과 원목마루로 꾸며져 있으며

안락하고 편안한 휴식을 제공한다. 이국적 분위기와 함께 도시에서는 꿈꾸지 못했던 색다른 편안함과 즐거움을 누릴 수 있다.

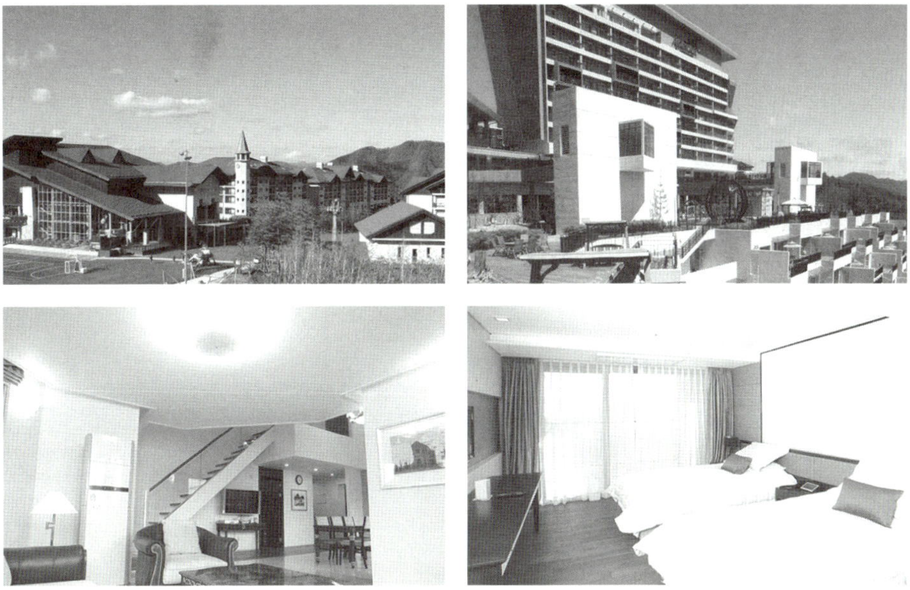

자료 : 강원랜드 홈페이지

(5) 밸리 콘도

유럽풍의 모던 & 심플을 자랑하는 밸리 콘도는 알프스 작은 마을의 풍경 같은 밸리 콘도는 스키장에서 콘도까지의 거리가 가장 가까워 편리함을 제공하고 하루 종일 설원에서 꽁꽁 언 몸을 녹일 수 있는 사우나, 카페테리아 등 각종 엔터테인먼트 공간을 제공한다.

■ 주요특징

가) 넓고 세련된 공간이 특징인 VALLEY FAMILY SUITE는 가족이나 단체고객의 여행에 알맞은 객실로 거실과 방 3개, 욕실 2개의 구조를 가진다.

나) 실용적이고 깔끔한 실내공간을 자랑하며, 고객의 입장을 배려한 다양하고 편리한 기능들과 심플한 인테리어로 여행의 즐거움을 더하는 편안한 휴식공간을 제공한다.

다) Valley Standard는 자연친화적인 원목마루와 아름다운 전경을 만끽할 수 있는 객실에서 안락함과 편안함을 제공한다.

자료 : 강원랜드 홈페이지

(6) 힐 콘도

젊음과 열정, 편리함과 아기자기함을 두루 갖춘 힐 콘도는 젊은 감각의 인테리어와 주변 경치가 돋보이는 곳으로, 낭만파들의 실속 여행에 적합한 343실의 다양한 객실로 구성되어 있다.

■ 주요특징

가) 모던하고 젊은 감각의 휴식공간으로 태어난 힐 콘도가 자랑하는 힐 스위트 룸은 감각적인 인테리어와 다양한 주거 편의시설을 갖추고 있으며, 밝고 젊은 분위기이지만 결코 가볍지 않은 차분한 객실의 이미지를 제공한다.

나) 힐 디럭스 룸은 심플하게 정돈된 인테리어 감각으로 실용적인 공간활용을 가진 룸으로, 방문객의 동선활용을 효율적으로 돕는 원룸형태의 거실구성은 가족 단위 방문객들에게 더욱 큰 만족감을 제공한다.

다) 힐 슈페리어 룸은 스키시즌의 젊은 방문객들에게 편의시설의 우수함으로 한층 다가갈 수 있도록 구성된 객실로 슬로프와 직접 연결되는 콘셉트의 힐 콘도인 만큼, 투숙객의 스키/보드 장비를 편안하게 보관할 수 있는 보관함을 객실마다 비치하고 있는 것이 특징이다.

 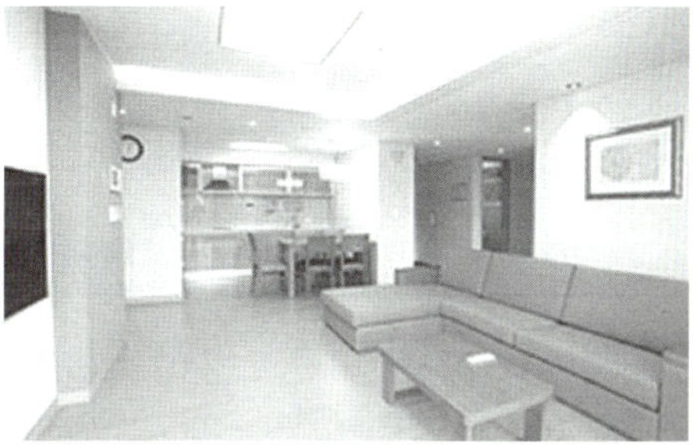

자료 : 강원랜드 홈페이지

6) 강원랜드 컨벤션 시설

컨벤션 홀은 성공적인 국제 비즈니스를 위한 6개 동시 통역실, 최첨단 컴퓨터 조명 시설, 입체음향 시설, 높이 조절이 가능한 무대 등을 갖추고 있으며, 국제회의, 학술, 세미나, 결혼식, 각종 이벤트 행사 등의 대규모 행사에 적합하다. 최대 2,040석까지 수용 가능하며, 3개의 연회장으로도 분리가 가능하다.

(1) 포레스트 볼룸

결혼식 등의 가족행사와 대규모 만찬 및 각종 세미나 등을 위한 최적의 장소로 최첨단 컴퓨터 조명시설, 입체음향 시설 등을 갖추고 있으며, 학술대회, 세미나, 결혼식, 각종 이벤트 행사 등의 대규모 연회에 적합하다. 최대 1,500석까지 수용 가능하며, 3개의 소연회장으로도 분리가 가능하다.

Floor	Venue	Dimension	Height	Area(㎡)	Theater	Class	Banquet	Reception
4F	Forest Ballroom	25.93×47.03(m)	4.5(m)	1,228	1,500	870	780	1,010
	Forest Ballroom-Ⅰ	25.93×17.07(m)	4.5(m)	419	329	210	140	190
	Forest Ballroom-Ⅱ	25.93×16.20(m)	4.5(m)	452	512	312	250	250
	Forest Ballroom-Ⅲ	25.93×13.76(m)	4.5(m)	364	380	230	200	200

(2) 그랜드 볼룸

대규모 다목적 행사를 위한 최적의 장소로 성공적인 국제 비즈니스를 위한 5개 국어 동시통역 시스템, 최첨단 컴퓨터 조명시설, 입체음향시설, 이동식 무대 등을 갖추고 있다. 국제회의, 학술, 세미나, 결혼식, 각종 이벤트행사 등의 대규모 연회에 적합하며 최대 1,000석까지 수용 가능하며, 3개의 연회장으로도 분리가 가능하다.

Floor	Venue	Dimension	Height	Area(m²)	Theater	Class	Banquet	Reception
4F	Grand Ballroom	36.7×22.6(m)	5.5(m)	829	880	450	480	800
	Grand Ballroom-Ⅰ	18.5×22.6(m)	5.5(m)	418	360	200	200	300
	Grand Ballroom-Ⅱ	8.7×22.6(m)	5.5(m)	196	180	120	120	180
	Grand Ballroom-Ⅲ	9.2×22.6(m)	5.5(m)	207	180	120	120	180

(3) 미팅룸

소규모 분과토의 및 세미나, 가족모임에 어울리는 행사장으로 그랜드 볼룸과 연계된 4개의 미팅 룸과 컨벤션 호텔 5, 6층에 위치한 6개의 미팅룸을 보유하고 있다. 컨벤션 호텔에 위치한 미팅 룸은 행사의 규모에 따라 2~3개의 소회의실로 분할이 가능하다. 소규모 정찬모임, 세미나, 돌잔치, 회갑연 등 가족 모임에 어울리는 소연회장이다.

Floor	Venue	Dimension	Height	Area(m²)	Theater	Class	Banquet	Reception
4F	Ruby	11.1×12.3(m)	4.1(m)	120	80	50	60	-
	Sapphire	8.3×12.7(m)	4.1(m)	94	60	50	50	-
	Emerald	7.8×12.7(m)	4.1(m)	89	60	40	50	-
	Jade	7.8×12.7(m)	4.1(m)	89	60	40	50	-
5F	Taeback	24.95×11.85(m)	3.4(m)	271	196	117	160	140
	Hambaek	23.56×11.85(m)	3.4(m)	268	188	111	170	135
6F	Bonggrae	25.96×12.85(m)	3(m)	295	240	158	180	153
	Cheonggok	22.76×12.85(m)	3(m)	276	218	138	180	140
	Yukbaek	17.75×12.92(m)	3(m)	244	184	115	140	124
23F	Camellia Room	-	3.5(m)	333	100(TEA, Cocktail, Reception & B.B.Q Party)			

자료 : 강원랜드 홈페이지

7) 강원랜드 카지노

테이블 게임 200대, 슬롯머신 및 비디오게임 1,360대 등 국내 최대 규모인 강원랜드 카지노는 내 · 외국인이 함께 출입할 수 있는 국내 유일, 국내 최대의 카지노로 화려하고 웅장한 실내 인테리어, 상냥하고 정중한 딜러 응대, 무료로 제공되는 다양한 차와 음료 서비스, 카지노 뷔페와 VIP 라운지를 통해 편안하고 안락한 가운데서 즐겁고 건전한 게임문화를 경험할 수 있는 공간을 제공한다.

(1) 카지노 현황

구분	게임 종류	구분		합계
		일반영업장	고객영업장	
테이블 게임	블랙잭	66	4	70
	바카라	71	16	87
	룰렛	13	-	13
	빅휠	2	-	2

구분	게임 종류	구분		합계
		일반영업장	고객영업장	
테이블 게임	다이사이	6	–	6
	포커	16	–	16
	카지노 워	3	–	3
	전자게임(룰렛, 다이사이, 바카라)	3	–	3
	소계	180	20	200

구분	게임 종류	액면					합계
		5원	10원	50원	100원	500원	
머신 게임	슬롯머신	23	26		191	56	296
	비디오게임	73	260	201	530		1,064
	소계	96	286	201	721	56	1,360

강원랜드 카지노는 입장권(입장세) 구입이 필수이며, 입장권은 카지노 안내데스크에서 구입할 수 있으며, 입장세 9,000원은 개별소비세 6,300원, 교육세 1,890원, 부가가치세 810원으로 구성되며 전액 국고로 귀속된다.

미성년자, 지역주민 등 출입을 제한하기 위해 신분증 제시를 요청하고 있으며, 외국인 및 해외이주법에 따른 해외이주자는 개별소비세법에 의거 입장세가 면제되며, 확인을 위해 신분증(여권, 외국인 등록증 등) 제시를 요구한다.

(2) 카지노 부대시설

가. 써미타스 클럽 & 라운지

카지노 고객만을 위한 고품격 서비스를 제공하는 카지노 고객 전용 주문형 레스토랑으로 카지노 5층에 위치한다.

나. 팬지 레스토랑

카지노 고객 전용 주문형 레스토랑으로 현대적인 감각의 깨끗한 분위기로 호텔과 푸드코트 만이 가지고 있는 최고의 서비스로 품격에 맞는 한, 중, 일, 양식의 다양한 일품요리를 제공한다.

다. 민트바

카지노 게임을 즐기면서 건강음료, 생과일 주스, 커피, 초콜릿을 편리하고 신속하게 즐길 수 있는 테이크아웃 전문 바로 카지노 내 1층에 위치한다.

라. 크리스탈 라운지

게임도중 이용 가능한 건강음료, 프리미엄 과즙음료, 차, 간단한 식사, 스낵 등을 판매하는 카지노 게임 고객을 위한 라운지로 카지노 개장 시간 내 상시 이용 가능한 다이닝 카페이다.

마. 무료음료 바

카지노 게임 도중 휴식을 위한 각종 주스와 소프트 드링크, 커피를 카지노 고객에게 제공하는 무료 음료 코너이다.

자료 : 강원랜드 홈페이지

8) 강원랜드 스키장

스키 & 보드 매니아들이 극찬하는 최고의 슬로프와 설질을 자랑하는 하이원 스키장은 세계적인 규모와 시설을 갖추고 있으며, 3개의 정상은 백운산 자락 지장산 정상(마운틴 1,345m), 그 좌우에 밸리탑(1,376m)과 마운틴 허브(1,250m)가 있다. 난이도는 초급부터 쳐다만 봐도 아찔한 세계스키연맹(FIS) 공인 대회전 코스까지 다양하게 갖추고 있으며, 밸리 허브로 내려와 밸리 콘도까지 가는 길은 계곡 코스, 최장 4.2km의 슬로프(표고차 645m)는 마운틴탑에서 활강해 밸리 허브를 경유, 밸리 콘도까지 이어진다.

국내에서 유일한 8인승 곤돌라 3기를 운영하고 있으며 6인승 및 4인승 체어리프트(고속) 6기를 배치하여 최고급 리프트 시스템을 자랑한다.

국내 최초 장애인 스키학교와 국제대회를 개최할 수 있는 공인 슬로프를 보유한 하이원 스키장은 장애인이 편리하면 비장애인에 대한 고려는 더 필요 없다는 것이 설계자의 아이디어로 장애인이 불편 없이 스키를 즐기도록 설계되었다. 또한, 하이원 스키장은 월드컵 스키대회를 치를 수 있는 공인 슬로프 2개도 보유하고 있어 이를 통해 장애인 월드컵 스키대회, 프리스타일 대회 등 각종 대회를 치룰 수 있는 기반을 조성하고 있으며, 국내 선수들만을 위한 별도의 훈련공간도 마련되어 있다.

하이원 스키장은 신속한 구조를 위해 패트롤 스테이션을 정상(마운틴탑, 밸리탑)에도 운영하고 있으며, 슬로프 위험지역에는 사고예방을 위해 안전초소를 운영중에 있다. 긴급상황 시 신속한 구조요청을 할 수 있도록 50m 간격으로 전화번호 및 350m 간격으로 현재위치 표지판을 설치하여 편리한 구조요청을 할 수 있도록 하였으며, 초보자도 산정상에 올라가 활강할 수 있도록 완만한 슬로프를 배치하였다.

하이원 스키장은 리프트권을 달고 다니지 않고, 보여줄 필요도 없는 자동인식 시스템을 국내 최초로 도입하여 첨단의 렌즈프리 검색대, 종이 재질의 일회용 RF 카드(리프트권)는 주머니에 넣고 꺼내지 않아도 소지 여부가 자동 인식되는 시스템으로 고객편의를 제공한다.

자료 : 강원랜드 홈페이지

9) 강원랜드 하이원 C.C 골프장

(1) 하이원 C.C 소개

해발 1,137m 높이의 하이원 C.C는 파 72, 전장 6,592m의 18홀 퍼블릭 골프장으로 한여름에도 백두대간의 시원한 바람을 만나 25℃를 넘지 않는 유일한 골프장이다.

빼어난 자연경관과 코스 레이아웃의 절묘한 조화. 넓은고원에서 세상을 굽어보며 라운딩하는 색다른 묘미가 골프 매니아들을 매료시키며, 공기 저항이 적은 고원의 산악형 코스이기에 가능한 장쾌한 드라이버 샷은 이제껏 국내 다른 골프장에서는 경험할 수 없었던 라운드의 묘미를 배가시킨다. 홀별 난이도 측정과 코스별 난이도의 밸런스가 유지되도록 설계하였다.

(2) 하이원 C.C 부대시설

가. 스타트하우스

밸리1번홀, 마운틴1번홀에 위치하고 있는 스타트하우스는 내장객의 식음료 서비스와 경기진행실, 골프카 대기공간 등이 있으며, 이곳에서는 내장객의 라운딩 전 간단한 식사와 음료를 제공한다.

나. 프로샵

하이원 호텔 1층 클럽하우스 내에 위치한 프로샵은 국내외 유명브랜드 골프용품을 다양하게 구비하여 내장객의 편의를 제공한다.

다. 티하우스

밸리5번홀과 마운틴5번 홀에 위치하고 있는 티하우스는 라운딩 도중 내장객의 식음료 서비스를 제공하는 곳으로 잠깐의 휴식을 통해 몸과 마음의 재충전을 돕는다.

라. 골프연습장

백운산 기슭에 자리잡은 하이원 C.C 골프연습장은 탁 트인 야외공간에서 스윙을 만끽할 수 있는 국내에서는 보기 드문 연습장으로, 주변의 코스절경과 자연경관이 연습장의 가치를 높여준다. 마운틴1번홀 스타트 하우스 부근에 위치한다.

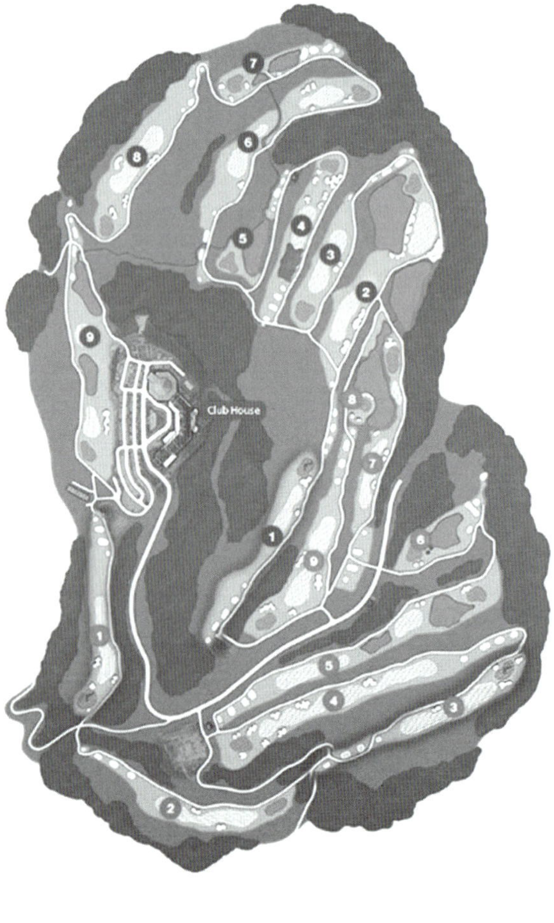

자료 : 강원랜드 홈페이지

② 거제마리나

1) 거제마리나 개요

구 분	시설 내용		
개장 시기	2013년 6월		
위치	거제시 일운면 거제대로 2660		
면적	4만 9176㎡		
숙박 시설	• 패밀리형(105객실) • 실버 스위트형(14객실) • 밸리콘도(123객실) • 테마객실(6객실)	• 스위트형(369객실) • 골드 스위트형(12객실) • 로얄 스위트형(9객실)	
오션베이	• 파도풀 • 워터 플렉스	• 익스트림 리버 • 야외 노천탕 & 이벤트탕	
마리나베이	• YACHT ROSEMARY • JET CRUISER	• YACHT LAVENDER	
상업시설	• 몬테로쏘 • 돌체나	• 콜럼버스키친 • 캡틴스 그릴 & 바	• 브리즈가든 • BBQ

거제마리나는 516실 규모의 콘도미니엄 3개동, 부속 건물 4개동 등 총 7개동으로 구성되어 있으며, 지하 4층, 지상 28층으로 건축된 리조트에는 워터파크, 노래방, 게임장, 탁구장, 연회장, 세미나실, 일반 음식점 등 다양한 부대시설이 마련돼 있어 관광휴양도시 거제의 새로운 랜드 마크로 부상한 리조트이다.

2) 거제마리나 특징

대명리조트 거제 마리나는 전체 객실이 한려해상국립공원을 바라보는 오션뷰(Ocean View), 동시수용 3.500명의 대단위 워터파크 오션베이(Ocean Bay), 700석 규모의 대연회장과 각종 부대시설을 갖추고 있으며, 2014년에는 45인승 규모의 55F/T 카타마란 요트 2대, 13인승 규모의 제트크루저 2대를 갖춘 마리나 시설을 추가하여 해양관광도시 거제를 넘어 명실상부한 대한민국 최고의 해양 마리나 리조트로 자리매김하고 있다.

자료 : 거제마리나 홈페이지

3) 거제마리나 호텔

거제마리나 호텔의 또 다른 자랑은 전 객실이 바다전망으로 이루어져 있다는 점으로 한려해상국립공원의 수려한 자연경관을 한눈에 조망할 수 있다. 객실은 패밀리형 105실(4인 1실, 침실, 거실 겸 주방, 욕실, 약 73㎡), 스위트형 369실(5인 1실, 침실2, 거실 겸 주방, 욕실, 약 105㎡), 노블리안 35실(5인~8인 1실, 침실2 거실 겸 주방, 식당, 욕실2, 약 130~160㎡), 2층 엘리베이터 공용부부터 복도에서 객실 내부까지 해적선 소설 '보물섬' 의 테마로 객실 내부는 보물섬을 찾아나서는 해적선의 선실 내부의 모습을 표현했으며 엘리베이터 공용부와 복도는 해적선의 선착장의 모습을 형상화했다. 테마객실은 스위트형 6실로 구성되어 있으며, 리조트 1층에는 2개의 장애인객실도 보유하고 있다.

(1) 리조트

- **패밀리형** : 105객실로 양실(더블+더블 베드)로 구성
- **스위트형** : 369객실로 양실(더블 베드)+한실(온돌 방) : 240객실
  양실(트윈 베드)+한실(온돌 방) : 15객실
  한실(온돌방)+한실(온돌방) : 96객실

패밀리 타입

스위트 타입

(2) 노블리안

- **실버스위트형** : 14객실 양실(더블 베드)+양실(트윈 베드) : 14객실
- **골드스위트형** : 12객실 양실(더블 베드)+양실 (트윈 베드)+한실(온돌 룸) : 12객실
- **로얄스위트형** : 9객실 양실(더블 베드)+양실(트윈 베드)+한실(온돌 룸) : 7객실
  양실(더블 베드)+양실(트윈 베드)+한실(온돌 룸) : 2객실

자료 : 거제마리나 홈페이지

(3) 테마객실

- **실버스위트형** : 6객실 양실(더블 베드)+한실(온돌 룸) : 6객실

자료 : 거제마리나 홈페이지

4) 거제마리나 오션베이

지하2층, 지상3층 총 1만 3526㎡ 면적에 동시수용 인원이 3800명에 이르는 매머드급 워터파크로, 열대 화산섬을 콘셉트로 구성된 오션 베이는 다양한 어트랙션을 보유하고 있다. 야외 파도풀(길이 20m 폭 60m 최고수심 1.5m), 고객의 안전 및 수질 관리를 위하여 50분 운영, 10분 Break Time을 운영하며 시즌 및 운영상황에 따라 레벨2, 레벨3로 급류의 강도가 다르게 운영되는 익스트림 리버(길이 200m, 폭 5m), 어린이 전용 시설로 어린이 슬라이드 3기와 워터바스켓 1톤을 운영하는 워터플렉스, 부메랑고(2인

승, 길이 80m), 바디슬라이드(길이 80m), 트위스터슬라이드 (길이 130m), 웨이브 슬라이드(길이 120m), 야외스파 등 다양한 시설을 갖추고 있으며, 실내 존에는 남녀 사우나와 아쿠아테라피 시설이 있다. 또한 야외 노천탕에는 5개의 이벤트탕과 히노끼탕을 운영하고 있다.

자료 : 거제마리나 홈페이지

5) 거제마리나 마리나베이

47인승 규모의 YACHT ROSEMARY(55F/T CATAMARAN) 38톤급과 45인승 규모의 YACHT LAVENDER(55F/T CATAMARAN) 28톤급 요트 2대를 보유하고 있으며, 440마력의 최첨단 엔진을 탑재하여 최대 45노트의 최고성능을 자랑하는 13인승 규모의 JET CRUISER 2대를 갖춘 마리나 시설을 보유하여 해양관광도시 거제를 넘어 명실상부한 대한민국 최고의 해양 마리나 리조트로 자리매김하고 있다.

스파이더맨 더 라이드

쥬라기 공원 더 라이드

더 플라잉 다니너소어

스페이스 판타지 더 라이드

6) 거제마리나 레스토랑

이탈리안 레스토랑 몬테로쏘, 뷔페레스토랑 콜럼버스키친은 사전 예약이 필요하며, 예약순서에 따라 에메랄드 빛 바다가 한 눈에 보이는 좌석으로 안내된다. 브리즈가든은 바비큐레스토랑으로 가족단위의 내장객이 많은 리조트 특성상 인기있는 레스토랑으로 한 달 전부터 사전예약이 필요하다.

거제 지역 특산물과 엄선된 식재료로 맛을 낸 정갈하고 기품이 느껴지는 한식메뉴를 선보이는 돌체나와 새하얀 요트, 눈부시게 빛나는 푸른바다의 이국적인 풍경과 특별한 맛의 향연이 펼쳐지는 캡틴스 그릴 & 바가 있으며, 황금 올리브 치킨의 노하우가 담겨있는 BBQ 치킨이 있다.

자료 : 거제마리나 홈페이지

제5부

리조트경영 · 관리

제22장

리조트경영

① 객실부서의 조직 및 영업관리

1) 프런트 데스크 업무

프런트 데스크(Font Desk)는 호텔의 투숙고객을 최초로 영접하고, 최후로 손님을 환송하는 곳으로 호텔의 얼굴이라 할 수 있다. 프런트 데스크에서 수행하는 업무 중에서 가장 중요한 기능은 호텔객실을 판매하는 일이다. 이러한 업무를 수행하는데 프런트 데스크는 크게 세 부분으로 구성된다.

프런트 전경

그림 23-1 리조트 프런트 데스크 구성

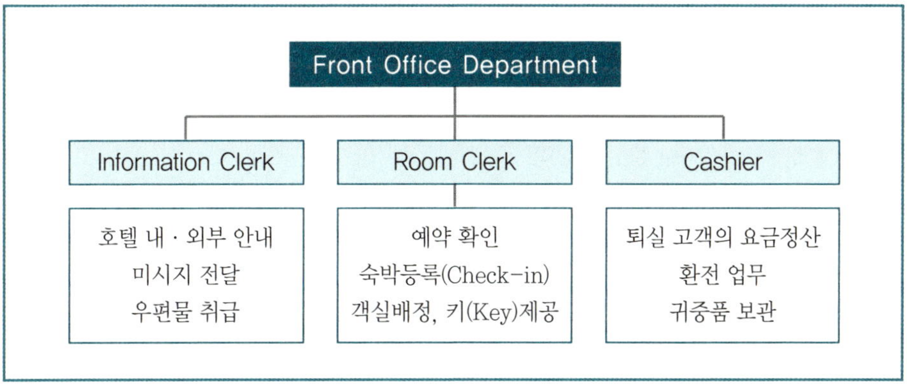

프런트 데스크 중앙에 객실판매 시 관리와 등록을 담당하는 룸클럭(Room Clerk)이 위치하고, 그 오른쪽에 호텔에 고객이 머물면서 이용한 것을 정산하는 프런트캐셔(Front Cashier)가 있으며, 우편물이나 안내업무를 담당하는 인포메이션 클럭(Information Clerk)이 왼쪽에 위치한다.

(1) 등록업무

등록업무는 객실의 체크인을 담당하는 곳이라고 하여 레지스트레이션(Registration) 또는 고객을 영접하고 환송한다는 의미에서 리셉션(Reception)이라고 한다. 프런트 데스크에서 등록업무를 담당하는 직원을 프런트 클럭(Front Clerk) 또는 룸 클럭(Room Clerk)이라고 하며 이들의 주요 업무는 다음과 같다.

- 객실관련 상담과 객실예약
- 당일 객실예약의 변경 및 취소 확인 업무
- 고객 도착 시 체크인 등 등록업무 후 객실배정 수행
- 호텔 전 객실의 열쇠관리
- 객실고객의 컴플레인(Complain) 발생 시 관계자와 협의하여 컴플레인 처리

(2) 안내업무

인포메이션 서비스(Information Service)는 호텔 및 콘도의 내 · 외부 안내 및 교통, 관광안내 서비스도 담당하며, 객실고객에게 전달된 메시지를 처리하고 각종 우편물 등의 우체국 업무도 담당한다. 이러한 업무를 담당하는 직원을 인포메이션 클럭(Infor-mation Clerk)이라고 한다.

(3) 계산업무

프런트 캐셔(Front Cashier)의 주요 업무는 퇴숙 고객의 체크아웃 시, 고객이 사용한 객실의 키를 수납하고 고객의 체재기간 동안 발생한 각종 요금에 대한 계산업무를 담당하고 있다.

프런트 캐셔는 최종적으로 고객의 서비스를 제공하는 단계이기 때문에 지급을 요청

할 시기에 지나치게 계산적이고 민감해서는 안 되며 고객의 입장에서 만족스럽고 쉬운 방법을 선택하여야 한다.

2) 현관 서비스 업무

현관서비스를 유니폼 서비스(Uniform Service)라고 하는데 호텔의 입구에서 근무하므로 호텔의 얼굴이라 할 수 있다. 현관서비스는 크게 벨 데스크(Bell Desk), 도어 데스크(Door Desk), 컨시어지 서비스(Concierge Service)로 되어 있다.

(1) 벨맨 업무

벨맨(Bell Man)이라 함은 옛날에 여행자가 여인숙의 문을 두드리면 안에서 "알았다"는 신호로 벨을 흔들면서 나와 문을 열어주었다는 데서 유래되었다. 호텔에 들어서는 고객을 정중히 로비에서 영접해 주고 프런트 데스크로 안내해주는 제복을 입은 종사원을 말한다.

(2) 도어맨 업무

도어맨(Door Man)은 독특한 모자와 복장을 하고 호텔의 방문고객을 최초로 맞이하는 상징적 직원으로서 호텔의 첫 번째 이미지를 전달한다. 현관에서 도착고객의 영접과 출발고객의 환송을 담당하고 현관의 차량 및 주차관리를 담당한다.

3) 나이트 클럭 업무

나이트 클럭(Night Clerk)은 야간에 프런트 업무를 담당하면서 객실판매는 물론 모든 업무를 마감하고 정리하여 최종적인 확인업무, 객실영업보고서를 작성, 익일업무를 위한 준비를 하는 것이 주 업무이다.

(1) 야간 프런트 업무

가. 업무마감 및 당일 업무체크

최종까지 모든 고객의 당일 컴퓨터 입력이 끝난 후 Log Book(인수인계 노트북)을 확인하여 진행되었던 업무 중 누락된 것이 없는지 확인한다. 또한 객실 Room Rate Analysis Report를 점검하여 객실요금이 정확하게 컴퓨터에 책정되어 있는지 확인하고 잘못된 부분을 찾아내어 수정한다.

나. Sleep-out 객실 및 No baggage 객실의 점검

늦은 시간까지 재실 고객인데도 프런트에 키가 보관되어 있거나 컴퓨터에 입력이 되어 있지 않은데 키가 없는 경우 고객이 체크인 시 등록한 등록카드를 조사해 본다. 또한 해당고객이 계산을 모두 마친 상태인지도 알아본다.

어느 정도 서류상의 파악을 해본 후 최종적으로 조심스럽게 고객의 객실을 점검해 보는데 안에 짐이 보관되어 있는지, 객실은 사용한 상태인지 등을 조사하여 본다.

다. 최종 객실판매의 판단과 처리

객실이 여유가 있을 경우에는 별문제가 안 되지만, 객실이 만실에 가까워질수록 나이트 클럭(Night Clerk)은 늦은 시간까지 체크인을 하지 않은 손님으로 인해 곤혹을 겪는다.

라. 노쇼 고객과 예약 취소 고객의 정리

어느 정도 시간이 경과하면 당일 숙박예약을 하고 체크인하지 않은 고객의 예약을 노쇼(No-Show)로 정리하고 예약을 취소한 고객과 함께 정리해 놓는다. 이때 혹시 체크인된 예약과 Double Booking 여부를 확인한다.

마. 기타 업무

키렉(Key Rack)에 남아 있는 키와 객실 현황판을 대조하여 객실 키를 점검한다.

(2) 객실영업보고서 작성

객실영업보고서는 일일보고서(Daily Report), 월말보고서(Monthly Report), 연말보고서(Annual Report)로 구분되는데 일일보고서의 종류는 다음과 같다.

- **일일 룸 리포트(Room Report)** : 객실매출액, 객실판매수, 평균요금, 객실점유율, 투숙 인원수 등 객실영업 상황 전반을 한 장에 볼 수 있도록 작성한 리포트

- **일일 그룹 리포트(Group Report)** : 여행사 등의 단체 판매현황 리포트
- **예상 리포트(Forecast Report)** : 당일 이후의 주간, 월간 예약상황을 매일 업데이트(Up Date)한 리포트
- 당일 투숙한 VIP 고객리스트
- 특별요금 및 무료(Complimentary) 객실현황 리포트

(3) 객실 영업매출의 산출

가. 객실매출액(Revenue)

당일 판매된 객실요금을 집계하여 산출한다.

나. 객실판매 수

당일 판매된 객실 수를 집계하여 산출한다.

객실수입의 합계 = 단기체재객+장기체재객+분할이용객

다. 객실평균요금(Average Rate)

객실매출액을 객실판매 수로 나누어 산출한다.

$$\text{객실평균요금} = \frac{\text{객실매출액}}{\text{객실판매 수}}$$

라. 객실점유율(Room Occupancy)

객실판매 수를 보유하고 있는 객실 수로 나누고 100을 곱하여 산출한다.

$$\text{객실점유율} = \frac{\text{객실판매 수}}{\text{보유객실 수}} \times 100$$

4) 기타 업무

(1) 비즈니스센터 업무

비즈니스센터(Business Center)는 비즈니스 고객에게 전문요원 및 각종 최신장비(Personal Computer, Typewriter, Copying Press, Facsimile)로 비즈니스 정보 및 고객의 사업상 필요한 통신문의 발송 · 접수 · 전달업무를 효율적으로 도와 서비스의 질

을 향상시키고, 고객서비스의 질을 개선시키고자 하는데 그 목적이 있다. 단순 안내업무는 무료이지만 사무기기 및 용품을 이용하거나 대행할 경우는 유료이다.

규모가 큰 리조트에서는 이와 같은 비즈니스센터를 독립하여 운영하지만, 중 · 소규모 호텔에서는 예약사무실이나 기타의 사무실에서 비즈니스센터의 업무를 병행하여 수행하는 경우가 일반적이다.

(2) 당직지배인

야간 당직지배인은 호텔 및 콘도의 모든 간부직원들이 퇴근하여 익일 출근할 때까지 야간의 총지배인으로서 총지배인의 직무와 권한을 대행하는 호텔의 간부직원을 말한다.

주요 업무는 호텔 및 콘도의 전체 영업장에 관한 사항과 고객요구에 의한 업무처리, 불평불만의 취급 및 해결, 호텔의 안전관리, 재산관리, 영업부문 당직업무를 수행한다. 대규모 호텔에서는 4~5명의 당직지배인을 두어 3교대로 운영하고, 중 · 소규모 호텔에서는 1~2명의 당직지배인을 두어 야간근무(22시~익일 07시)만 담당하는 경우도 있다.

(3) 전화교환실 업무

전화교환실을 스위치보드(Switch Board) 혹은 PBX(Private Bord Exchange)라고 하며, 교환원을 오퍼레이터(Operator)라고 한다.

현재는 객실에서도 교환을 거치지 않고 직접 장거리 전화(Long Distance Call)나 국제전화(Overseas Call)를 걸 수 있다. 그래서 교환실을 통해서 국제전화나 시외전화를 신청하여 통화하던 시절은 지난 이야기가 되었다.

5) 하우스키핑

(1) 하우스키핑의 개념

하우스키핑 부서(House Keeping Department)란 객실의 청소와 시설비품의 유지관리뿐만 아니라 식당, 회의실, 복도, 현관, 화장실, 라운지, 주방 등의 호텔 전역에 걸친 공용장소(Public area)는 물론 린넨(Linen)류와 종업원의 유니폼 등 기타 부서에까지 관리영역의 범위가 넓다. 또한 가구와 비품선택 관리에 이르기까지 광활한 업무를 수행하는 부서이다.

결론적으로 객실에서 고객이 편히 쉴 수 있도록 청소는 물론, 침구의 정리, 가구 및 소모품의 조달 · 배치가 있고, 손님의 안전관리와 재산의 보호가 있지 않으면 객실이란 호텔산업의 상품을 판매할 수가 없다. 이것이 바로 호텔조직에서 하우스키핑 부서가 차지하는 중요한 의의인 것이다.

(2) 하우스키핑 부서의 주요 업무

앞서 말한 하우스키핑 부서는 객실 그 자체가 호텔의 중요한 상품이기 때문에 객실 정비가 주 업무지만, 크게는 호텔의 전반적인 정비를 담당하는 부서라고 할 수 있다. 하우스키핑의 업무 중 중요한 업무를 기술하면 다음과 같다.

- 객실의 청소 · 정리정돈
- 객실의 설비와 가구 · 비품류의 정비
- 객실용의 린넨류 · 소모품류의 저장과 관리
- 세탁물 서비스
- 분실물 관리서비스
- 객실의 유지 및 보수

(3) 하우스키핑 조직원의 업무

모든 호텔의 하우스키핑 부서가 똑같을 수는 없다. 왜냐하면 부서의 조직은 그 기업의 규모와 형태에 따라 다르며, 회사의 경영방침에 의존하기 때문이다. 여기서 기술하는 점은 하우스키핑 부서의 기본업무와 이상적인 하우스키핑 부서를 위한 방안을 제시하는 것이다.

일반적으로, 하우스키핑 부서는 객실정비지배인(Excutive House-Keeper), 인스펙터(Inspector), 오더테이커(Order-Taker), 하우스맨(House-Man), 룸메이드(Room-Maid), 미니바 담당(Mini-Bar Clerk), 린넨 담당(Linen-Clerk) 등과 세탁조직 구성원(Laundry) 그리고 공공장소 관리원(Public-Clerk) 등으로 구성된다.

가. 하우스키퍼 업무

하우스키퍼(House Keeper)는 하우스키핑 부서의 책임자다. 하우스키퍼는 기존 업무인 객실정비, 유지관리 및 비품관리에 중점을 두고 하우스키핑 전직원에게 작업을 지시하고 감독하고 작업실시 결과를 확인하는 역할을 한다.

나. 인스펙터 업무

룸 인스펙터(Room Inspector 또는 Room Inspectress)는 객실점검원을 의미한다. 객실점검원은 완전한 상태로의 객실상품을 만들기 위한 객실점검이 주 업무이다. 룸 메이드의 객실청소 상태나 소모품 비치상태, 근무상태, 객실기능의 이상유무 등을 점검하고 잘못된 점을 지시하여 완전한 객실상품이 되도록 해야 한다.

다. 룸 메이드

룸 메이드(Room Maid)는 하우스맨의 도움을 받고 룸 인스펙터의 지시에 따라 객실의 청소를 담당한다. 글자 그래도 룸 메이드는 여성의 직종으로서 대개 35~45세 정도의 여자로 구성되는 것이 바람직하며, 건강하고 정직한 사람이어야 한다.

보통 이들의 작업량은 1일 8시간을 표준으로 하여 12실 내지 14실 정도로 1실 청소에 걸리는 시간을 30분 정도로 정하는 것이 가장 합리적인 배정일 것이다.

라. 하우스맨

하우스맨(House Man)은 보통 여직원이 감당하기에는 힘든 일이나 궂은 일들을 전담하거나 보조적으로 처리한다. 이 하우스맨의 작업지시 및 감독은 객실정비 지배인이 책임진다.

규모가 큰 리조트 호텔에서는 각 층, 혹은 분야별로 한 사람씩의 하우스맨이 있다.

마. 세탁실 업무

세탁부분(Laundry)은 고객의 세탁물과 호텔직원의 유니폼 및 린넨류의 세탁을 수행하는 곳이다. 따라서 모든 세탁물 관리와 각종 세탁기계의 유지 및 수리 관리는 물론 세탁실의 세탁물 분류, 물세탁, 드라이크리닝, 프레싱 등의 업무를 수행하고 있는 것이다.

세탁에 있어서 가장 중요한 과정이 세탁물의 분류작업이므로 분류가 잘못되어 드라이크리닝할 것을 물세탁을 한다든가 해서 세탁물을 망쳐버린다면 고객의 불평은 물론 호텔의 이미지도 나빠질 뿐만 아니라 배상으로 인한 호텔의 재정적 손실도 가져다 주게 된다.

2 식음료 운영 및 관리

1) 식음료 업장의 종류

(1) 식당(Restaurand)

식당(Restaurant)은 영리 또는 비영리를 목적으로 하는 업종으로써 일정한 장소와 시설을 갖추어 인적서비스와 물적 서비스를 통하여 음식물을 제공하는 서비스업이라고 할 수 있겠다.

선진국에서는 식당을 EAST상품을 판매하는 곳이라고 한다. EAST란 접대(Entertainment), 분위기(Atmosphere), 위생(Sanitation), 맛(Taste)을 뜻한다. 즉 식당은 단순한 의미의 장소가 아니라 서비스와 분위기, 음식의 맛 등이 하나로 조화된 총체적인 가치, 즉 토털상품을 판매하는 장소라 할 수 있다.

(2) 식당 서비스 형식에 의한 분류

가. 테이블 서비스 식당

일반적인 형태의 식당으로 일정한 장소에 식탁과 의자를 준비하여 놓고 손님의 주문에 의하여 웨이터나 웨이트리스가 음식을 제공하는 식당이다.

나. 카운터 서비스 식당

이 식당은 손님이 조리과정을 직접 볼 수 있도록 주방을 개방시켜 그 앞의 카운터를 식탁으로 하여 음식을 제공하는 식당이다. 손님이 직접 조리과정을 지켜보기 때문에 고객의 불평이 적고, 위생적이고 신속하게 음식이 제공되며, 많은 서비스 인원이 필요치 않은 것이 특징이다.

다. 셀프 서비스 식당

셀프 서비스 식당(Self Service Restaurant)은 고객 자신이 기호에 맞는 음식을 직접 운반하여 식사하는 형식의 식당으로 고객은 기호에 맞는 음식을 선택하여 양껏 먹을 수 있고, 식당 측에서는 소수의 종업원으로 운영하여 인건비가 적게 들고, 회전이 빨라 매출액이 증가하는 장점이 있다.

라. 급식식당

급식식당은 비영리적이며 셀프서비스 형식의 식당이다. 회사종사원을 위한 급식이나 학교급식, 병원급식, 군부대 급식 등이 있다.

일시에 많은 인원을 수용하여 식사를 제공할 수 있으나 일정한 메뉴에 의한 식사이기 때문에 자기의 기호에 맞는 음식을 선택할 수 없는 단점이 있다.

(3) 리조트 호텔의 식당 종류

가. 양식당

양식당(Western Style Restaurant)은 서양의 음식을 판매하는 식당으로 리조트의 대표적인 식당이라고 할 수 있다.

양식당은 어느 나라 또는 어느 지역의 음식을 취급하느냐에 따라서 프랑스 레스토랑(French Restaurant), 이탈리아 레스토랑(Italian Restaurant), 지중해식 레스토랑(Mediterranean Restaurant) 등 명칭이 다양하다.

나. 동양식 식당

동양식 식당(Oriental Style Restaurant)은 동양지역 국가의 음식을 판매하는 곳으로 취급 메뉴에 따라 한식당(Korean Restaurant), 일식당(Japanese Restaurant), 중식당(Chinese Restaurant) 등 그 명칭이 다양하다.

다. 뷔페식당

뷔페식당(Buffet Restaurant)은 양식, 한식 등의 코스별 요리를 균일한 요금을 지급하고 자기 양껏 마음대로 선택해 먹을 수 있도록 하는 셀프 서비스 식당이다. 뷔페에는 불특정 다수를 위한 상설뷔페(Opened Buffet)와 연회장에서 주문에 의해 제공되는 주문뷔페(Closed Buffet)가 있다. 국내 대부분의 리조트에서는 상설뷔페를 운영하지 않으며, 단체고객의 연회 행사시 요청에 의해 운영하는 형태가 대부분이다.

라. 카페테리아

카페테리아(Cafeteria)는 디저트, 샐러드 등 주제별로 비교적 간단한 음식물이 진열되어 있는 카운터 테이블에서 음식을 고른 다음 요금을 지급하고 손님 자신이 직접 가져다 먹는 셀프 서비스식 식당이다.

마. 커피숍

커피숍(Coffee Shop)은 리조트의 부대시설로 반드시 갖추어야 할 식당시설이다. 고객이 많이 왕래하는 장소에서 음료와 간단한 식사를 판매하며, 크게 격식을 요구하지 않는 대중적 식당이다.

바. 바(Bar)

바(Bar)는 음료와 유흥적 요소를 제공함으로써 고객의 기분을 회복시켜주는 정신적 공간이라고 할 수 있다. 따라서 바는 고객이 이용하기 편리한 장소에 일정한 음료 서비스를 할 수 있는 시설을 갖추어 이를 판매하거나 제공하는 곳이다.

리조트 내에서 바의 위치는 로비에 위치한 로비라운지 바, 고층에 경치가 좋은 곳에 위치한 스카이라운지 바, 수영장 등에 위치한 바 등이 있으며, 이것들을 통틀어 라운지 바라고 하는데 만남이나 휴식공간의 기능을 제공한다.

사. 델리카티슨

델리카티슨(Delicatessen)에서는 제과, 제빵과 소시지, 햄 등의 가공식품을 판매하는 업장으로 대부분의 리조트에서는 테이크아웃(Take-out) 서비스를 실시하고 있다.

2) 메뉴관리

(1) 조식메뉴

가. 미국식 조식

미국식 조식(American Breakfast)은 주스, 빵, 계란요리 그리고 커피나 홍차로 구성된다. 계란요리에는 햄, 베이컨, 소시지 중에서 한 가지와 감자튀김이 곁들여진다. 영국식 조식에는 생선구이가 추가된다. 미국식 조식의 주요 메뉴구성은 다음과 같다.

- 주스류(a choice of juice)
- 빵류(basket of roll and toast)
- 계란, 햄, 베이컨, 소시지(egg, ham, bacon or sausage)
- 차류(coffee or tea)

나. 유럽식 조식

유럽식 조식(Continental Breakfast)는 영국식 조식과 구별하기 위해 대륙식 조식이라고도 하며, 주스, 빵, 커피나 홍차로 구성되는 간단한 아침식이다.

자료 : 미국식 조식(American Breakfast)

자료 : 유럽식 조식(Continental Breakfast)

다. 특별 조식메뉴

든든한 아침식사를 원하는 고객을 위해 특별히 만든 메뉴로 생과일주스, 바나나를 곁들인 콘플레이크와 빵과 계란요리, 설탕에 조린 과일, 그리고 커피로 구성된다.

- 프레쉬 주스류(fresh squeezed juice)
- 바나나, 키위를 겸한 콘프레이크(conflakes with banana or kiwi)
- 빵류(basket of roll and toast)
- 계란, 햄, 베이컨 소시지 등(egg, ham, sausage)
- 프레쉬 후르츠 칵테일(fruit cocktail)
- 차류(Coffee, Tea)

라. 정식메뉴

정식메뉴(Full Course)는 음식의 코스가 세트화되어 있으며, 고객의 선택이 용이하다. 정식메뉴는 아침, 점심, 저녁, 연회 등을 막론하고 어느 때든지 사용할 수 있으며, 미각, 영양, 분량의 균형을 참작한 한 끼분의 식사와 요금으로 표시되어 있다.

또한 정식메뉴는 매일 변화 있게 작성하여야 하나 재료의 한계로 반복되는 경우도 많으므로 주기적으로 새로운 메뉴를 작성하여 고객의 기대와 호기심을 충족시켜 주어야 한다.

자료 : 정식요리 육류요리

자료 : 정식요리 디저트

표 23-1 **정식메뉴(Full Course) 순서**

순서	8코스	10코스	12코스
식전 음료(Aperitif)	◉	◉	◉
전채(Appeitizer)	◉	◉	◉
수프(Soup)	◉	◉	◉
화이트와인(White Wine)		◉	◉
생선(Fish)		◉	◉
셔벗(Sherbert)			◉
레드와인(Red Wine)	◉	◉	◉
육류(Red Wine)	◉	◉	◉
샐러드(Salad)	◉	◉	◉
치즈(Cheese)			◉
후식(Dessert)	◉	◉	◉
식후 음료(Coffee or Tea)	◉	◉	◉

자료 : 유도재 · 최병호, 전게서, 참조 · 재인용

(3) 일품요리

일품요리(a la carte)는 코스별로 여러 가지 종류를 나열해 놓고 고객으로 하여금 기호에 맞는 음식을 선택하여 먹을 수 있도록 만들어진 메뉴이다. 정식으로 세트화되지 않은 메뉴는 모두 일품요리라고 할 수 있다. 또한 정식요리 품목에는 없는 별도의 특정 음식을 말하기도 한다.

(4) 특별메뉴

가. 축제메뉴

축제메뉴는 특정나라의 축제일이나 기념일에 특별히 제공되는 메뉴인데, 예를 들면 추수감사절 때 칠면조 요리와 같은 것이다.

나. 계절메뉴

계절메뉴(Seasonal Menu)는 식자재의 성숙기인 계절을 선택하여 일정 기간 운영하는 메뉴이다. 예를 들면 가을철에 송이버섯 요리 등을 들 수 있다.

다. 오늘의 특별메뉴

요일별로 메뉴를 다양하게 세트화하여 만든 메뉴이다. 이 메뉴의 운영상 장점은 매일 준비된 메뉴로 신속한 서비스를 할 수 있고, 재료의 재고를 활용할 수 있으며, 고객의 흥미를 유발시켜 매출을 증진시킬 수 있다.

(5) 메뉴가격 결정

메뉴가격은 시장에서 수요와 공급, 경쟁가격 등으로 결정된다. 하지만 판매가격 결정은 과학이 아니라 전략이다. 따라서 판매가격은 계산되는 것이 아니고 결정하는 것이다.

판매가격 결정의 궁극적 목표는 이익의 극대화와 꾸준한 영업활동에 있다. 기업의 입장에서 보면 가격이 이익의 원천으로써 총수익에 영향을 주며, 목표이익을 달성하기 위한 기본요건이 되는 동시에 판매량에 영향을 주기 때문이다.

가. 비용지향적 가격결정

마진확보 방법은 결정된 마진을 메뉴원가에 추가하는 방법이다.

나. 목표원가에 의한 가격결정

목표원가에 의한 방법은 일정한 마진을 확보하기 위해서는 원가가 적절해야 하는데 원가를 목표로 하여 가격을 설정하는 방법이다. 목표원가에 의한 가격결정방법의 공식은 다음과 같다.

$$\text{판매가격} = \frac{\text{총 식자재비용}}{\text{식자재 목표원가}}$$

다. 경쟁지향적 가격결정

경쟁사의 가격을 고려하여 가격을 결정하는 방법이다.

- **경쟁사와 비슷한 가격** : 메뉴와 서비스가 비슷한 경우
- **경쟁사보다 높은 가격** : 메뉴와 서비스가 차별화되어 시장진입이 가능한 경우
- **경쟁사보다 낮은 가격** : 경쟁사의 시장을 잠식하거나 방어하기 위한 경우

3) 식음료 업장의 조직과 업무

(1) 식음료부서의 직무분장

가. 식음료 부장

식음료부의 최고책임자로서 영업에 관한 정책수립 및 계획, 영업관리, 전 종사자의 인사관리 등 식음료부서의 전반적인 운영상태에 책임을 진다.

나. 식당과장

각 식당의 운영상태 및 문제점을 파악하고 운영에 관한 책임을 지며, 종사원의 인사관리, VIP고객의 영접 및 환송, 서비스교육 등을 담당한다.

다. 영업장 지배인

영업장 지배인(Outlet Manager)은 식당의 책임자로서 영업장 운영 및 고객관리, 인사관리, 교육훈련과 부서장 간의 직 · 간접적인 중계역할을 한다.

- **영업관리** : 매출관리, 재고관리, 업장 환경정돈, 원가관리, 특별행사 기획
- **고객관리** : 고객대장 관리, 고객 불평처리 및 예방, 예약관리
- **인력관리** : 근태관리, OJT교육 및 훈련, 인사고과
- **재산관리** : 집기 및 비품관리
- **문서관리** : 문서의 기록 및 보관

라. 캡틴(Captain)

- 접객책임자로서 영업준비 상태와 종사원의 용모 및 복장을 점검한다.
- 고객을 영접하고 식음료 주문과 서비스를 담당한다.
- 리조트 내의 전반적인 사항을 숙지하여, 고객에게 정보를 제공한다.
- 주문전화와 계산서를 관리한다.

마. 웨이터, 웨이트리스(Waiter, Waitress)

- 캡틴을 보좌하며, 주문된 식음료를 직접 고객에게 제공한다.
- 책임구역의 영업준비와 청소를 담당한다.
- 테이블 세팅과 청소를 담당한다.
- 식당에서 필요한 은기물류, 글라스류, 린넨류(냅킨) 등을 보급한다.
- 음식을 운반하여 사용이 끝난 접시를 세척장으로 옮긴다.

바. 안내원(Greetress)

- 지배인, 부지배인의 업무를 보좌하며, 고객을 영접하고 안내한다.
- 예약업무를 담당한다.
- 서비스 구역에 배치된 캡틴이나 웨이터를 파악하고 테이블 번호를 숙지한다.
- 웨이터, 웨이트리스의 업무가 바쁠 때에는 협조를 한다.
- 영업장 입구에서 전화로 고객을 찾으면 페이징 서비스(Paging Service)를 제공한다.

사. 실습생(Trinee)

- 웨이터, 웨이트리스의 업무를 돕는다.
- 식사가 끝난 접시를 주방의 접시 세척장소로 옮겨 치운다.
- 영업장에서 필요한 각종 서비스용품을 보급한다.
- 테이블 세팅을 돕고 냅킨을 접는다.
- 고객에게 물, 버터, 빵, 커피, 티 등을 서빙한다.
- 업장 내 테이블, 의자 등을 청소하고 기물을 닦는다.
- 테이블 크로스, 냅킨 등 린넨류를 수거하여 하우스키핑에 갖다 주고 필요한 수량을 수령해 온다.

3 리조트의 연회 관리

1) 리조트연회의 개념

리조트연회는 단체고객들에게 기념회, 축하연, 전시회, 세미나 등의 다양한 행사 목적을 위하여 지정된 연회장에서 음식과 오락을 제공하고 그 대가를 받는 행위를 말한다. 일반적으로 연회장은 Banquet Room이라고 한다.

2) 리조트연회의 분류

리조트연회는 호텔 내에서 이루어지는 파티(In House Party)와 리조트 밖에서 이루어지는 파티(Outside Catering)로 분류되며 전시회, 패션쇼, 강연회, 세미나, 약혼, 결혼식, 회갑연, 창립기념회, 사은회, 동창회, 송년회, 국빈행사, 정부 기념 행사 등으로 이루어진다.

3) 연회 상품

(1) 음식 상품

리조트 호텔의 연회장에서는 호텔 내 식음료업장에서 취급하는 메뉴를 판매할 수 있으나, 주방시스템 및 요원, 채산성 등을 고려하여 별도의 메뉴를 준비하고 있다.

연회장 메뉴는 고객의 선택이 용이하도록 음식종류별로 등급화되어 있고, 대량 인원에게 동일한 메뉴를 제공해야 하므로 세트화하여 판매하고 있다.

연회음식은 다음과 같다.

가. 조찬메뉴 : 한조식, 일조식, 조식뷔페 등의 메뉴가 있다.

나. 정찬메뉴 : 중식 및 석식에 제공되는 메뉴로 한 · 양식의 정식이 등급별로 세트화되어 있다.

다. 뷔페메뉴 : 등급별로 구성되어 있는데, 앉아서 먹는 싯팅뷔페(Sitting Buffet)와 서서 먹는 스탠딩뷔페(Standing Buffet)로 구분된다.

(2) 음료 상품

연회장에서는 모든 음료를 취급할 수 있는데 테이블 서비스 형식과 바(bar) 서비스 형식이 있다.

가. **테이블 서비스** : 고객이 원하는 음료를 테이블 위에 올려놓고, 소비량만큼 계산하는 방법

나. **바 서비스** : 이동식 연회장 바를 설치하여 고객이 직접 바에 와서 음료를 선택하여 먹는 경우

(3) 대여 상품

연회장 대여 상품은 연회장 대여와 시설기자재 대여가 있다. 연회장 대여는 연회장의 규모와 사용기간에 따라 요금이 달라지고, 시설기자재 대여는 연회행사를 하면서 필요한 각종 시청각 기자재 대여가 있다.

기본적인 시설기자재는 무료로 제공되지만 동시 통역시설 등 고가의 장비에 대해서는 대여료를 받고 있다.

(4) 옵션 상품

연회장에서는 고객과 옵션을 통하여 부수적인 상품을 판매할 수 있는데 그 종류는 다음과 같다.

가. 화환, 꽃다발, 수반, 부케, 코사지 등

나. 사진, 비디오

다. 엔터테인먼트 : 밴드, 사회자, 연예인 등

라. 케이크 및 아이스카빙(얼음조각)

마. 베너(banner) : 천으로 만든 플랜카드

4) 리조트의 연회행사 종류

(1) 테이블 서비스 파티(Table Service Party)

테이블 서비스 파티는 좌석에 앉아서 각 요리 종류별로 서비스를 받는 파티로 가장

격식 있고 품격 있는 연회행사이다. 따라서 초대장에 명시한 대로 참석해야 하며 특별한 요청이 없을 경우에는 정장차림을 해야 한다.

(2) 뷔페 파티(Buffet Party)

뷔페행사는 참석 예상인원을 미리 예측하여 적정한 양의 음식을 미리 준비해 놓고 고객의 취향에 따라 음식을 셀프 서비스로 제공하는 식사방법이다.

가. 스탠딩 뷔페 파티(Standing Buffet Party)

스탠딩 뷔페 파티는 서서 먹는 식사방법이며 공간이 좁아서 테이블과 의자를 배치할 수 없을 경우에 유리하며 한꺼번에 많은 인원의 식사가 가능하다는 점이 특징이다.

나. 좌석 뷔페 파티(Seat Down Buffet Party)

좌석 뷔페 파티는 음식이 식당에 차려져 있기 때문에 제한된 공간에 테이블과 의자를 준비해야 하며 테이블 세팅도 해 놓은 상태에서 식사를 하는 방법이다.

(3) 리셉션 파티(Reception Party)

리셉션 파티는 사교 파티의 대표격이며 큰 행사 전에 먼저 온 손님들을 위하여 기다리는 동안 간단한 음료와 다과를 들면서 담소하는 파티이며 통상 30분 정도로 진행된다. 그러므로 식사 의미는 아니며 식사 전의 간단한 행사에 해당된다. 그 외 리셉션 파티 자체만으로 모든 행사를 끝내는 경우도 있으며 이때의 음료와 다과류는 양을 조금 많게 서브하는 것이 무난하다.

(4) 티 파티(Tea Party)

티 파티는 음료와 다과류만을 준비하여 간단하게 진행되는 파티이다. 보통 회의 중간에 이루어지기도 하며 생일파티나 각종 모임에서도 행사를 하고 있다.

(5) 가든 파티(Garden Party)

가든 파티는 잔디가 있는 정원에서 이루어지는 축하행사이다. 격식이 요구되므로 정장차림으로 참석해야 하며 손님이 앉아서 먹을 수 있는 테이블이나 의자가 없으므로 스탠딩 뷔페 형태이나 야외 가든에서 한다는 점이 다르다.

(6) 출장 연회(Outside Catering)

출장 연회는 호텔 내에서 이루어지는 행사가 아니라 고객이 원하는 지정된 호텔 외부 장소에 호텔 내의 식사와 음료, 테이블과 기물 등을 운반하여 연회행사를 실시하는 것을 말한다. 이때에는 행사 담당자가 사전에 행사현장 답사를 실시하여 면적, 차량진입 여부, 전기 조명시설 등을 파악해야 한다.

5) 연회행사 예약업무의 실제

(1) 날짜 결정 및 조정

고객이 원하는 날짜와 시간에 예약을 접수받으면 된다. 그러나 예약장부를 확인한 결과 선약이 되어 있으면 그 날짜에 예약된 확정적 예약인지, 잠정적 예약인지를 신속히 확인하여 대처할 필요가 있다.

만약 확정적 예약일 때는 문의 고객에게 다른 날짜로 변동이 가능한지를 확인한다. 또한 잠정적 예약일 경우에는 연락을 취해 빠른 결정을 요구함과 동시에 선수금(deposit)을 수령하여 행사를 구체화시킨다.

(2) 시간조정

연회에 있어서 연회장 사용시간대는 매우 중요한 요소이다. 즉 매출의 극대화와 서비스의 효율성을 최대화시킬 수 있기 때문이다.

(3) 연회장의 배경

보통 연회장은 대 · 중 · 소규모의 다수 연회장을 보유하고 있으므로 행사의 규모나 성격을 고려하여 효율적인 운영과 매출의 극대화를 위하여 행사규모에 맞는 연회장 배정이 무엇보다 중요하다.

(4) 견적서 작성

견적서를 작성할 때는 고객의 예산을 충분히 고려하여 견적서를 작성하는 것이 좋다. 무료로 제공되는 품목이 있다면 무료라고 표시한다.

또한 식음료의 요금은 봉사료와 세금을 포함하는 가격을 기재하도록 하고, 연회장의 행사도면과 좌석배치(lay out) 내용도 함께 기재한다.

(5) 계약서 작성과 예약금

계약서는 서식에 의하여 작성하면 된다. 단, 연회행사는 행사 당일에 정확한 인원수를 파악할 수 있다. 따라서 연회 예약실에서는 예약고객에 대한 지급보증(guarantee)이 필요하다.

지급보증이란 인원의 감소에 관계없이 고객이 지급하는 보증인원수이고, 지급보증 계약은 예상인원 수와의 갭(gap)은 10% 이내에서 계약하는 것이 통례이다.

(6) 연회지시서 작성 및 배포

연회행사서 작성이 끝나면 행사가 유치된 것이므로 컨트롤차트(control chart)를 재확인하여 확정된 내용을 기록하고 연회행사 지시서를 작성한다. 행사 일주일 전에 연회행사 지시서를 모든 관련부서에 전달하여 행사 당일 차질 없이 진행되도록 한다.

6) 연회장 배열방법

연회행사에서 의자 및 테이블의 배열은 장소와 분위기에 알맞게 하며, 특히 연회장의 공간은 최대한 활용한다. 연회의 성격에 따라서 의자와 테이블의 배치가 달라지므로 어떻게 하는 것이 가장 적절하며 효율적인가를 서비스 담당자는 판단을 하여야 한다.

(1) 회의시 테이블 배열

가. 원형 테이블(Round Table Shape)

나. 타원형 배역(Oval Shape)

다. 공백 사각형 배열(Hollow Shape)

라. 학교 교실형 배열(School Style)

마. 공백식 타원형 배열(Hollow Circular)

(2) 뷔페 및 칵테일 리셉션 배열

가. 타원형(Circular)
나. 목걸이형(Necklace)
다. 양머리형(Lamb' s Horns)
라. 들소뿔형(Bison' s Horns)
마. 멍에형(Yoke)
바. 심장형(Heart)

그림 23-2 **리셉션 배열**

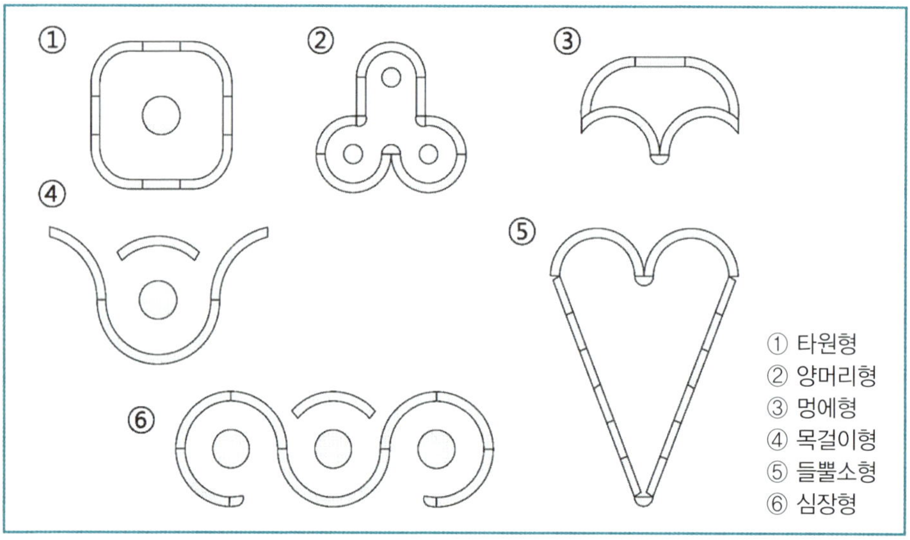

자료 : 유도재 · 최병호, 전게서, 유도재(2006), 리조트경영론, 참조 · 재인용

표 23-2 양식메뉴 순서

순위	MENU	항목	서비스 실시계획	사용기물
1		고객입장	고객 입장 시 정중히 인사하고 착석하도록 도와준다.	
2	White Wine	Wine Serve	Head Waiter의 신호에 의해서 Host Taste가 끝난 후	Hand Towel 착용
3	Appetizer	Appetizer Serve	처음 동작은 Head Table과 같이 보조를 맞추어 서브한다.	Tray
4	Bread	Bread Serve	Bread Basket&Tray를 준비하여 고객의 왼쪽에서 서브	Bread Basket
5		App-Plate Pick-up	App-Plate를 고객의 왼쪽에서 뺀다.	Tray
6	Soup	Soup Bowl or Cup Set-up	뜨겁게 데워진 Soup Bowl or Cup을 고객의 오른쪽에서 Set-up	Tray
7		Soup Serve	Soup Tureen, Soup Ladle을 사용하여 왼쪽에서 서브	Soup Tureen Soup Ladle
8	Salad	Salad Serve Soup	고객의 왼쪽 공간에 Salad Serve	Tray
9		Bowl or Cup Pick-up	Salad Serve 후 Soup Bowl or Cup Pick-up	Tray
10	Maindish	Maindish Serve	Maindish를 고객의 오른쪽에서 정중히 서브하며 [맛있게 드십시오]라고 인사한다.	Hand
11		Maindish Salad Bowl Pick-up	고객의 오른쪽에서 Tray를 이용하여 소리가 나지 않게 조용히 뺀다.	Tray
12	Dessert	Dessert Serve	Dessert를 고객의 오른쪽에서 서브한다.	Tray
13	Coffee or Tea	Coffee or Tea Serve	Speech가 없을 때에는 Dessert 서브 후 Coffee Serve를 가급적 빨리 한다.	Coffee Pot

자료 : 우도재 · 최병호, 전게서, 유도재(2006), 리조트경영론, 참조 · 재인용

제23장

리조트기획 · 재무

① 리조트기획 · 재무의 의의

하나의 사업체로써 리조트가 최초의 사명을 달성하고, 지속가능한 재무적 기업이 되고자 한다면, 사업의 초기부터 내부적 문제와 도전과제들에 대하여 통제할 수 있어야 한다. 기획과 재무 간의 관련성에 관해서 Gee(1996: 91)는 '리조트 기획과 개발에 관한 과정은 기본적으로 경제적인 것이고, 사회적이거나 환경적인 다른 목적들은 반드시 경제적 목표에 종속되고 통합되어야 한다.' 라고 정리한 바 있다.

따라서 리조트 기획과 개발의 추진방법과 과정에 있어서 첫 번째 단계인 기획과정(Planning Process)은 미래를 위한 행동이나 절차에 대한 하나의 도식(schema) 등과 같은 기획이 지닌 본원적(generic) 특성이다. 사업 관리 전략은 가능한 투자에서부터 최대한의 효과성과 효율성을 산출하도록 설계되었다.

반면에 외적으로 부과된 기업의 사회적 책임의 수용 또는 새롭고 보다 차원 높은 지속가능한 발전 기준의 설정 등이 포함되기도 한다. 이러한 모든 것들은 기획과정 내에서 분리될 필요가 없는 독립적인 단계인데 그 이유는 사업 상황에서 재무적 문제의 관련성과 포함 가능성은 각 단계에서 반드시 고려되어야 하기 때문이다. 하지만 이것은 기획 체제 내에서 하나의 전체적인 구성요소로써, 단일 리조트 호텔시설이든, 복합 리조트 시설이든, 아니면 보다 규모가 큰 도시 리조트 목적지이든 관계없이 모든 수준의 리조트에서 다루어져야 할 요소들이다. 그리고 재무관리에 관한 논의는 리조트개발과 관련한 지출과 수입의 관리를 의미한다.

본 장에서는 오늘날의 회계 원리나 절차에 관한 구체적 언급보다는 보다 거시적인 논의를 하고자 한다. 리조트 경영주가 그들이 가진 사명을 달성하는 데 소요되는 시간이 어느 정도이며, 개발의 다양한 단계별로 얼마나 서로 다른 재무적 문제들이 발생하게 되는가에 대해서 보다 중점적으로 다루게 된다.

2 리조트기획 과정

1) 리조트개발 방향과 입지조건에 따른 차이점

기획과정은 각 리조트의 개발방향에 따라 세부적으로 달라질 수 있음을 인지할 필요가 있다. 즉, 리조트가 푸르른 야외지역에 위치한 것인지, 아니면 거주자들이 많고 요구사항도 많은 도심 복합지역의 한 부분에 위치한 것인지 등이다. 또한 개인이 소유하고 있는 것인지 아니면 임차된 것인지 여부이다. 그리고 그 리조트에서 행해지는 거버넌스 체제가 어떠한 것인지 등에 따라 기획과정에서 차이가 발생할 수 있다. 그렇다고 하더라도 각각의 모든 경우에 대하여 본원적인 기획과정은 여전히 똑같이 적용될 수 있다.

리조트의 개발상황은 한적하고 아직 개발이 덜된 야외의 시골지역인가, 아니면 복잡하고 발달된 도시지역 또는 그 중간 지역인가에 따라 달라질 수 있다. 이처럼 다양한 개발상황은 기반시설, 건축, 노동의 공급과 관련하여 서로 다른 비용구조를 가질 수 있다. 경제가 성장하고 있고, 낙관적 전망이 우세한 시기에는 미래에 대한 꿈이 개발과 관련된 재무적 문제가 지닌 실상을 간과하도록 만들 수도 있다.

사례 호주의 주요한 리조트개발 시기였던 1980년대에는 '리조트 수요에 대한 비현실적인 기대와 리조트 투자원칙에 대한 부족한 이해 상태에서' 많은 리조트들에 대한 투자가 이루어졌다.(Ernst and Young, 2003: 7). Tourism and Transport Forum of Australia(호주 관광과 교통 포럼)의 CEO인 Chris Brown에 의하면, 그 결과 '자만심에 찬 투자, 어리석은 기획, 지나친 경기낙관으로 인해 이익을 전혀 내지 못하는 상황으로 진행된 일부의 리조트개발'은 마침내 재산 위탁관리자의 손으로 넘어가고 말았다(Ernst and Young 2003: 3).

호주와 그 어느 곳에서도, 그와 같은 리조트의 꿈을 이익이 발생하는 사업으로 전환시키는 사람은 흔히 두 번째 또는 세 번째 소유자들이다. 그들은 보다 현실적인 재무 기획을 적용하고 그 이전 소유자들이 지녔던 시장에 대한 판단의 오류를 수정한다.

2) 리조트기획 과정 참여 및 이해 관계자

리조트의 기획과정에 관여하는 사람들이 단지 개발자나 소유자인 것만은 아니다. 왜냐하면 일반적으로 그 외의 다른 이해관계 당사자들이 있기 때문이다. 그러한 사람들 중에는 지역공동체의 구성원을 들 수 있는데, 그들은 도시지역의 이웃이나 주민일 수 있으며, 야생지역이나 전통적 지역에서의 이웃이나 원주민 소유자일 수도 있다. 그들은 리조트로 인해 발생되는 고용이나 사업기회에 대하여 일반적으로 환영하지만, 한편으로는 지역의 경관이나 문화를 통합하는 개발이 세심하게 이루어지기를 기대한다.

또한 리조트 안에서 핵심적이거나 이차적인 사업장을 임대하여 운영하는 사람들이 있다. 그들은 해마다 임대비용을 낼 수 있고 공동 마케팅활동과 같은 의무를 다할 수 있을 만큼 충분한 사업의 수익성을 기대한다. 나아가 정부는 사회로부터의 기대와 책임감의 증가에 부응하기 위해, 언제나 세금기준을 높이기 위해 노력한다.

3) 기획수립 수단의 유형

다양한 개념과 정책에 대한 기대와 제약 속에서 리조트사업의 이익목표를 달성함으로써 이해관계 당사자 집단의 요구를 충족하는 것은 기획수립자의 책임이다. 이를 위해 기획수립자들은 세 가지 유형의 기획수립 수단들을 사용해 왔다. 그 수단들은 지역공동체의 목표와 열망을 반영하는 전략적 사명을 형성하게 하고, 적절한 토지이용 형태와 개발 유형의 파악을 통해 그 사명의 실행을 가능하게 한다(Dredge, 1999: 774). 기획수립 수단의 세 가지 유형은 과정적, 기능적, 규범적 수단이다.

(1) 과정적 수단

과정적 수단(process tools)이란 기획과정의 본질에 관한 것으로, 기획과 관련된 문제에 포괄적인 해결책을 제공할 수 있는 몇 가지 단계에 초점을 맞추고 있다. 리조트개발의 관점에서 이 분야의 주요한 두 사람의 공헌자로는 Inskeep과 Gee를 들 수 있다. Inskeep(1991: 202)은 리조트기획에 관한 통합적 형태의 로드맵을 제공하고 있다(그림 24-1).

가. 1단계

1단계는 생산을 고려하고 있는 리조트 상품 유형을 결정하기 위한 시장분석(market analysis)을 실시하는 것이다. 만일 리조트 개발자의 생각 속에 충분한 소비자의 수요가 없거나 제한적일 경우에는 리조트개발 기획은 거기서 중단되어야 한다.

나. 개념적 단계(conceptual stage)

개념적 단계에서는 지역의 사업과 지역공동체와의 관계가 탐색되어야 하며, 개발 기획은 핵심적인 이해관계 당사자들과의 적절한 자문을 통해 도출되어야 한다. 이러한 과정을 통해서 본격적인 개발(development) 단계로 진입하게 된다. 이 단계에서는 대규모 프로젝트일 경우 통산 일련의 개발단계들을 필요로 한다. 즉, 다양한 유형의 재무기획이 확보되어야 하며, 부채상환과 일정한 현금흐름을 유지하기 위한 다양한 유형의 수익창출 기획이 수립되어야 한다. 주어진 시간 동안 개발이 진행되어야 하지만, 애초의 기획에 대한 어느 정도의 수정은 불가피하며, 따라서 후속과정은 애초의 사명과 상당히 다른 양상을 띨 가능성이 크다고 할 수 있다.

Walt Disney World 건설을 위한 Walt Disney의 기획은 탄력적 기획이 지닌 중요성에 대한 좋은 예가 되고 있다. 애초의 기획에서 EPCOT는 소위 '미래 지역 공동체의 실험적 원형(Experimental Prototype Community of Tomorrow)'을 건설하는 것이었으며, Disney의 기술과 미래의 유토피아 도시를 만들기 위한 전향적 기획의 조화를 통합하는 것이었다. 그러나 불행히도 그와 같은 리조트 프로젝트 기획이 개발에 착수되기 전에 Walt Disney는 세상을 떠났으며, 따라서 그 기획은 주인공을 잃어버리게 되었다.

위와 같은 사명을 가졌던 EPCOT 대신에 Disney경영진은 새로운 기회를 최대한 활용하여, Walt Disney World 안에 영속적인 국제 박람회(International Exhibition)라고 하는 제2의 테마파크를 개발하고자 하였다. 주요 대기업들과 선별된 몇 개 국가들과의 협력을 통해 Disney사는 최소한의 직접 투자만으로 기술과 여행 테마파크를 건설할 수 있었다. Disney World의 초 EPCOT에 대한 꿈은 잊히지 않고 있으며, 이상적인 도

그림 24-1 **리조트기획 수립 과정(Inskeep, 1991: 202)**

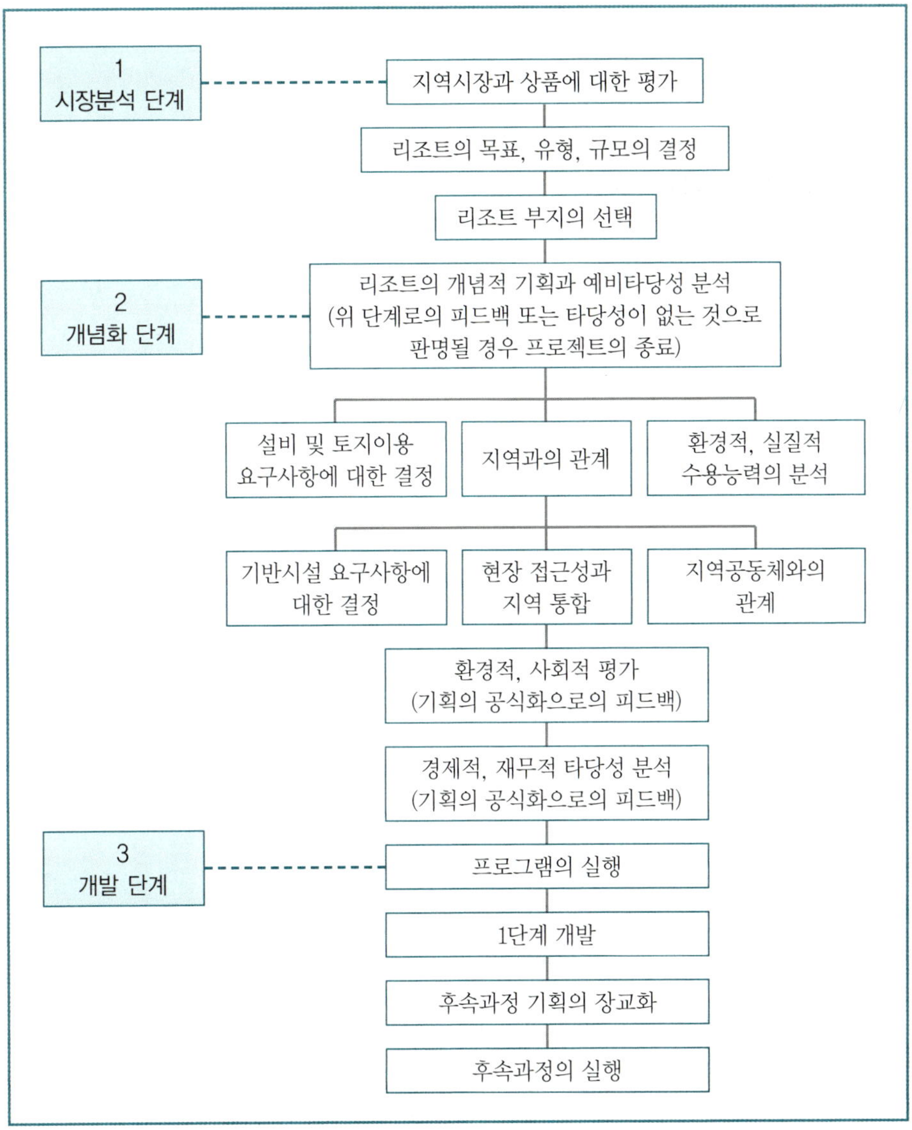

자료 : 하동현 외 3인(2012), 참조 · 재인용.

시환경을 창조하기 위한 간단한 메모로부터 기획된 새로운 타운의 형태로 건설한 그 정신은 아직도 지속되고 있다.

다. Gee의 리조트개발 과정(그림 24-2)

가) 1단계 : 개념화, 기획 시작

1단계가 개념화, 기획과 시작이다. Gee는 리조트를 위한 최초의 아이디어는 호텔경영회사, 공공 또는 유사 공공기관, 특수 이해관계 당사자 집단, 개발업자, 민간 또는 공공의 자산소유자 등을 포함하여 상당히 폭넓은 원천에서 비롯될 수 있다고 말한다. 이와 같은 최초의 집단들은 그 리조트를 위해 항상 똑같은 목표와 이미지를 가지고 있는 것은 아니며, 따라서 수시로 상당한 타협을 필요로 한다.

예를 들면, '장기적인 투자의 사고를 가진 사람들은 강력한 현금 흐름 지향(주주들에 대한 현금 배당을 포함)' 의 사람들과 종종 갈등을 일으킨다. 또한 일부의 사람들은 장기적인 세금 대피처로 생각하고 있는가 하면, 다른 사람들은 그 프로젝트가 완성되자마자 팔아버리려고 생각하는 사람들도 있다. 나아가 소유자나 개발자들이 전문적인 기획 입안자들이나 설계자들을 무시하고자 할 때, 문제는 끊임없이 발생한다(Gee, 1991:95).

Gee는 이 첫 번째 단계를 위해서는 장기간의 시간이 필요함을 강조한다. 왜냐하면 시간과 자원에 대한 투자는 대중들에게는 보이지 않으므로 그러한 투자에 대하여 많은 사람들이 이해하지 못하기 때문이다. 현대적 리조트개발의 복잡성이라는 관점에서 보면 그 규모와 구성요소에 있어 하나의 작은 도시를 만드는 것이라 할 수 있다. 그러므로 기획과정에서는 유료고객이 처음으로 도착하기 전까지 모든 구성요소들이 제자리를 잡을 수 있도록 단계별로 논리적 연속성을 가진 프로젝트 순서도(flowchart)가 반드시 필요하다. 대형 프로젝트의 경우 최종 기획이 지방 정부당국에 의해 승인된다는 조건하에 필요한 부지를 구매하거나 또는 임차하는 것이 가장 바람직하다. 정해진 기간 안에 구매기획을 이행하지 못함으로 인해 수천 달러를 잃는 것이 기획에 대한 승인이 철회됨으로써 발생하는 수백만 달러의 손해보다 낫기 때문이다.

나) 2단계 : 타당성 분석

2단계인 타당성 분석(feasibility analysis)은 프로젝트를 추진할 것인지, 아니면 철수할 것인지를 판단하는 데 도움을 준다. 이 단계는 명확히 1단계와 연결되어 있지만 평가가 진행되기 이전에 예비적인 상품 개발기획과 표적시장 세분화 작업은 이루어져야 하기 때문에 이 단계는 2단계로 간주된다. 제안된 기획(공급 측면)과 시장(수요 측면)에 관한 가시적 측면은 높은 명성을 지닌 제3자에 의해 분석되어야 한다. 그리하여 프로젝트를 지금의 단계까지 이끌어 온 꿈은 객관적으로 명확해야 한다. 만일 그 타당성이 실망스러운 것일 경우 애초의 기획을 수정하거나 토지에 대한 구매나 조건적 협상을 거둬들여 철회해야 한다.

다) 3단계 : 개입

3단계는 개입(commitment)의 단계로, 모든 것이 공식화되는 단계이다. 즉, 공식적인 협약과 법적인 서류들에 대한 서명이 이루어지고 등록되는 단계이다. 일련의 토지가 획득되고 토지이용 기획이 지방 행정당국에 제출되며 보다 적극적인 재무기획이 실천에 옮겨진다. 또한 이 단계에서 해안선 관리나 용수 권한, 쓰레기 처분권 등을 이용할 수 있는 경우에는 이에 대한 추가적인 승인을 얻기 위해 환경영향 신고서를 제출해야 한다.

라) 4단계 : 설계, 배치, 건축

4단계에서는 리조트의 실질적인 설계(design), 배치(layout), 건축(construction)을 실시하게 된다. 그 지역의 환경조건과 바람직한 이미지가 상당한 정도로 설계에 영향을 미친다. 지역적 구분과 건물 번호에 따라 이루어지는 리조트의 공간적 배치는 함께하는 공동 활동을 묶어주거나 서로 부딪치는 활동을 분리시킬 수 있도록 효과적으로 이루어져야 한다. 건축은 고객들과 콘도미니엄의 구매자들이 매료될 수 있도록, 그리고 많은 수의 사람들이 리조트를 방문해도 그 외관을 유지할 수 있도록 고품질로 시공되야 한다.

마) 5단계 : 경영과 운영

5단계는 경영과 운영(management and operation)의 단계이다. 이 단계는 리조트의 실질적인 개장과 운영이 이루어지기 전부터 실행되어야 한다. 이 단계에서는 공격적인 판매와 마케팅 캠페인, 인원의 모집과 훈련, 운송회사 등 공급업자나 파트너들과의 최종적인 마무리 계약 등의 일들이 이루어지게 된다. 또한 이 단계에서는 '경영자와 종사자가 모두 애초에 의도되었던 방식으로 리조트를 운영해야 하며' (Gee, 1996: 121),

초기의 사명과 기획을 현실화시킴으로써 차별화되고 매력적인 리조트가 될 수 있도록 노력해야 한다.

리조트개발 과정에서 고려해야 할 수많은 세부적인 사항들과 연관시켜 볼 때, 그것이 종종 몇 번의 우회와 실질적인 변경을 거쳐야 하는 긴 과정이라는 점은 그다지 놀랄 만한 일이 아니다. 토지와 관련한 협상, 그 외 비용, 권리, 접근 가능성, 변화, 자금조달 등의 문제들은 기회를 차단하기도 하고 열어주기도 한다. 그 최종적인 결과는 최초의 꿈과는 다른 것이 될 수도 있으며, 실질적인 첫 유료고객이 방문하기 이전에 많은 자금이 투입되어야 하는 경우도 있다.

그림 24-2 **리조트개발 과정의 단계(Gee, 1996: 95)**

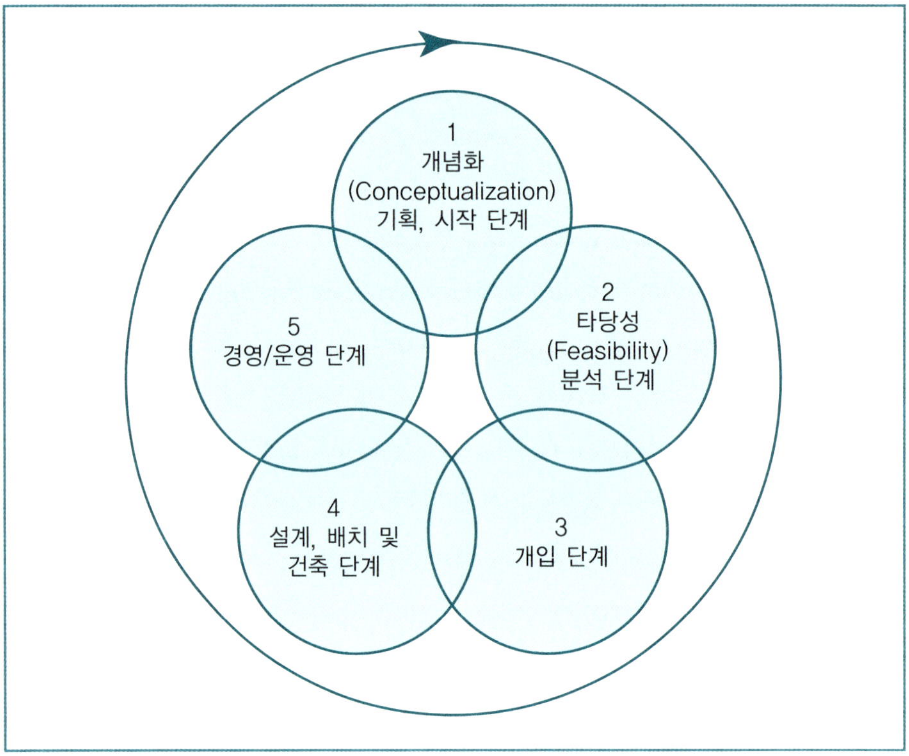

자료 : 하동현 외 3인(2012), 참조 · 재인용

(2) 기능적 수단

기능적 수단(functional tools)이란, 리조트개발과 기능에 관한 방법을 설명하는 이론과 기법을 말한다. '주로 체제 이론에서 도출된 것으로서... 기능 이론은 인간행동과 정주형태의 구조(structure of settlement forms) 사이의 역동적 관계를 설명하는데 상당히 유효하다'(Dredge, 1999: 775). 기능적 수단에 관한 고전적 사례는 전통적인 해안 리조트개발에서의 지형적 모델에서 볼 수 있다. 이들 리조트들은 철도역과 도로망을 통해 해안가와 지역에 접근할 수 있는 이중적 입지적 매력성을 지니고 있다. 이 같은 (철도와 도로망 등의) 센터들은 고객들을 위한 최대한의 편의성과 토지에 대한 최대한의 수익을 제공할 수 있는, 다양한 기능적 토지이용의 좋은 사례가 되고 있다(Pearce, 1989: Smith, 1992).

(3) 규범적 수단

규범적 수단(normative tools)은 '인간적 가치와 정주형태 사이의 일반화할 수 있는 연결을 다루고 있다'(Dredge, 1999: 776). 규범적 수단은 인간행동의 '규범(norms)'을 설명하고 예측하고자 하는 이론들에서 비롯되었다. 이는 학문적 탐구의 정점이기도 하지만, '리조트 경영주들에게 있어서는 앞에서 논의한 수단들에 비해 종종 보다 애매한 측면이 있다'(Dredge, 1999: 776). 두 개의 서로 다른 규범적 이론과 수단은 리조트 사업 및 경영과 특별한 관련성을 가지고 있다.

도시 장소의 공간과 계층에 관해 설명하고 있는 '중심지 이론(Central place theory: 지역 내의 입지, 규모, 자연 및 공간화에 관한 이론으로, 소매입지의 지리적 문제에 관한 여러 가지 개념적 기초 제공)'의 창시자 중의 한 사람인 Christaller(1964)는 그 이론을 레크리에이션과 여가에 적용할 경우 발생할 수 있는 논리적 결과에 관해 논의하고 있다.

도시 중심에서부터 제공되는 재화와 서비스에 대한 국가적 수요를 유지하기 위해서는 시골지역의 소득을 발생시킬 수 있는 방법을 발견하여야 한다. 이를 촉진할 수 있는 핵심적인 방법의 하나로 Christaller는 시골지역의 레크리에이션 자산을 이용하는 방안을 제안하고 있다. 그는 구체적으로 시골지역의 위락과 농업을 통한 소득을 주요한 도시 중심에서 그들이 필요로 하는 제품과 서비스를 구매하는데 소비하도록 함으로써 소득의 연속적인 순환이 가능함을 제시하고 있다. 이와 같은 사고방식을 다수의 중앙과 지방정부에서도 명확히 가지고 있다. 각 지방정부는 시골지역에 새로운 산업과 활동을 유치함으로써 고용과 편의시설을 제공하고, 지역민들이 바깥 지역으로 이동해나가는 것을 억제하며, 새로운 방문객과 거주자들의 유입이 촉진될 수 있도록 노력하고 있다.

많은 지역에서 이와 같은 정책의 핵심은 리조트와 관련 부동산의 개발과 지원산업 부분에 투자되어 왔다. 사실상 리조트는 성장의 축으로 이용되어 왔던 것이다.

3 기획과 재무적 타당성

앞서 Dredge에 의해 제시된 세 가지 기획수단들은 기본적으로 서로 독립적인 목록이라고 하기보다는 특정 부분을 보다 강조하기 위한 것이고, 어떠한 하나의 수단도 모든 상황에 다 적용될 수 있는 것은 아니다. '기획수립자들은 이 같은 다양한 수단들을 여러 가지 단계에서의 기획과정에 대한 정의, 탐색 중인 문제의 묘사와 설명, 세심한 해결책의 도출, 바람직한 선택안의 정립 등을 위해 사용한다' (Dredge, 1999: 776). 사업적 관점에서 볼 때, 개발과정의 모든 단계와 모든 기획수단들에 대한 적용을 위해 필요한 하나의 요인은 재무적 타당성과 그로 인해 기대되는 결과이다.

1) 사업개발 평가

제안된 사업 개발을 평가하기 위한 표준적 접근방법은 각각의 주요한 개발결정에 따라 기대되는 수익흐름의 정도가 달라질 수 있음을 인정하는 것이다. 그러므로 위험과 관련된 개연성은 각 가능한 결과들에 할당될 수 있다. 하지만 리조트 투자와 관련하여 위험이 발생할 개연성을 계산하는 것은 상품과 개발 그 자체의 본질상 대단히 복잡한 일이다.

리조트는 매우 개인적이고 눈에 보이지 않는 '휴가 경험(vacational experiences)'이라고 하는 상품을 판매한다. 따라서 금융기관들에게 리조트 상품이 지닌 개별 구성요소들의 장점을 측정한다는 것은 대단히 어려운 일이며, 그 상품이 소비자의 전반적 경험과 만족에 어느 정도 적합한 것인지 평가하는 것도 쉬운 일이 아니다. 리조트 개발의 단계는 오랜 시간을 필요로 한다. 그 기간 동안 내부적 요인(목표시장과 건축비용)과 외부적 요인(환율이나 경제주기)은 변화한다. 만일 ' 어떤 투자평가가 미처 적절하게 구역화되지도 아니한 전원지역 현장이 완전히 개발되어 인가받을 때까지 발생할 수 있는 관리적 지연 가능성을 허용하지 않는다면, 그것은 지나치게 높은 수익률을 기대하는 결과에 이를 가능성이 크다(Stanton and Aislabie, 1992: 446)'.

사례 Stanton과 Aislabie(1992)는 고급스러운 복합리조트에 대한 자신들의 평가에서 다음과 같은 세 가지 공통적인 평가의 어려운 점을 제시하고 있다.

1. 리조트 특성이 지닌 특이성(Uniqueness of resort characteristics)

모든 리조트들은 상품과 이미지라고 하는 차원에서 각자 차별화를 시도하고 있으며 서로 다른 장소와 환경조건을 가지므로, '특이성(uniqueness)'이 고객수요에 대한 예측을 어렵게 만들고 있다.

2. 수요의 역동성과 비용의 불확실성(Dynamics of demand and cost of uncertainty)

최초의 리조트개발 기획과 개장 사이의 시간 간격과 그 이후의 리조트 수명주기의 불확실성은 관련 비용과 수익의 발생에 대한 추정을 어렵게 한다. '건축 기간이 길수록 최초의 수익발생을 수정해야 할 필요성 또한 증가하게 된다'(Stanton and Aislabie 1992: 444).

3. 불확실성에 미치는 입지적, 제도적 영향(Location and institutional influences on uncertainty)

시골의 전원지역이라고 하는 입지조건은 불확실성을 증대시킨다. 왜냐하면 그러한 입지조건은 관광객 방문 숫자나 관광객 지출과 관련하여 아무런 기록도 가지고 있지 않기 때문이다. 지방정부의 규제는 대부분 공사기간의 지연이라고 하는 비용을 발생시킬 수 있으며, 또한 부과되는 지방의 공공요금과 최소한의 기준들은 관할구역에 따라 상당히 다르다. '공사의 지연은 리조트개발 프로젝트에 소요되는 비용에 추가적으로 5~10%의 비용을 더 발생시키는 것으로 평가되고 있다'(Stanton and Aislabie 1992: 445).

이상과 같은 어려운 점들이 정기적으로 발생한다고 하는 증거는 전 세계적으로 발견되고 있다. 투자수익의 평가와 관련한 문제점들에 대한 가장 세밀한 회계처리의 예는 세계적인 회계기업인 Ernst와 Young(2003)의 호주 리조트시장에 대한 평가에서 찾아볼 수 있다.

Ernst와 Young은 리조트 개발자들의 통제영역을 벗어난 외부적 요인들이 개발에 중요한 역할을 하게 됨을 지적한다. 특히 리조트개발과 그에 뒤이은 관광지 수명주기(tourism area life cycle, TALC) 단계들이 본격적인 시행까지 너무 오랜 시간이 걸릴 경우에는 더욱 그러하다. 그들은 1980~2002년 사이의 호주의 리조트 투자주기와 관련한 외부적 요인들의 긍정적, 부정적 영향에 관해 예시하고 있다.

2) 리조트개발과 투자의 관점

리조트개발과 투자의 관점에서 Ernst와 Young은 다음과 같은 문제들이 다양한 기획과 개발단계에서 설명되어야 한다는 것을 강조하였다.

(1) 입지선정 단계(Site selection stage)

우수한 접근성과 강력한 차별화된 특성을 동시에 가진 아주 '뛰어난(excellent)' 입지는 극히 제한적인 숫자에 불과하다는 것을 인정해야 한다.

(2) 시장분석 단계(Market analysis stage)

프로젝트의 시작시점에서 정부 당국자를 비롯한 모든 이해관계 당사자들을 한자리에 불러 모아야 한다. 프로젝트의 사명과 타당성 분석에 대하여 모든 사람들이 명확히 이해할 수 있도로 해야 한다. 그러나 그 지역에 대한 방문형태와 선호도에 관한 정확한 자료가 결여되어 있을 수도 있다. 왜냐하면 국가와 주 정부의 자료설정이 좀처럼 지역수준으로까지 분화되어 있지 않기 때문이다. 이와 같은 국가와 주정부의 조사 자료를 보완할 수 있도록 핵심지역에 대해서는 그 부족한 자료를 메울 수 있도록 한다.

구체적인 수요의 동향과 미래에 대한 예측은 여전히 어렵고 많은 비용이 소요된다. 그러나 언론보도에 대한 주의 깊은 관찰과(개발되어질) 상품의 탄력성에 대한 신중한 분석은 미래의 충격을 최소화시켜줄 수 있다.

(3) 승인 단계(Approvals stage)

'지방의회는 종종 복잡한 기획안을 심의할 충분한 자원이나 전문가들을 가지고 있지 않으며, 또한 지역 공동체 특히 은퇴자 공동체는 리조트개발에 대하여 강력하게 반대할 수 있다' (Ernst and Young, 2003: 89)는 점을 예상해야 한다. 새로운 리조트개발은 엄격한 환경관련 법률과 지역 건축법을 따라야 한다. 이러한 모든 것들을 위해서는 광범위한 지역공동체와의 협의가 필요하다. 물론 이러한 것은 '많은 시간이 소요되고 비용이 발생하는 일' (Ernst and Young, 2003: 89)이다. 그러나 한편으로는 이러한 노력은 신용을 쌓고 비수기를 이겨내기 위해 지역의 고객기반을 구축할 수 있는 가장 효과적인 방법이다.

(4) 건축 단계(The construction stage)

리조트개발에서는 보다 넓은 공간과 우수한 자재를 사용하는 건물의 건축, 그리고 민감하면서도 어렵게 보면 가깝게 느껴지지 않는 환경문제의 요구 충족 등으로 인해 막대한 건설비용이 초래된다. 개발되지 않은 원거리에 위치한 부지는 기반시설의 공급비용이 엄청나게 비쌀 수도 있다. 이 단계에서는 영업개시 자금의 확보 가능성도 주요한 압박요인으로 작용할 수 있다.

(5) 운영 단계(Operating stage)

안정적인 운영상황을 확립하기 위해 필요한 시간은 통상 리조트가 표준적인 호텔들보다 3~5년 정도 더 길다.

(6) 다른 문제들(Other issues)

고립된 지역의 통합 리조트들은 그들이 대상으로 하는 특화된 시장의 소규모적 특성으로 인해 공급 변동성에 매우 민감하다. 그러한 리조트들은 교통이나 기반시설 사업으로부터의 '파생적(derivative)' 사업 단위라고 할 수 있다. 즉, 그 리조트들은 만일 기반시설이 제기되거나 교통관련 기업이 사업에 실패할 경우, 자립할 수가 없기 때문에 특히 위험도가 크다. 일반적인 계측 투자 개발의 발전에 따라 일부 리조트들은 휴가시장 지향보다는 부동산 지향적 성향을 강조하게 될 위험이 있다. 그에 따라 리조트를 특별하고 차별적인 것으로 만들어 나가기 위한 역량결집에 소홀할 수도 있다.

3) 리조트 프로젝트의 핵심적 성공요인

Ernst and Young은 많은 리조트 프로젝트가 지닌 한계적 수익성과 그들이 직면하는 문제점과 도전 등을 고려하였고, 이것은 성공적인 리조트 경영과 특별함을 가져다 줄 수 있는 특성에 집중해야 함을 잘 보여준다. 다음 내용은 그 핵심적 성공요인들을 제시하고 있다.

(1) 시장의 수요에 대응할 수 있는 개념
(2) 리조트의 환경을 반영하고 차별적 특성을 강조하는 설계
(3) 확립된 수요와 경쟁자의 진입을 막을 수 있는 지역적 입지
(4) 교통 기반에 대한 접근성, 특히 원격지 리조트에 대하여 절대적으로 중요한 항공노선에 대한 접근성
(5) 개발을 위한 지역공동체의 지원
(6) 건설비용의 통제
(7) 리조트 운영의 순환적 본질을 이해하고 장기적 관점에서 대비를 해나가는 탄력적인 금융기관과의 파트너십
(8) 국립공원, 문화유적지 및 기타 매력물 등 보완적 시설과의 제휴
(9) 서로 다른 표적시장을 대상으로 하는 다계층 숙박시설의 개발을 통한 규모의 경제 창조
(10) 프로젝트의 실행가능성을 증대시킬 수 있는 잠재력 향상을 위한 토지, 거주지, 해양 및 소매시설 등의 통합적 복합 이용개발

4 계층투자 파인낸싱

계층투자 부동산과 리조트 개발 간의 연결 증가 현상은 1980년대 이후 더욱 두드러지게 나타나고 있다. 여타의 성공적인 상업적 경향과 마찬가지로 그 성공의 바탕은 고객의 요구충족에 있다. 그러나 이 경우는 리조트의 서비스를 다양화시키고, 신선한 것으로 만들어주는 새로운 제품의 제공을 통해 다수의 리조트 소유자들의 요구 또한 충족시켜 왔다.

1) 재무적 관점에서의 투자자 이점 분석

콘도미니엄의 투자자 혹은 구매자, 그리고 개발자 혹은 리조트 소유자에 대하여 다양한 이점을 제공한다. Turner는 투자자에 대한 이점으로 다음과 같은 점을 들고 있다.

(1) 투자와 라이프스타일 기회

콘도미니엄은 소규모 투자자들로 하여금, 그러한 투자가 없었다면 기회가 부여되지 않았을지도 모르는 (리조트 투자) 시장에 대한 참여를 가능하게 해준다.

(2) 편리함과 안전성

대부분의 투자자들은 걱정이 없는 즉, 안전하고 편리한 자산을 원한다. 그들은 페인트 칠하기나 잔디깍기 등 일상적인 번거로움으로부터 벗어나고자 한다.

(3) 투자의 이점

리조트에 투자한 각 단위 세대들로 하여금 임대에 따른 공동부담을 하도록 함으로써, 소유자들은 운영에 따른 손실이나 이익을 나누어 가질 수 있게 된다. 임대 및 유지비용에 따른 세금감면, 부동산세, 모기지 이율, 감가상각 등에 대하여 공동부담이 이루어지고 이에 대하여 투자자들은 각자 일정한 금액을 분담하면 된다.

(4) 소유권의 안전성

투자자는 리조트 소유권에 대하여 상속재산으로서의 이점을 누릴 수 있다. 그리하여 각자 세금이 부과되고, 매매, 모기지(mortage), 유산증여, 임대 등이 자유롭게 이루어질 수 있다.

(5) 조세 회피

조세 회피(tax shelter)를 위해 일부 국가에서는 상당히 많은 숙박시설의 임대가 발생하기도 한다. 호주에서는 납세자들로 하여금 부과되는 세금액에서 영업 손실을 감하도록 하는 '역세금 조치(negative gearing)' 를 실시하고 있다(이러한 세금제도를 취하는 그 외 국가로는 캐나다와 뉴질랜드 등이 있다). 그리하여 그들의 손익분기점

(break-even point)은 그들의 모기지 비용을 반드시 충당할 필요가 없으며, 그들은 세금(공제) 수익으로써 그 손실을 보전할 수 있다.

2) 재무적 관점에서의 리조트 개발자 이점 분석

리조트 개발자들을 위한 이점으로는 다음과 같은 점들이 있다.

(1) 이익마진

이익은 가장 주요한 목표로, Turner는 밴쿠버 근처의 주거용 콘도미니엄 개발의 경우 이익 마진을 10~12% 정도 기대할 수 있지만 리조트개발은 종종 20~30%의 마진을 초래할 수 있다고 주장한다.

(2) 경쟁

대도시 콘도미니엄에서 낮은 수익률이 발생하는 이유로 콘도미니엄 주거시장의 경쟁을 들 수 있다. 그러나 리조트 상황에서는 한사람의 리조트 소유자 또는 개발참여자의 제한 등으로 인해 경쟁이 거의 발생하지 않는다. 개발 초기의 휘슬러는 두 개의 주요 기업에 의해 주도되었으며, 매우 높은 비용발생, 짧은 공사기간, 노동조합 직무현장, 제한된 숙련 노동자 집단 등으로 인해 경쟁은 제한되었다.

(3) 현금흐름

콘도미니엄 세대의 판매를 통한 (현금)자산의 초기 유입은 (금융업자들에 대한)보다 큰 레버리지와 다양화할 수 있는 기회(계절적 요구와 추가적 유인)를 개발자들에게 제공한다. 그러한 자산은 개발자들의 위험을 분산시키고 그들의 전반적인 투자 포트폴리오를 보다 안정적인 것으로 만들어 준다.

(4) 운영수익

계층투자 기업과의 경영계약의 추진은 추가적인 수익흐름을 가져온다. '공동임대(rental pool)' 방식의 활용은 비용발생 없이 추가적인 객실의 공급이 가능하며, 휘슬러의 경우 객실수입의 평균 40%가 공동임대에 의해 발생한다.

5 공공-민간 파트너십

공동-민간 파트너십(public-private partnerships)은 비교적 새로운 투자유형이다. 이러한 유형은 기반시설을 위한 민간금융(Private Financing of Infrastructure)이라는 이름으로 영국에서는 1990년대에 시작하였으며, 이제 이 같은 아이디어는 공공부채의 증가 없이 기반시설과 교육, 병원 같은 핵심적 서비스 수준을 향상시키기 위한 목적으로 호주와 다른 국가들에서도 확산되고 있다. PPPs 프로젝트는 '정부에 의해 투자되고 운영되어야 할 기반시설과 서비스 부문에 대하여 민간의 투자를 유치하기 위해 고안된 것' 이다.

1) 공공-민간 파트너십의 목표

(1) 장기적 관계형성에 의한 민간부분의 참여, 이를 통한 효율성의 제고, 투자자금의 보다 나은 가치 창출, 투입금액보다는 산출수익에 비례한 보상, 위험부담의 최적화 등의 추구

(2) 공공부문의 사람들에 대한 생애적(whole-of-life) 서비스 제공자로서의 역할개선

(3) 경제적 성장과 지역산업 발전의 촉진(Australian Procurement and Construction Council, 2002: 1)

2) 공공-민간 파트너십의 장 · 단점

(1) 장점

가. 제공되는 보조적 서비스의 효율성과 품질의 개선

나. 혁신의 촉진

다. 생애적 자산관리의 최적화

라. 개발과 금융관리에 대한 보다 큰 탄력성 확보

마. '동반자' 적 환경하에서 체계화된 위험의 분산

바. 보다 적절한 시간에 서비스 제공

(2) 단점

가. 주요 이해관계 당사자들로부터의 폭넓은 수용의 결여-특히 노동조합과 일반적인 지역공동체 등

나. 관할 행정구역 간 또는 담당기관 간의 일관성 결여

다. 장기적 계약관계 형성으로 인한 미래 자금기획의 탄력성 제한

라. 투자자금의 가치평가 등과 같은 금융평가에 대한 지나친 의존

마. 성과 명세서에 대한 신뢰도

바. 거래비용과 시간기획

사. 계약기간 동안의 서비스 필요의 변경

6 재무적 평가 분석

Gee의 리조트개발 과정에 대한 다섯 가지 단계는 각각 그 나름대로 필요한 재무적 요구사항들을 가지고 있다. 각 단계들을 원활하게 진행해나가고 최선의 재무적 상황하에서 개관을 맞이하기 위해서는 그러한 재무적 요구사항들을 신중하게 관리하여야 한다. 이것은 모든 유형의 리조트개발에 적용될 수 있는 일반화된 과정이다. 그렇지만, 모든 리조트들이 그 전체 과정을 반드시 거칠 필요는 없으며, 특히 나중 단계에서 경영을 넘겨받는 대로 최초의 소유자가 파산을 선언하고 자신의 사업과 꿈을 상실한 경우에는 더욱 그러하다.

1) 개념화, 기획 및 시작 단계(Conceptualization, planning and initiation phase)

리조트개발을 위해서는 종종 상당한 규모의 대지를 필요로 하며, 최초의 아이디어를 실현하는데 필요한 시간으로 인해 바람직한 투자수익률(return on investment, ROI)을 거두는데 오랜 시간이 소요된다. 이 단계에서 개발에 필요한 대지를 완전히 구매하기 위해서는 막대한 자금이 투입되어야 하며, 그 꿈이 실현가능한 사업 제안이 될지 어떨지 아직 아무것도 결정된 바가 없기 때문에 실제로 상당한 위험이 따르게 된다. 이에 대한 해답은(부지) 구매에 대한 옵션을 제안하는 것이다. 즉, 리조트 개발자들은 정해진

날짜를 기점으로 그 부지를 사전에 정해진 가격으로 모두 구매하겠다는 의지를 표명하고, 그에 대한 그들의 신뢰를 보여주기 위한 증거로 환매 불가능한 예탁금을 제시하는 방법을 사용할 수 있는 것이다. 만일 그 부지가 정부의 소유로 되어 있고 팔지 않는 것일 때 개발자들은 위에서와 같은 옵션의 방법을 모색하면서 장기 임차의 형태로 그 부지를 이용할 수 있다.

안정적인 투자수익률을 확보하기 위해서는 일정한 시간이 소요되므로, 이 경우에는 협상에 의한 자산 평가를 제외하고는 시간 경과에 따른 자산이나 대지 가치의 상승 기회가 거의 없다. 따라서 개발자들은 자신들의 투자금액이나 예상 가능한 수익률에 대비하여 상대적으로 (저렴한) 임차조건을 찾아야 한다. 은행들은 30년 남짓한 기간의 임차를 바라지만, 일반적으로 50~99년간의 임차가 가장 바람직하다고 할 수 있다.

2) 타당성 분석(Feasibility analysis)

타당성 연구는 두 가지 측면에서 수행될 수 있다. 즉, 시장과 공급 측면이다. 시장조사 회사(market research company)를 고용하는 것은 만일 대규모의 연구 표본을 필요로 할 경우 비용이 비싸게 들 수 있으며, 그들 중 일부 회사는 국제적인 기반을 가지고 있으며, 복잡한 조사 설계를 하는 경우도 있다. 공급 측면의 타당성 분석에서는 제안된 개발기획과 관련된 비용 평가와 그 지역의 타 리조트 및 여행 대안에 대한 경쟁분석을 실시할 필요가 있다. 이 단계에서는 제안된 개발기획에 대한 상세한 비용의 분석이 수행되어야 한다. 이 상세비용은 기존의(시장)가격구조와 시장 타당성 분석에서 도출된 '지불의사' 와도 비교 평가되어야 한다.

이러한 비교 평가는 충분한 투자수익률이 발생할 수 있을지, 위험은 꿈을 현실로 바꾸는데 기여할 수 있을지 등을 나타내 줄 것이다. Huffadine(1999: 7)은 '대출비용과 건설비용은 대단히 높아서 처음 3~4년간은 (전형적으로) 낮은 현금흐름으로 인해 이들 비용에 대한 상환기간은 매우 길다' 라고 강조한다.

이러한 모든 일들은 수개월에 걸쳐 일어나며 상당한 자금의 소요된다. 그러므로 위와 같은 객관적 평가는 대단히 중요하며, 잠재적 금융 후원자들에게 제출될 모든 사업기획에서 핵심적인 요소가 될 것이다. 그런데 이와 같은 타당성 평가는 가능한 한 은밀

하게 진행되어야 한다. 왜냐하면 잠재적 리조트 개발자들은 자신들의 기획으로 인하여 경쟁자들이 경계심을 가지는 것을 원하지 않기 때문이다.

3) 개입(Commitment)

만일 타당성 분석에서 도출된 수치들이 긍정적일 경우, 리조트 개발자들은 세 번째 단계인 개입단계로 나아가야 한다. 이 단계에서는 지금까지의 개발 기획이 공개적으로 표면화되면 상당한 규모의 자금이 그 프로젝트에 투입되게 된다. 그러나 여기서 주의할 것은 타당성 분석은 결코 오류가 없다고 생각해서는 안 된다는 점이다. 타당성 분석의 모든 내용들이 미래를 정확히 예측하고 있는 것은 아니며, 그것에 대한 해석은 그것을 보는 사람의 주관적 관점 즉, 낙관적 또는 비관적 관점에 따라 달라질 수 있다.

이 단계에서 대규모 자금의 실행은 대지와 임차조건을 실질적인 구매와 계약을 전환시키게 된다. 이 단계와 다음 단계에서(부지의) 구입과 건설이 이루어지는 기간 동안 이자율이 높은 상태이므로 융자자금의 조달은 단기적인 것이 되어야 한다. 단기 자금을 빌려주는 사람들 예컨대, 개발은행이나 벤처자본가와 같은 사람들은 종종 리조트 개발자들로 하여금 '건설공사의 완료시점에서 장기융자의 형태로 전환할 수 있도록 사전 심의를 받을 것' 을 요구한다(Huffadine, 1999: 8).

이 시점에서 수익이 발생하기 시작하면 개발자들은 일반적으로 25~30년간의 낮은 이자율의 장기 투자의 형태로 전환하도록 제안받게 된다. 그와 같은 자금지원의 원천은 매우 다양하여 은행, 부동산 투자신탁, 보험회사, 연금펀드 등이 있다. 오늘날 다수의 대규모 리조트들은 공공그룹에 의해 소유되는데, 그들의 지분은 주요 증권거래소에서 거래되고 있다(Huffadine, 1999).

4) 배치와 건축(Design layout and construction)

처음으로 고객이 방문하고 수익 발생이 시작되기 전까지는 리조트건설을 위해 엄청난 (투자)자금의 투입이 요구된다. 이는 특히 시골의 전원 지역이나 외딴 지역일수록 더하다. 왜냐하면 개발자들은 기반시설 건설을 위해 상당한 투자를 해야 할 책임을 가지고 있기 때문이다. 이러한 투자에서 공항이나 항만과의 연결가능성을 고려한 도로망의 구축, 전기나 용수의 공급, 증가하는 무선통신 수요를 위한 설비의 설치, 액체 및 고체 쓰레기의 적절한 처리시설 등을 위한 비용이 포함된다. 이러한 모든 것들 중에 가장 중요한 것은 고객들을 실질적으로 유치하는데 필요한 실제 건물이나 유인시설이다. 모든 기반시설 중에서 가장 핵심적인 유인시설과 지원시설들은 의도하고 있는 리조트의 이미지와 잘 맞아야 하며 초기개발 비용을 보충하기까지 많은 오랜 시간이 걸리는 고급스러운 건축물일 수 있다.

대규모 리조트 프로젝트에서는 첫 번째 고객을 맞이하기 위한 시간의 지체를 최소화하기 위해 건설공사를 여러 단계에 걸쳐 나누어 진행하는 것이 바람직하다. 이것은 몇 단계에 걸친 개발과정을 허용할 수 있을 만큼 그 부지가 충분한 공간을 확보하고 있어야 한다는 것을 의미한다. 즉, 나중 단계의 건설로 인해 초기 단계에서 완공된 시설의 사업 활동이 최소한의 영향만을 받도록 공사를 실시해나갈 수 있어야 한다. 나아가 보다 빠른 현금흐름을 확보하기 위해서는 다양한 유형의 숙박시설을 갖추는 것이 바람직하다. 그리하여 점차적으로 대규모 리조트 개발에서는 호텔 숙박시설 이외의 다양한 숙박시설의 대안을 마련해 나가고 있다.

5) 경영과 운영(Management and operations)

리조트개발을 위한 오랜 시간의 태동기를 감안하여, 다수의 리조트들은 이른바 '소프트 오프닝(soft opening)'을 하기도 한다. 이는 리조트가 완성되기 전에, 심지어는 1단계의 공사가 완성되기도 전에, 첫 번째의 고객을 맞이하는 것을 의미한다.

이러한 운영방식의 이점은 조기에 수익의 흐름이 발생할 수 있도록 해주며, 리조트와 그 잠재력에 대하여 소문이 나도록 하고, 완전하게 고객을 맞이하기 전에 직원과 체제를 시운전해볼 수 있는 기회를 제공한다. 그러나 이와 같은 운영방식은 단점도 있다. 고객들에게 리조트에 대한 불완전한 이미지를 제공하며, 불완전한 서비스 제공으로 인한 할인가격 정책은 미래에도 낮은 가격에 대한 기대를 형성할 수 있으며, 리조트로 하여금 완전한 모습보다는 준비가 덜 된 상태에서도 마치 '무대의상을 입고 하는 총연습(dress rehearsal)' 처럼 비치므로 손님을 맞이할 수 있다고 생각을 가지도록 부추길 수도 있기 때문이다.

정기적인 할부금 상환을 위해 엄청난 규모의 예비 투자가 이루어진 리조트의 경우 현금흐름은 가장 핵심적인 해결과제이다. 이와 같은 상황에서 가장 중요한 문제는 어떤 형태로든 사계절 사업(year-round business)을 개발하는 일이다. 이를 위해서는 앞에서 논의한 바와 같은 계절성의 문제에 관하여 체계적으로 고찰할 필요가 있다. 이는 또한 1년 중 단지 몇 주간 정도의 사업만 가능한 리조트들로 하여금 살아남아서 번영할 수 있는 방안을 모색하도록 하는 하나의 도전과제가 되고 있다.

이 단계에서 리조트들은 그들의 자금 대출의 원천을 벤처자본가들이나 은행(이들은 종종 대출금에 대해 높은 이자율을 부과한다)으로부터 보험회사나 연금펀드로 바꾸게 된다. 보험회사나 연금펀드는 자신들의 고객에 대한 의무를 (안정적으로) 수행해나가기 위해 대출금으로부터 보다 적절하면서도 정기적인 수익발생을 추구한다.

새로이 개장한 리조트들은 경쟁적 리조트 시장에서 신속하면서도 실질적인 영향을 미칠 필요가 있다. 이는 이 단계에서의 주요한 예산항목은 주로 마케팅활동에 관한 내용으로 편성됨을 의미한다. 즉, 리조트들은 가장 강력한 메시지와 그 메시지의 전달을 위한 적절한 매체의 선정과 더불어 유통채널을 구축해나가야 한다. 이러한 활동은 리조트의 영향력을 확대하고 업계 내에서의 인지도를 증대시킴으로써 자신들의 상품판매에 기여하게 된다. 이뿐만 아니라 팸투어(familiarization tours)를 실시하고, 여행 도매업자, 운송업자, 목적지 마케팅 조직 등과의 연계활동도 추진해나가야 한다.

또한 이 단계에서 리조트들은 스스로 지역공동체의 좋은 이웃으로서의 역할 이미지를 강화해나가야 한다. 즉, 공공단계(public relations: PR)를 통해 지역경제 발전에 대한 공헌 - 예컨대 일정한 기간 동안 리조트의 특정 부서별로 지역주민을 고용한 비율과 편의 시설 제공 등과 같은 활동을 알릴 필요가 있다. 이러한 의미에서 지역공동체는 지역의 파트너이자, 그 리조트의 옹호자로서 함께 배를 탄 사람들이라고 할 수 있다(하동현 외 3인 역, 2012: 인용).

제24장
리조트 마케팅

① 리조트 마케팅 개념

리조트 마케팅은 리조트를 이용하는 고객들의 다양한 필요와 요구를 충족시키기 위해 제공되는 객실, 식음료, 부대시설 등과 같은 유형적인 상품과 서비스상품과 같은 무형적인 상품들을 판매촉진하기 위한 경영활동의 일부이다. 기본적인 리조트마케팅 원리는 다음과 같다. 먼저, 고객지향의 원리를 적용한다. 이는 고객들의 필요와 욕구를 바탕으로 하여 이를 어떻게 충족시켜 고객만족을 통해 재방문과 긍정적인 구전효과를 만들어낸다는 원리이다. 고객의 충성도가 형성되면 리조트기업 내의 상품들은 기존 고객의 유지와 관리를 비롯하여 새로운 고객을 확보하기에도 유리해지는 긍정적인 이미지를 만들어낼 수 있다.

두 번째 이윤지향의 원리는 고객의 욕구 충족을 위해 필요로 하는 것을 제공하고 이것이 판매로 이어져 기업의 이익을 만들어내는 것이다. 높은 판매량과 생산성을 향상시키는 것은 기업의 장기적인 이익을 확보하기 위해서 매우 중요하다. 새로운 시장을 개척하고, 고급화하는 등의 판매량을 높이기 위한 다양한 방법들이 존재하지만, 그 바탕에는 고객의 욕구 충족이 존재해야 한다.

세 번째는 통합과 조정의 원리이다. 이는 고객에게 다양한 서비스를 제공하는데 있어서 리조트기업 내부의 많은 기능들은 상호 유기적으로 이루어져야 한다는 것이다. 원활하고 통합된 서비스 제공을 위해서는 서비스인카운터로 모든 지원부서, 경영진들이 커뮤니케이션을 활발히 해야 한다.

2 리조트 마케팅 믹스와 7Ps

마케팅 믹스는 경영자가 다양한 마케팅 활동을 상호 유기적으로 결합하여 새로운 경쟁적 수단으로 만들어내는 것을 의미한다. 고객들의 다양한 욕구와 변화하는 트렌드, 환경적 영향력 제약에 기업에서 통제 가능한 요소들을 효과적으로 믹스함으로서 기업의 목표달성을 이루기 위한 수단이 된다.

리조트를 방문하는 많은 고객들은 다양한 욕구를 가지고 있다. 이러한 고객의 욕구를 충족시키기 위해서는 한 가지의 마케팅 방법이 아닌, 여러 가지 마케팅 요소를 적절하게 배합해 다양한 채널을 통해서 커뮤니케이션할 수 있다. 특히나 무형적인 서비스를 제공하는 리조트기업에서는 제조업의 상품, 가격, 유통, 촉진의 4Ps에 물적 환경, 참여자, 서비스조합과정의 3Ps를 더하여 7Ps를 제안한다.

7Ps 중 먼저 물적 환경이라는 것은 리조트기업에서 고객에게 제공하는 서비스는 무형적이라는 점을 극복하기 위해 고객과의 접점이 되는 순간을 유형화시키려는 노력의 일부라고 할 수 있다. 이러한 무형적인 서비스를 제공하는 데에 발생할 수 있는 어려움을 극복하기 위해서는 건물, 객실, 부대시설 등의 인테리어와 음악, 전체적인 컬러에 많은 투자를 하고 이를 통해서 고객의 충성도를 구축하려고 한다.

두 번째는 참여자다. 고객과의 접점에서 서비스를 생산하고 제공하는 서비스 종사원은 서비스 마케팅 내의 참여자가 된다. 서비스 인카운터의 종사원은 고객과의 서비스 접점에서 리조트의 전체적인 이미지를 제공하기 때문에 매우 중요하다. 그러므로 리조트기업은 서비스 품질관리 차원에서 조직원을 교육하고, 용모, 태도 등을 관리 · 강조하게 된다.

세 번째는 서비스의 조립과정이다. 고객들은 제공받는 서비스를 단편적, 부분적으로 이해하는 것이 아니라 리조트의 전체적인 이미지로 인식한다. 그러므로 이러한 서비스의 조립과정은 매우 중요하다고 할 수 있는데, 정해진 절차에 따라 기계화의 정도, 리조트 조직원의 재량권, 고객들의 참여, 예약시스템, 서비스의 수용능력 등의 요소가 포함되어 이루어져야 한다.

③ 리조트시장의 특성

리조트시장의 기본적인 구조는 매우 다양하게 만들어져 있다. 그러므로 상품, 가격, 유통, 마케팅 등의 전략들은 다양한 방법을 통해서 이루어져야 한다. 여기서 말하는 상품의 다양화는 카지노, 스키, 골프, 놀이시설, 컨벤션 홀 등의 다양한 시설이용권과 회원들이 이용할 수 있도록 운영하는 시설이용회원권, 시설소유권, 숙박권, 식음료 상품, 이벤트 등 리조트 안에서는 다양한 상품들이 제공될 수 있다는 것을 의미한다.

④ 리조트 마케팅의 유형

1) 통합 마케팅

통합 마케팅이라는 것은 오늘날 다양한 채널을 통해 수많은 정보를 제공받는 고객들에게 명확하면서도 일관성 있는 커뮤니케이션 메시지를 전달하는 것을 말한다. 정보의 과부하로 인해 기존의 일방적인 커뮤니케이션은 고객들의 인식 속에서 사라지기 십상이다. 하지만 일관성있고, 고객과 쌍방향에서 이루어지는 커뮤니케이션은 인식 속에 하나의 명확한 이미지를 제공하게 된다.

이를 위해서는 구체적인 데이터베이스를 구축하고 이를 바탕으로 소비자에 대한 이해와 세부시장의 다양화, 커뮤니케이션 채널의 통합, 전달하려는 메시지의 통일성과 일관성 유지, 마케팅 전략을 수행하고 난 뒤의 피드백 시스템이 유기적으로 이루어져야 한다.

2) 데이터베이스 마케팅

데이터베이스 마케팅은 컴퓨터의 시스템을 통해서 고객들의 정보를 데이터베이스로 만들고, 중요한 개별 고객과의 일대일 접촉을 통해 리조트기업과 고객 간의 장기적인 관계를 유지하고자 할 때 사용하는 전략이다.

고객관리가 리조트기업의 목표 달성을 하는데 중요한 요소라는 인식의 확장으로 기존 고객들과의 관계를 계속해서 유지하기 위한 방법으로 고객들의 정보를 데이터베이

스화해 리조트 내의 조직원들과 공유함으로써 고객들의 요구와 필요를 만족시키기 위한 마케팅 전략이다.

3) 인터널 마케팅

인터널 마케팅은 내부고객인 서비스 종사원의 요구, 필요사항이 충족되어야 외부 고객에게 질 좋은 서비스를 제공한다는 것이다. 내부 고객에게 동기를 부여하고, 다양한 교육 활동을 통한 서비스 프로세서를 관리하고, 조직 내의 끊임없는 커뮤니케이션을 통해서 내부 마케팅이 중요한 부분으로 인식되어야 한다. 최고 경영진은 이러한 내부 마케팅을 위해 양적, 물적으로 적극적으로 지원함으로써 자원부족의 방해는 없어야 한다.

4) 인터넷 마케팅

인터넷 마케팅은 대부분의 사람들이 인터넷과 컴퓨터를 사용함에 따라 리조트기업에서는 중간 유통 채널을 거치지 않고 직접적으로 소비자와 접촉하며 쌍방향 커뮤니케이션을 유도할 수 있는 마케팅 전략이다. 최근에는 인터넷을 통한 직접적인 거래도 활발하게 이루어지고 있다.

고객과 리조트기업과의 상호 간 원활한 커뮤니케이션을 통해서 동반자적인 관계를 만들고 유지해 나가기 위해서는 전략적인 고객관리를 지향하는 마케팅 전략은 매우 중요하다. 최근에는 컴퓨터, 스마트폰 등의 확산으로 소셜네트워크(페이스북, 카카오톡, 트위터, 인스타그램 등), 이메일 등을 사용하는 e-CRM이 주목받고 있다.

5) 텔레마케팅

텔레마케팅은 커뮤니케이션 믹스를 효과적으로 사용하기 위한 마케팅 시스템이다. 리조트에서는 회원 및 회원권 모집 등을 위해서 텔레커뮤니케이션을 사용하는데, 이는 커뮤니케이션 기술을 비롯하여 서비스 종사원 개개인의 능력의 결합으로 만들어진다.

5 마케팅 관리의 사례

1) 명품 마케팅

한 번 리조트를 이용한 고객이 지속적으로 리조트를 이용할 수 있도록 하는 서비스 차별화는 업계의 중요한 요소라고 할 수 있다. 리조트 내부의 객실 및 각종 부대시설을 트렌디하면서도 고급스럽게 바꾸기 위해서 유명 리노베이션 업체에 인테리어를 의뢰하는 것은 이제는 흔히 찾아볼 수 있는 일이 되었다. 이러한 외적인 요소뿐 아니라 최고급 서비스를 제공하기 위해서도 노력하고 있다.

예를 들어 명품 서비스 전략은 공항에서부터 영접을 하고 발렛, 픽업, 체크인 등을 고객이 말하지 않아도 알아서 모두 해준다. 이러한 명품 서비스 마케팅은 리조트를 이용하는 고객들에게 최고의 서비스를 제공받고 있다는 생각을 주고, 이를 통해 긍정적인 이미지가 만들어지며, 이는 재방문을 유도한다.

2) 문화 마케팅

문화 마케팅은 최근 가장 주목받고 있는 마케팅 전략 중에 하나이다. 리조트를 이용하는 고객들의 취향, 코드를 파악하고 이를 만족시키면서 기업의 목표, 의미를 실현시킬 수 있도록 하는 마케팅 전략이다. 문화 예술의 감성코드를 통해 고객과 전략적으로 커뮤니케이션할 수 있는 방법 중 하나이다. 일반적으로는 리조트기업이 전시회, 공연 등의 문화행사를 후원, 주최하는 것이 있다. 그 밖에 리조트에서 아트페어를 진행하거나 전시, 공연과 결합한 문화상품을 제공하는 등 새로운 방법의 마케팅을 시도하고 있다.

리조트의 객실 내에서 전시회를 즐기는 것을 통해 멀리 나가지 않아도 문화예술을 즐긴다는 점이 고객에게는 일거양득이 되기도 한다. 1990년대에 먹고 즐기는 숙박시설이라는 개념이 강했던 리조트는 2000년대 이후부터 워터파크, 스키장, 골프장 등의 레저시설을 도입하고 종합 리조트로 자리 매김하였다. 또한 최근에는 이러한 개념을 넘어서서 전시, 공연, 영화 감상 등의 다양한 문화체험을 즐길 수 있는 공간의 개념으로 한 단계 도약을 시도하고 있다. '문화리조트' 라는 새로운 개념은 고객들에게 더 큰 만족을 주기 위한 문화 마케팅의 일환으로 시도되고 있다.

예를 들어 전라북도 무주에 위치한 무주리조트는 2008년부터 '토요일의 안단테' 라는 공연을 하고 있다. 이는 클래식, 재즈, 뮤지컬, 영화 음악 등의 다양한 장르의 라이브 공연과 함께 전문가의 해설, 영상을 통해서 고객들에게 음악을 통한 힐링의 시간을 보낼 수 있도록 돕는다. 뿐만 아니라 문화 소외계층을 위해서 클래식을 접할 기회를 제공하고 있다. 첼리스트 정명화, 송영훈, 피아니스트 김주영, 김영호, 손열음, 바이올리니스트 양고운, 이경민 등 정상급 연주자들이 무대에 올라 공연의 질을 높이기도 했다. 그 밖에 무주 페스티벌 & 아카데미를 통해 금난새를 비롯하여 국내외 정상급 음악가들과 음악을 전공하는 학생들이 함께 모여 클래식을 들려주는 축제를 열기도 하였다.

대명리조트의 비발디파트는 '소노펠리체 컬쳐 클럽 아트 라이프'라는 갤러리를 열어 다양한 예술작품을 전시하고, 갤러리 소노, 조각 공원을 운영하고, 주말엔 음악회를 열어 예술과 함께 숨 쉬는 리조트로서의 마케팅을 선보이고 있다. 그 밖에 국립극장과 한국 문화 예술 진흥과 레저 문화의 활성화를 위해 MOU(상호협력양해각서)를 체결하고 기획공연을 올리기도 하는 등 다양한 방법의 문화마케팅을 실현하고 있다.

3) 소셜 네트워크 마케팅

스마트 폰의 확산은 전 세계 사람들의 생활 패턴을 바꾸었다고 해도 과언이 아니다. 이러한 변화에 따라 페이스북, 트위터 등의 소셜 미디어를 통한 마케팅은 매우 중요한 전략 중에 하나가 되고 있다. 이러한 소셜 네트워크 마케팅은 단순한 상업적 목적을 넘어 리조트기업과 고객과의 정보교류, 커뮤니케이션을 통해 하나의 문화를 만들어낼 수 있다.

이러한 소셜 마케팅의 일환으로 W 호텔은 페이스북, 노보텔 엠버서더 부산은 트위터와 페이스북을 운영하고 있다. 웨스틴 조선호텔 부산의 경우는 스마트폰 어플리케이션을 만들어 적극적으로 소셜 네트워크 마케팅 전략을 이루어내고 있다.

4) 공동 마케팅

공동 마케팅은 2개 이상의 기업이 마케팅활동, 예를 들어 판매를 위한 전략, 가격정책, 판촉 활동 등의 일환으로 협력하는 것을 말한다. 대부분은 제품의 협력체계를 통해 이루어지는데, 유형별로는 제품명을 동일하게 하는 방법, 제품명을 서로 다르게 하는 방법이 있다. 예를 들어 인터컨티넨탈호텔 서울은 한국야구위원회와 함께 프로야구 포스트 시즌 기간에 공동 마케팅을 펼치기도 하였다. 2010 프로야구 포스트 시즌 동안 경기별 MVP에게 인터컨티넨탈 호텔 숙박권(100만 원 상당의 주니어 스위트룸 2박, 조식 뷔페 포함)을 제공하였다. 이는 많은 국민들이 사랑하는 프로야구와 코엑스 내의 쇼핑시설, 문화시설 등의 결합으로 고객들에게 여유를 즐기는 라이프 스타일이라는 인식을 심어주기 위해서 시도되었다.

5) 스타 마케팅

드라마, 영화, 스포츠 등에서 사랑받는 스타들을 통해서 기업의 인지도, 이미지를 높이기 위한 마케팅 전략이다. 기업의 특정제품이나 장소 등을 드라마나 영화 등에서 드러내 광고효과를 높이는 PPL과는 차이점이 있다. 미국에서는 PGA(프로 골프 대회) 선수들이 스폰서 기업의 로고가 새겨진 모자, 신발을 착용하고 경기를 한다. 그 외에 배우, 가수 등 인기 연예인을 내세운 마케팅으로는 그들의 이름으로 만든 객실을 운영하는 것이 있다.

최근에는 많은 사람들이 이용하는 워터파크의 광고시장이 매우 치열하다. 워터파크가 가지고 있는 특성상 건강하고 섹시한 연예인들이 광고를 하는 경우기 대부분인데, 최근엔 인기 여자아이돌이 주를 이루고 있다. '이효리 효과'는 연예인이 광고해 사람들을 끌어 모을 수 있다는 것을 보여준 사례이다. 오션월드는 이효리가 광고하던 기간(2008~2009년) 동안 전년 대비 40% 이상 성장하고, 내방객이 2009년에는 90만 명이었는데, 2009년에는 131만 명으로 늘었다. 오션월드는 이를 통해 지난 2006년 오픈한 후 처음으로 국내 워터파크 시장 1위를 차지하게 되었다. 또한 기존 캐리비안베이, 오션월드로 양분화되었던 시장에서 블루원워터파크, 블루캐니언, 웅진 플레이 도시 등 신규 워터파크 등이 개장하게 되어 워터파트 시장이 전반적으로 호황을 맞게 되었다.

6) 구전 마케팅

구전 마케팅 또는 입소문 마케팅으로 불리는 이 마케팅 전략은 리즈트를 이용한 경험이 있는 고객이 다른 소비자에게 긍정적인 입소문을 전달함으로써 고객들에게 긍정적인 이미지를 확산시키는 것이다. 컴퓨터, 스마트폰이 생활의 대부분을 차지하고 있는 요즘은 이러한 것들이 대부분 온라인을 통해 이루어지고 있다. 다양한 콘텐츠, 각종 이벤트를 게시해 효과적인 결과를 얻는다. 또한 블로그나 까페같이 타겟 고객들의 접근이 용이한 루트를 통한 운영이 활발하게 이루어진다.

최근에는 리조트, 호텔, 펜션 등 숙박기업을 알리기 위해서 이용 고객들의 입장에서 사진, 자세한 이용 후기를 적은 바이럴 마케팅 전략을 하고 있다. 소비자 닷컴이나 리뷰 닷컴을 통해 운영하면 그 효과가 배로 늘어나기도 한다.

7) 표적 마케팅

고객을 인구통계학적 특성과 라이프 스타일에 관한 정보를 통해 분석하여 그들의 욕구를 최대한 충족시킬 수 있도록 수행하는 마케팅 전략이다. 이는 주로 대기업에서 많이 사용하고 있고, 리조트 기업에서는 유통 단계에 알맞은 타깃 마케팅을 선보이고 있다.

예를 들어 파라다이스 호텔 부산은 여섯 고객을 타겟으로 하여 객실 내에 와인, 수제 초콜릿, 화장품 등의 상품을 비치해 고객들의 만족도를 향상시키고 있다. 롯데호텔 부산의 경우엔 레이디스 파티 패키지를 만들어 예비 신부를 위한 파티, 여자친구들끼리 모여서 하는 파티를 위해 제공하고 있다.

8) 체험 마케팅

체험 마케팅은 고객이 직접 참여하여 경험해봄으로써 고객들의 만족도를 향상시키고 다른 리조트와의 지속적인 차별화와 경쟁우위를 확보하기 위한 전략으로 사용된다. 이는 점점 다양해지고 있는 소비자의 욕구를 충족시키고 개별화되어 있는 환경 아래 고객들을 위한 새로운 서비스를 개발하기 위해서 사용된다.

단순한 고객관계 마케팅의 개념에서 벗어나서 고객이 직접 생산과정에 참여해 긍정적인 이미지 구축은 물론이고 제품홍보를 자발적으로 할 수 있도록 유도하는 전략이다. 최근에는 3~40대 주부고객을 타깃으로 하는 베이커리 체험프로그램이 주목받고 있다.

9) 제휴 마케팅

제휴 마케팅은 2개 이상의 기업이 자신들이 가지고 있는 마케팅의 장점을 상호 교류하는 전략을 말한다. 뿐만 아니라 각각 가지고 있는 단점을 보완함으로써 마케팅 활동의 효과를 극대화시킬 수 있다. 이는 고객들을 안정적으로 확보하고, 상품의 판매를 높일 수 있다는 점에서 다양한 방법으로 제휴 관계가 만들어지고 이를 통해 발생한 수익과 가치를 공유하는 비즈니스 모델이 된다.

관계 마케팅의 일종으로 볼 수 있는 제휴 마케팅은 상호 윈윈전략을 기반으로 가지고 있는 마케팅 자원의 한계를 극복하는 것은 물론이고 고객들의 만족과 강력한 인프라를 구축할 수 있다는 장점이 있다. 예를 들어 항공사 기업에서 많이 이루어지는 스타 얼라이언스, 원월드, 윙즈, 스카이팀 등이 있다. 호텔 업계에서는 대형 체인 호텔 그룹에 대응하기 위해서 개별적인 호텔기업들이 예약, 구매, 마케팅, 광고 등의 특정 분야에서 상호 제휴하는 리퍼럴 그룹 호텔 전략을 활용하고 있다.

10) 그린 마케팅

기존의 마케팅 활동이 실용주의 관점에서 변화를 해왔고, 부분적으로는 인간을 생각하는 인본주의 논리를 더하면서 변화해왔다. 하지만 최근 생태학적 자연재해가 거듭되고, 사회적인 인식이 높아지며 많은 사람들은 환경에 대해 심각하게 고민하게 되었다. 이러한 인식의 변화를 바탕으로 기업에서는 경영에 있어서 바탕이 되는 실용주의, 인본주의는 물론이고 환경주의를 접목하게 되었다.

기업의 바탕이 되는 자연과 인간을 위해 자발적으로 가치를 만들어낸다는데 그 의의가 있다. 이러한 것을 바탕으로 신라호텔 제주는 무재해, 무공해, 무질병의 3무를 앞세운 그린 마케팅을 선보이고 있다. 뿐만 아니라 1사 1산 가꾸기, 1시 1하천 가꾸기의 그린 마케팅을 선보이기도 하였다.

11) 프리미엄 마케팅

프리미엄 마케팅은 대다수의 고객보다는 소수에 속하지만 큰 수익을 만들어내는 프리미엄 고객에게 중점을 두어 그들에게 닿아있는 모든 서비스 접점에서 정교하게 이루어지는 마케팅 활동이다. 일반적인 CRM이 일반고객에 관한 데이터베이스를 활용하여 판매를 높이는 전략이었다면, 프리미엄 마케팅은 프리미엄과 브랜드 사이의 관계를 좀 더 조화롭게 발전시켜 나가는 전체적인 관점의 마케팅 활동이다.

프리미엄 고객에게는 일반 고객과는 다른 집중적인 정교한 관리가 필요한데, 핵심 타깃을 정하여 그들이 접하게 되는 모든 서비스 접점에서 디테일하고 지속적인 관리를 통해 더 높은 차원의 만족을 만들어내는 마케팅 전략이다.

12) PPL 마케팅

PPL은 영화, 드라마 등 영상을 통해 브랜드를 알릴 수 있는 제품이나, 장소 등을 등장시켜 소비자들의 무의식 속에 브랜드를 심는 마케팅 전략이다. PPL을 통해서는 목표로 하고 있는 소비자뿐 아니라 연계된 이벤트, 프로모션 등의 다양한 활동을 통해 시너지를 만들어낼 수 있으므로 IMC전략의 일환으로 사용된다.

영화, 드라마 등에서 호텔이나 리조트를 배경으로 하면서 자연스럽게 등장하는 것이 그 예 중에 하나인데, 이를 통해 고객들은 좀더 친근하게 다가올 뿐 아니라 높은 호감도 유도할 수 있다.

제25장 리조트 입지 · 환경

① 입지 · 환경

1) 리조트 사업계획 추진 절차

표 26-1 **추진 절차**

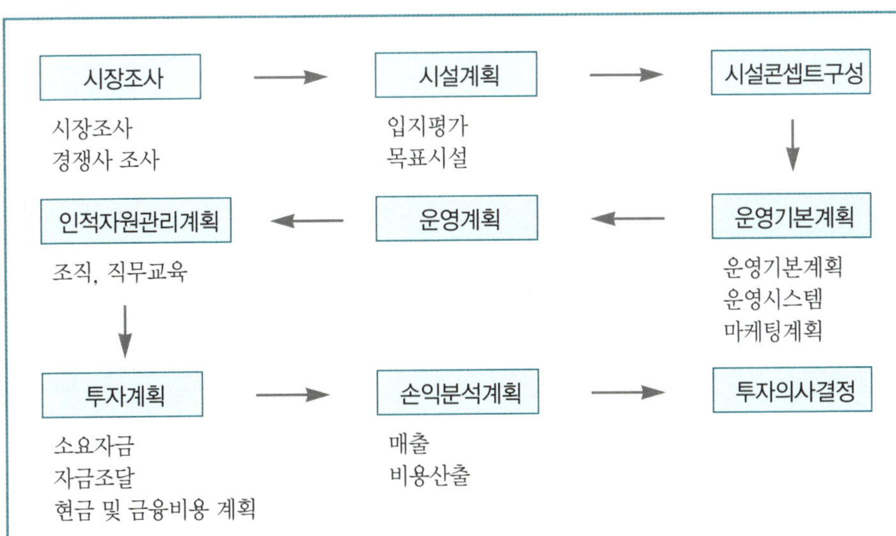

자료 : 박호래, 현대호텔 사업경영의 이해, 2006, 백산출판사

표 26-2 **추진 절차**

<table>
<tr><th colspan="2">구분</th><th>내용</th><th>추진절차</th></tr>
<tr><td rowspan="3">기본구상</td><td>사업의 개요</td><td>관련상위 계획 및 법규검토 토지소유현황 조사</td><td rowspan="3">사업의 착수
국토이용계획
변경신청</td></tr>
<tr><td>개발여건 분석</td><td>자연환경분석(경사, 표교, 향, 슬로프, full line)
인문, 교통, 관광, 기반환경 분석
종합분석</td></tr>
<tr><td>기본구상</td><td>개발방향 및 전략구상 도입활동 및 시설검토
이용객 추정 및 시설수용 예측 기본구상안 설정</td></tr>
<tr><td rowspan="4">기본계획</td><td>현황조사 분석</td><td>개발여건 분석(자연, 인문, 교통, 기반, 관광환경 분석)
국내외 개발사례 조사
종합분석(잠재력 및 가용지 분석)</td><td rowspan="4"></td></tr>
<tr><td>기본구상</td><td>개발방향 및 전략설정 이용객 추정 및 수요 예측
도입가능활동 및 시설규모 산정 시설 배치 구상</td></tr>
<tr><td>기본계획</td><td>기본구조 설정 토지이용, 시설 배치 계획
교통 및 동선계획 조성계획
기본시설계획</td></tr>
<tr><td>사업추진계획</td><td>투자계획 관리운영계획</td></tr>
<tr><td rowspan="4">기본설계</td><td>토목설계</td><td>슬로프(슬로프 종횡단. 공사계획 평면도)
숙박 및 부대시설(옹벽, 시설구조, 시설종횡단도)
도로(도로종횡단, 부대시설 상세)
상, 히수도(우배수 계획, 배수구조물설계, 상수계획, 오수계획)
저류지(필요 저수규모 산정 및 설계)</td><td rowspan="4">국토이용계획
변경완료
환경영향평가
신청
(초안, 본평가)</td></tr>
<tr><td>기계설비 계획</td><td>제설배관설계 펌프장 설계
리프트 종, 단 설계 리프트 승장장 부지계획
제설기 검토 산정</td></tr>
<tr><td colspan="2">전기통신(전력배치계획, 옥외조명 설계, 전력, 통신용량 선로계획)</td></tr>
<tr><td colspan="2">조경(수목, 잔디식 재계획, 시설물 배치계획, 시설물 상세설계, 환경장치물 설계)</td></tr>
<tr><td>실시설계</td><td colspan="2">토목, 건축, 조경 등의 상기 부문별 실시설계</td><td>사업계획승인
신청
개별인허가
착공</td></tr>
</table>

자료 : 김희병, 관광개발법규

2) 리조트 입지 · 환경

호텔 왕으로 불리는 콘라드 힐튼은 호텔사업이 성공하기 전까지의 요건을 첫째 입지(location), 둘째도 입지, 셋째도 입지라고 하였는데, 이는 리조트경영에서 입지는 무엇보다도 가장 중요한 연관관계를 갖고 있다는 사실을 잘 설명하고 있다. 호텔이 계획되고 있는 대지가 리조트 용지로 구비되어야 할 조건을 어느 정도로 만족시킬 수 있는가 하는 것은 향후 리조트경영이 성공하기 위한 가장 중요한 문제가 된다.

리조트사업을 계획할 때에는 보통 세 가지 조직이 협력하는 것이 보통인데 그것은 토지소유자(owner), 투자자(investor) 및 리조트 경영자(resort management)이다. 이 중에서 자본은 여러 가지 수단으로 조달할 수 있고 경영자도 어떤 리조트회사가 실패하더라도 다른 리조트 경영자에게 위임할 수 있지만 토지만은 바꿀 수 없다. 리조트 및 호텔의 부지로 적합하려면 목표로 하는 고객집단을 유치하기 위해서 사업하기 적당한 곳에 위치하여야 하며 장기적 이익에 기여하여야 한다.

다음으로 입지조건들 속에서 중요한 문제는 관련 법규제의 문제로 도시계획법, 건축법 등에 의해 리조트건설이 제약을 받는 문제 지역이 있다.

또 다른 하나의 입지 조건적 검토사항은 환경평가 개념의 도입이다. 즉, 리조트의 건립이 해당지역사회에 어떠한 영향을 주는가에 대한 검토로 해당지역 안에 리조트가 마찰 없이 받아들여지는가 하는 것이다. 우리나라에서도 법적인 차원을 넘어 지역이기주의인 NIMBY(not in my back yard) 현상으로 리조트의 건축이 무산된 사례가 있다.

리조트 입지선정에 있어서 이러한 요소들은 용이한 접근성, 교통추세, 전망, 잠재된 자연적 요소, 노동력의 공급능력 등으로 요약된다.

특히 리조트 지역의 경우는 도심지 호텔(city hotel)과는 다르게 주변지역의 관광자원에 대한 의존성이 더욱더 강하게 나타난다. 따라서 주변지역 경관이나 관광자원이 리조트에 고객을 흡입할 수 있는 매력적인 곳일수록 이용 빈도가 높을 수밖에 없으며, 관광목적지와 여행출발지 사이의 전략적인 목표 지점에 위치한 곳은 리조트의 최적지라고 할 수 있다.

우리나라는 지역성이 심하기 때문에 지역균형, 지역균등, 지역차별 등의 논리로 지역별 지역활성화라는 이유로 거점 개발식으로 개발하여 오히려 사업성보다는 역차별 의식으로 향후 사업성 하락으로 사업주 입장에서는 엄청난 피해를 보는 경우도 있다.

철저한 사업성 분석으로 사업적 논리보다는 지역균형 발전을 많이 얘기하지만 지역균형보다는 사업자의 사업성을 더욱 중시해야 한다. 따라서 리조트건설 후보지 선정을 평가하는 방법에는 3단계의 과정을 통해 검토하여야 한다.

도시기능 평가 리조트는 국제적인 감각에서 본 도시의 이미지와 경제규모, 인구, 생산구조 및 소비계통의 업무기능과 도시의 경제규모 및 금융, 상권의 분포상태 등 경제적인 영향력을 주변 도시와 상대 비교하여 절대 우위지역을 선정한다.

표 26-3 광역적인 도시영향력 평가 내용

구 분	평 가내용	비 고
광역도시의 결정	전국적, 지역적으로 본 도시의 위치 주변 인접도시와 경제 규모 기대하는 리조트의 규모	
도시능력	거주인구, 경제권 인구 업종별 매출액, 제품 출하량 기업체수, 매출액 규모, 고용 규모 도시인구, 소득, 소비액 관공서, 주요기업 현황	
도시성격	산업분야별 구성비 업종별 매출액 특성 지역시장의 특성과 문화적 특성 도시성격: 소비, 위락, 행정, 공업 등	
교통 입자여건	철도, 항공, 도로　　　운행 빈도 유동인구 조사	
도시개발 가능성	경제통계의 성장 추이 기업체 유치 가능성 지역주민의 반응도(애향심) 대규모 프로젝트 계획의 유무	
시장의 수요, 공급 능력	숙박, 외식사업체, 결혼식장 시장 규모 경쟁업체의 유무 소비형태, 계절별 소비 감응도	

자료 : 박호래, 현대호텔 사업경영의 이해, 2006, 백산출판사

(1) 주변 환경 평가

리조트 건설이 적합한 지역으로는 관공서 및 도심 상업지역, 도심지 번화가, 공항 또는 교통 중심지역이다.

이러한 지역입지 환경은 지역입지의 고유 특성과 리조트 경영조건에 의한 시설기준, 시설구성, 가격정책, 경영형태에 이르기까지 모든 분야에 절대적인 영향을 주는 요소이기 때문에 초기단계에서 부문별로 검토해야 한다.

표 26-4 **입지조건 분석**

구 분	조 건	비고
숙박기능에 적합한 입지조건	교통이 편리하여 유동인구가 많은 지역(공항, 역, 지하철, 고속도로 주변) 주변에 업무용 공공기관이 많이 분포된 지역 지역인구의 유동이 많은 곳 식당, 연회, 업무, 사교 등 폭넓은 수요를 흡수 가능한 지역	
식당기능에 적합한 입지조건	도심지 번화가 주변시역 일일 유동인구가 많고 유흥 또는 쇼핑과 연결지역 주차장 또는 도심 공공교통과 연결이 편리한 지역 이용고객이 찾기 편리하고 접근이 용이한 지역	
연회기능에 적합한 지역	도시행정과 경제활동의 중심지역 교통이 편리하고 대규모 주차가 가능한 지역 넓은 지공간을 확보할 수 있는 지역	

자료 : 박호래 현대호텔 사업경영의 이해 2006, 백산출판사

(2) 입지여건 평가

리조트의 입지선정에 있어서 중요한 비중을 차지하는 요소들은 장소의 접근성, 교통의 흐름, 개발전망, 시장의 개발 잠재능력 그리고 서비스 노동인력 등으로 요약할 수 있다.

표 26-5 **입지환경 조사표**

구 분	조사 항목		비 고
지역개황	• 사회적 조건 • 행정적 조건	• 자연적 조건	
위 치	• 지역조건 • 지형	• 도로면과 건물의 길이 • 토지형태	
교 통	• 교통량 • 교통의 혼잡 정도 • 주차시설	• 진입로의 방향, 출구 • 간선도로, 접근성	
접근성	• 위치의 가시거리 • 진입도로의 폭	• 장애물 여부 • 건물의 높이 제한	
도시기반 시설	• 전기, 통신 설비 • 도시가스	• 상, 하수도 • 폐기물 처리	
관계법규	• 건축에 관련된 법규 • 기타 조례 또는 규정	• 관광진흥법 관련 여부	

자료 : 박호래, 현대호텔 사업경영의 이해, 2006, 백산출판사

이상과 같이 리조트사업의 입지특성을 고려하여 리조트건립에 따른 구체적인 시설계획을 수립하게 되는데, 일반적인 통계자료만으로는 정확한 타당성 검토가 이루어지기는 부족하다. 따라서 직접조사에 의한 설문서 작성 또는 직접 주민 면담과 이루어져야 한다

그리고 주변의 경쟁업체숙박시설, 테마파크등 철저한 영업분석을 통하여 성수기, 비수기의 전략도 수립하고 또한 리조트, 호텔 의 영업현황 및 경영분석을 바탕으로 세밀한 조사가 필요하며 향후 시행착오에 대비한 시뮬레이션을 수립하여야 한다.

(3) 리조트 환경분석

가. 성장성

향후 성장가능성 국가 및 지역의 성장성과 개발계획, 관광객수 증가세 등

향후 매력성, 잠재력 가능성

나. 접근성(교통)

공항, 터미널, 역사, 여객터미널, 도로망, 도로계획 등

다. 상품성

관광지 위상, 이용 관광객증가로 관광상품가치 증가

유명관광지 및 향후 잠재력 관광지, 관광단지, 국도립공원, 유명 해수욕장

도시관광, 유명거리 등

라. 지역특화

지역 자체 관광상품 홍보 및 가격인하 캠페인으로 관광객 유지

Made In ○○○ 슬로건으로 관광객 유치홍보

풍부한 관광 인프라(숙박시설, 음식, 접근성, 볼거리, 놀거리, 즐길거리, 관광자원 다수) 소개 및 홍보

그림 26-1 리조트 환경분석

(4) 입지조건 분류

가. 산악형 ; 산악캠프장, 삼림욕장, 스키장

나. 해양형 : 3s(sand, sea, sun) 주제로 한 해안이나 도시

다. 도시근교형 : 유원지, 워터파크, 테마파크

지금까지 국내 리조트는 대부분 강원도에 위치한 산악형(스키, 골프, 레저, 온천 등)을 주종을 이루었으나 향후에는 3면이 바다로 둘러싸인 우리나라의 지리적 여건으로 볼 때 해양형 리조트가 개발 가속화될 것으로 보인다.

국토해양부가 조사한 휴가지 예비조사에서 바다가 1위를 차지한 점도 해양 리조트 개발 가능성이 높다는 점이다.

표 26-5 지형별 리조트 분류

분 류	구 분	종 류
산악형	산악탐방형	도 · 군립공원, 계곡, 야영장
	산악종합관광형	국립공원
	위락관광형	스키장
내륙형	도시관광형	고궁, 도시근린공원
	역사 · 문화관광형	사찰, 문화유적, 동굴
	위락 및 휴양형	골프장, 온천장, 워터파크, 카지노, 유원지
	종합위락형	종합위락단지, 테마파크
	호반관광형	강 및 호수 유원지
해안형	해안위락형	해수욕장
	해안관광형	해안 국립 · 도립공원
	도시휴양형	도서 휴양지, 해수욕장

자료 : 채용식, 리조트경영학, 2006, 현학사

제26장

리조트 인적자원관리

① 리조트 인적자원관리의 개념

리조트는 연중무휴로 영업을 하는 숙박과 레저, 스포츠, 휴양의 복합적인 서비스 기업이다. 그러므로 리조트 종사자 관리는 다른 기업보다도 특히 중요하다. 따라서 이러한 인적자원을 관리하는 체계와 방법 역시 매우 중요하다. 인적자원관리는 전통적으로는 인사관리라는 용어로 사용되었다. 그러나 1960대 이후 서구에서 사람이 조직의 가치 창출을 위한 단순한 요소를 차지한다는 인식에서 벗어나, 중요한 자원이라는 개념으로 자리 잡게 되며 인적자원관리라는 용어를 사용하게 되었다.

리조트 인적자원관리란 리조트 종사자들을 채용하여 교육시키고 배치시키며 인사고과를 통한 승진과 퇴직까지의 총체적인 리조트 종사원 관리라고 할 수 있다.

리조트 종사자의 종전 개념에서는 개인의 능력을 주요 관점으로 평가했지만 최근에는 개인보다는 조직구성원으로서의 능력과 팀워크에 대한 관점을 더 높이 평가한다는 점에서 인적자원관리(HRM)란 표현이 더 적절하다고 할 수 있다.

② 리조트 인적자원관리의 중요성

리조트는 연중무휴 영업을 하는 전형적인 인적서비스 기업이므로 로봇이나 기계화로 대체시킬 수 있는 기업 현실은 아니라고 할 수 있다. 또한 리조트는 아무리 과학적이고 신기술이 발달된다고 하더라도 인적서비스를 활용하지 않고서는 성과를 낼 수 없는 특수한 기업일 뿐만 아니라 1년 365일 쉬는 날이 없는 기업이므로 인력을 가장 많이 필요로 하는 기업이라고 할 수 있다. 그러므로 리조트의 인적자원관리는 일반 제조업과는 달리 경영성과에 상당한 영향을 미치는 변수라고 할 수 있다.

최근에는 기업이 인적자원에 투자하는 것이 다른 시설 및 설비에 투자하는 것보다 더 높은 생상성 향상의 효과가 있다는 것을 보여준다. 기업이 시설투자를 10% 높일 경우 생산성이 3.6% 향상되는 반면, 인적자원에 필요로 하는 교육훈련에 대한 투자를 10% 늘릴 경우 생산성이 8.4% 증가했다는 연구 결과가 있다.(21세기 직업능력, 1999년, 미국) 이러한 연구는 인적자원관리의 중요성을 점점 대두시키고 있다. 옛말에 "인사가 만사"라는 말이나 "경영은 물자를 관리하는 일이 아니라 사람을 다루는 일"이라고 하는 것만 봐도 인적자원관리에 대한 중요성을 알 수 있다.

이러한 인적자원관리의 범위는 관리의 대상이 되는 기능적 측면과 관리과정적 측면으로 나눌 수 있다. 관리과정적 측면은 인적자원에 대한 계획을 비롯하여 알맞은 조직을 꾸려 통제하는 과정에 중점을 두었고, 기능적 측면은 어떻게 인적자원을 조달하고, 오랫동안 일할 수 있도록 돕고, 구성원이 발전할 수 있는 기회를 제공하는 등과 같은 인적자원관리 활동의 실질적인 측면에 중점을 둔다.

먼저 관리과정적 측면에서 살펴보자면, 계획(Planning), 조직(Organizing), 통제(Controlling)의 POC 단계라고 할 수 있다. 이러한 관리과정은 상호 독립적인 것이 아니라 계속해서 조화를 이루는 순환구조를 형성하게 되는데, 이것을 관리의 순환이라 부른다.

다음으로 기능적 측면에서 살펴보자면 조직 내에서 실질적으로 인적자원에 대해 관리가 이루어지는 것을 말한다. 실제 기업이 현장에서 인적자원관리를 위해 채용(서류, 면접, 심사 등), 활용(배치, 승진, 퇴직해고 등), 유지(급여, 상여금, 직무 분석, 휴가 등), 개발(연수, 교육, 경력개발 등)을 하고 있다.

③ 리조트 인적자원관리 절차

리조트의 인적자원관리 절차는 리조트의 필요한 인력을 산출하고 계획을 세워 모집 · 채용에서부터 인사고과, 배치, 승진, 이직관리 등에 관한 제반과정을 모두 포함하는 것이라고 할 수 있다.

표 27-1 **리조트 인력자원관리 프로세스**

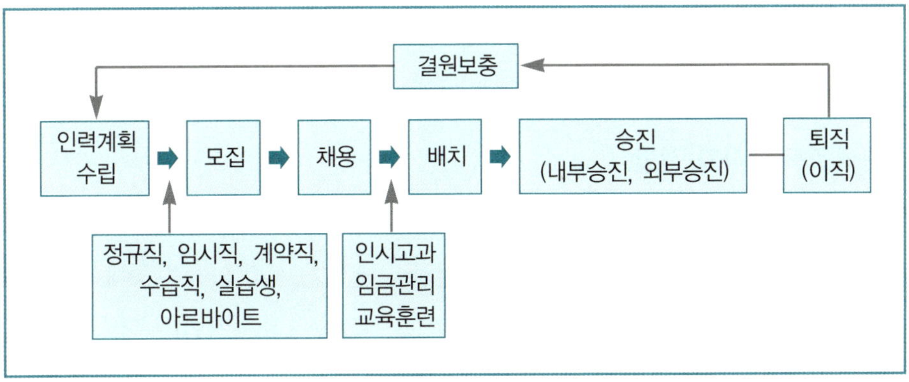

자료 : 고상동 · 원문규(2011), 리조트경영과 개발, 참조 · 재구성

1) 리조트 종사자 모집

모집(recruitment)은 리조트기업이 인력 수요 계획에 따라 필요로 하는 인력수요를 충족시키기 위해 구체적으로 신문, 잡지, 학교추천, 방송 등의 방법으로 우수한 지원대상자들이 지원할 수 있도록 정보를 제공하는 활동을 말한다.

즉, 기업 내에서 필요한 재능 있는 인재들을 선발하기 위해 정보를 제공하고, 이를 통해 인재들이 지원하도록 유도하는 활동이다. 이러한 모집 과정은 인적자원의 계획을 바탕으로 유능한 인재를 모집하는 적극적인 활동이라고 할 수 있다.

이때 고려되는 사항으로는 모집을 위해 필요로 하는 비용과 모집을 통해 뽑힌 조직 구성원들의 기대효용의 가치를 비교함으로써 효율적인 채널을 선택하여야 한다. 정보를 제공하는 채널로서 비용이 많이 드는 전파, 활자를 통한 채널을 이용할 것인지, 각 기업의 홈페이지나 추천형식을 통한 저비용의 채널을 선택할 것인지 생각해봐야 한다. 뿐만 아니라 지원율을 고려한 적절한 수준의 모집정보를 제공하여야 한다. 이 때 제공되는 정보에는 선발직위의 직무분석, 선발직위의 직무수행 요건 및 자격, 선발직위에 대한 경력관리정보(직종, 직군 등), 선발직위와 선발된 인원자원에 대한 인사상 처우, 선발인원(비공개인 경우가 많음), 지원절차 · 선발절차 · 구비서류 등이 있다.

모집방법은 정기적으로 모집하는 정시모집, 내부에서 필요할 때 이루어지는 수시모집으로 나눌 수 있다. 이는 시기에 따른 구분이라고 할 수 있다. 그 외에 주체에 따른 기업 내의 인적자원관리 조직에 의한 직접모집과 대행 기관에 의해서 이루어지는 간접모집이 있다. 또한 모집원천은 기업 내의 종사원을 바탕으로 하여 이루어지는 내부모집과 외부의 지원자를 통한 외부모집으로도 구분지을 수 있다.

2) 리조트 종사자 선발

선발은 모집활동을 응시한 많은 인재들 중에서 기업의 특성과 필요로 하는 조건에 적합한 자격을 갖춘 지원자를 뽑는 것을 말한다. 일련의 선발 과정을 통해 직무와 적합성을 고려하여 기업의 색과 맞지 않는 지원자를 배제하는 소극적인 활동이라고도 할 수 있다.

이때 원칙은 실력을 기반으로 하여 잠재되어 있는 능력, 기업의 특색, 팀 메이트와의 성격이 맞는지를 고려한다. 선발의 방법은 단계별로 지원자를 거르는 장애물법, 총단계를 통한 총점을 통해 거르는 보상법, 서류단계를 통해 거른 지원자를 총점을 통해 뽑는 혼성법 등이 있다.

초기 단계에서는 이력서, 자기소개서, 추천서 등의 서류전형이 이루어진다. 이를 통해서 뽑은 지원자는 면접, 인적성 검사 등을 실행하는 실질적인 선발, 그리고 추천검사, 신체검사 등을 보는 재량적인 선발을 통해 뽑는다.

선발을 위한 방법으로는 면접, 시험 등이 있다. 면접에는 정형화된 질문에 알맞은 답변을 요구하는 반구조적 면접과 오픈형 질문에 답을 해야 하는 비구조적 면접이 있다. 형식에 따라 개별과 집단 면접으로 나누기도 한다. 시험은 상식을 비롯하여 전공, 외국어 능력을 보는 시험과 인적성, 심리검사 등이 있다.

3) 리조트 종사자 채용

모집활동을 통하여 응모한 지원자 가운데서 면접, 추천, 시험, 성적, 특기 등을 통하여 리조트직무별로 가장 적합한 자질을 갖추었다고 판단되는 사람을 선발하는 것을 채용관리라고 한다. 채용관리가 잘못된다고 가정하면 채용관리에 따른 인적?시간적?경제적 손실이 초래되므로 인력 선발은 매우 중요하다.

(1) 채용계획

리조트 종사원을 채용하는 계획수립은 리조트 내에서 만드는 중 · 장기 계획, 예를 들어 재무, 생산, 마케팅, 투자 계획 등을 바탕으로 하여 매년 수정하고 보완되어지는 인적자원에 대한 단기적인 수급, 유지계획이라고 할 수 있다. 리조트 부서별 · 직무별로 필요한 인원수를 먼저 결정하고 모집계획에 따른 구체적 방안을 결정한다. 즉, 기업의 바탕이 되는 경영철학, 경영이념을 통해 만들어지는 사업계획과 직무분석을 통해 만들어지는 결과 (단위직무의 수, 기업의 인건비 지불능력 등) 등을 통해 필요로 하는 정원을 기준으로 인적자원을 수급하고 유지하는 것에 관한 계획을 말한다.

예컨대, 신규 리조트를 개관하는 경우에는 전체적으로 필요한 인력을 일시적으로 선발하기 위해 신문이나 TV광고를 이용할 수 있으며, 기존 운영리조트인 경우에는 결원이 생길 때마다 수시로 채용하는 수시채용 방법을 택할 수 있을 것이다. 그 구체적 요건은 다음과 같다.

리조트종사원을 채용하는 계획수립은

가) 성 · 비수기에 따른 장 · 단기 인력수급 계획을 세운다.

나) 노동의 양과 질적인 면을 구분하여 계획한다.

다) 정기적인 이직률 · 퇴직률을 감안하여 계획한다.

라) 남녀별 정규직원, 임시직원, 계약직직원, 수습직, 실습생, 장 · 단기 아르바이트 등을 구분하여 계획한다.

(2) 채용절차

리조트 종사원의 채용은 대부분이 면접만으로 실시되지만 리조트에 따라서는 필기시험(대부분 영어)을 치르는 경우도 있으며 학교추천을 통하는 경우도 많은 실정이다.

리조트종사자의 채용절차에서 다른 기업이나 업종에 비해 학교추천이 많은 이유는 아무리 면접관이 심도 있는 면접을 실시하더라도 피면접자의 잠재능력이나 인성 등을 종합적으로 판단하기에는 한계점이 있으므로 대학 전 학년 동안 직접 가르치고 지도해 온 지도교수 관점에서 학생의 태도와 인성을 판단하는 부분이 더 정확할 수 있다는 논리에 근거한 것이라고 판단되기 때문이다. 채용방법의 종류는 다음과 같다.

가) 필기 및 실기시험

나) 구술시험(면접 : 응시자의 능력, 태도, 성격, 말씨, 사교성, 인상, 체격조건)이 있으며 개인구술시험과 집단구술시험이 있다.

다) 신체검사

(3) 채용면접

면접은 면접관이 피면접자의 용모, 태도, 경력, 말씨, 성격, 인상, 미소, 외국어 회화, 체격조건, 가정환경, 직업관에 대한 의지, 전공의 이해도 등을 종합적으로 평가하는 절차를 말한다. 특히 리조트 종사자는 서비스에 대한 중요성이 강조되므로 서비스에 대한 투철한 사명감이 요구될 뿐만 아니라 항상 웃는 얼굴의 표정관리가 면접에서 절대적으로 좌우되고 있는 실정이다. 그러므로 리조트 종사자로서 채용되기 위한 면접요건은 다음과 같다.

첫째, 미소를 생활화한다.

둘째, 얼굴 표정을 편안하고 친근감 있는 인상으로 바꾸도록 관리하라.

셋째, 자신 있는 외국어 하나로 자기소개를 비롯한 기본적인 회화를 숙지하라.

넷째, 깔끔한 복장과 용모를 갖추어라.

표 27-1 **면접 평가표**

구분	판단 기준	등급	배점	비고
우수함	모든 면에서 우수하며, 그룹에 꼭 확보하고 싶은 사람	A	10	
양호함	대체로 양호한 편이며, 합격시켜도 좋겠음	B+	7	
보통임	보통 수준이며, 합격시키기에 무난함	B	5	
미흡함	약간 미흡한 감이 있으며, 합격은 재고해 보아야 함	B-	3	
모자람	모든 면에서 떨어지며, 합격시키기에는 곤란함	C	0	

자료 : 고상동 · 원문규(2011), 리조트경영과 개발, 참조 · 인용

4) 리조트 종사자 인사고과 관리

인사고과는 조직 내의 여러 직무에 종사하고 있는 조직원 또는 관리자의 근무성적이나 능력, 업적, 태도 등을 조직체에 대한 유효성의 관점에서 정기적으로 검토, 평가하여 이들의 상대적 가치를 조직적으로 결정하고자 시행하는 제도이다. 또한 구성원들의 근무성적과 잠재능력을 체계적으로 분석, 파악하여 인적자원의 효과적인 활용과 능력의 개발, 육성을 위한 인사관리의 도구가 된다.

인사고과의 목적은 객관적으로 조직원의 능력과 가치를 평가함에 따라 합리적인 인적자원관리를 하는 것은 물론이고, 직원이 지닌 잠재적 능력 및 개발가능성에 초점을 둠으로써 구성원에 대한 동기 부여의 수단으로 활용하고, 평가결과를 목표달성을 위한 종합적인 통제의 한 과정으로 활용할 수 있다.

인사고과의 특징은 조직원의 가치를 평가한다는 점에서 직무의 가치를 평가하는 직무평가와 다르다고 할 수 있다. 두 번째로는 직무와 조직원과의 관계를 파악할 수 있다. 세 번째로는 특정목적에 적합하도록 이루어지며 상대적인 평가라고 할 수 있다는 것이다.

인사고과는 수평적 이동, 수직적 이동의 바탕이 되고, 임금인상을 결정하기 위한 자료가 되며, 교육과 훈련의 필요성, 인적자원관리의 자료, 사기진작, 잠재능력의 발견을 위해서 쓰인다.

인사고과는 시기에 따라 분기별, 연간 1~2회 정도 이루어지는 정시고과와 정규직전환, 수직 · 수평적 이동 등 필요에 따라 이루어지는 수시고과가 있다.

인사고과의 주체는 대부분 상사, 상사들로 이루어진 위원회, 팀메이트, 인적자원관리 부서 직원, 외부 관련업체, 고객 등으로 이루어지며, 객체는 조직원 각자 자신이다.

이러한 인사고과는 먼저 종업원의 능력을 개발하기 위한 기초자료가 된다는 점, 업적 향상을 위한 기초자료가 된다는 점, 종업원들의 승진이나 보수 등의 처우수준을 결정하기 위한 요소가 된다는 점에서 중요성을 갖는다.

리조트 종사자의 인사고과 관리란 리조트 조직 내의 각 직무에 종사하는 종업원이 근무성적이나 능력과 가치를 객관적으로 평가하여 합리적인 인적자원관리의 기초 자료를 제공하는 것으로 정의되고 있다.

(1) 인사고과의 성격

가) 인사고과는 리조트기업 내의 사람을 대상으로 한다.

나) 인사고과는 사람과 직무와의 관계를 비교한다.

다) 인사고과는 부서별 상대적인 평가이다.

라) 인사고과는 객관성을 높이기 위해 특정 목적에 적합하도록 조정되는 경향이 있다.

(2) 인사고과의 활용

우리나라에서 인사고과를 도입 · 적용하는 기업들은 대부분 직원들의 승진이나 승격 등을 위한 기준 척도로써 인사고과표를 활용하고 있으며, 그 외 상여금이나 표창 등에도 적용하고 있다.

표 27-2 인사고과표(일반직원용 예시)

<table>
<tr><td>소속</td><td></td><td>성명</td><td></td><td>입사연원일</td><td></td><td>판정</td><td></td><td>평점</td><td></td></tr>
<tr><td>직위</td><td></td><td>담당
부서</td><td></td><td>현재
급호</td><td></td><td>고과
기관</td><td>년 월
일부터
년 월
일까지</td><td>고과
구분</td><td>정기고과
수시고과</td></tr>
<tr><td colspan="2" rowspan="2">고과자</td><td>1차</td><td colspan="3">인</td><td>확인자</td><td colspan="3">인</td></tr>
<tr><td>2차</td><td colspan="3">인</td><td>채점자</td><td colspan="3">인</td></tr>
<tr><td colspan="3">고과요소</td><td colspan="5">고과항목</td><td>1차</td><td>2차</td></tr>
<tr><td colspan="3">1) 직무수행
직무수행에 필요한 일반적인 기초지식 및 전문적 지식과 기술을 가지고 있으며, 그것을 어느정도 실제로 활용할 수 있는가?</td><td colspan="5">① 직무지식과 응용력이 탁월하여 직무수행도가 높다.
② 직무에 필요한 지식에 정통하고 있으며, 응용력도 상당히 있다.
③ 현재의 직무지식과 기술로는 약간 불안하다.</td><td></td><td></td></tr>
<tr><td colspan="3">2) 근면성
담당직무의 수행을 위하여 열성으로 소임을 다하고 있는가?</td><td colspan="5">① 불철주야로 열심히 일하고 타의모범이 될 수 있다.
② 담당 직무수행을 위해여 상당히 열심히 일하고 있다.
③ 타 직원에 영향이 있을 정도로 몸시 태만하다.</td><td></td><td></td></tr>
<tr><td colspan="3">3) 준수성
제 규칙이나 상사의 지시명령을 성실히 준수이행하고 있는가?</td><td colspan="5">① 제 규제나 상사의 지시명령을 충실하게 준수 · 이행하여 타의 모범이 되고 있다.
② 제 규칙이나 상사의 명령을 이행하고 있다.
③ 타 직원에 영향이 있을 정도로 태만하다.</td><td></td><td></td></tr>
</table>

4) 협조심 사회조직 내의 일원이라는 자각을 가지고 타인과 협력하고 협조분위기 조성에 노력하고 있는가?	① 항상 회사 전체의 일을 생각하고 협조분위기 조성에 중요한 역할을 한다. ② 대체로 무난히 협조하고 있다. ③ 때때로 타인과 협조하지 않고 자기본위로 행동한다.		
5) 추진력 얼마나 효과적으로 박력 있게 직무를 추진?실천하며, 스스로 문제점을 찾아 해결하는가?	① 아무리 어려운 조건하에서도 박력 있게 직무를 성공적으로 추진 · 실천한다. ② 직무수행의 정도에 적절한 추진력이 있다. ③ 직무를 추진 · 실천하는데 있어 능력이 조금 부족하다.		
6) 책임감 자기임무를 완수하기 위하여 최선을 다하며, 또 결과에 대하여 책임을 지는가?	① 책임감이 왕성하며, 맡은바 임무를 철저히 수행한다. ② 대체로 책임을 지고 직무를 수행한다. ③ 책임감이 조금 부족하여 지장을 초래할 때가 더러 있다.		
7) 계획력 문제를 인식 · 파악하고 구체적인 방안을 수립하여 해결방안을 위한 방법과 절차를 효과적으로 계획하는가?	① 현 직무여건을 초월해서 계획할 능력이 있으며, 훌륭한 방안을 세운다. ② 현 직무수행을 위하여 대체로 적절한 방안을 세운다. ③ 일상업무는 대체로 계획하나 새로운 과제에는 지장이 있다.		
8) 판단력 문제를 정확히 판단하고 결심을 신속히 하며, 건전한 건의를 하고 있는가?	① 극히 곤란한 상황 속에서도 신속히 적절하고 훌륭한 판단을 한다. ② 대체로 건전한 평가에 의하여 정확히 판단을 한다. ③ 예기치 않은 상황에 부딪치면 판단하는 데 많은 시간이 걸린다.		
9) 성실성 자신의 담당업무에 성의가 있으며 자기이해를 떠나 회사를 위하여 얼마나 성실하게 일하고 있는가?	① 자기직무에 매우 충실하며, 회사를 위하여 희생적으로 봉사한다. ② 비교적 자기직무를 수행하려는 열의가 있다. ③ 착실하게 직무를 수행하려는 성의가 없는 것 같다.		
10) 장래성 상위직책을 담당할 수 있는 능력과 자기발전에 대한 노력향상의 경향은 어떠한가?	① 동료직원 중 우선적으로 진급되어야 할 직원 중의 한 사람이다. ② 발전할 수 있는 능력이 충분히 있다. ③ 현 담당직무는 능력이 적합하나 발전능력은 약간 부족하다.		

종합고과: 피고과자의 고과성적을 종합하여 동일 직급 내에 어느 수준에 들어 있는가?

구 분	특히 우수한 직원이다	우수한 직원이다	약간 아쉬운 직원이다	서 열	총 점
1차 고과자					

자료 : 고상동 · 원문규(2011), 리조트경영과 개발, 참조 · 인용

5) 리조트 종사자 배치관리

배치(Placement)는 채용된 지원자를 해당 부서에서 주어진 직무를 수행할 수 있도록 조직구성원 자격을 주는 과정이다. 적정한 배치는 신규 채용된 종업원으로 하여금 직무만족을 높일 수 있으나 배치가 적절하지 못하면 종업원이 감당하기 어려운 일에 부딪치게 되고 사기저하나 이직의 원인이 되므로 매우 신중하게 이루어져야 한다.

배치는 선발을 통해 뽑은 인재를 알맞은 부서에 나누는 단계이다. 부서 내에 새로운 조직원이 필요하여 수시로 충원할 때에는 처음부터 배치가 확정되어 있다.

이동은 필요에 따라서 종사원 본인이 하고 있는 일이 아닌 다른 부서로 재배치되는 것을 말한다. 좁은 의미에서의 이동은 부서나 직무를 전환 배치하는 수평적 이동과 서열의 승진이 이루어지는 수직적 이동으로 나눌 수 있다.

이동의 목적은 다음과 같다. 먼저, 조직원을 효율적으로 사용함으로서 개개인의 능력은 물론이고 기업 전체의 효과적인 성과를 만들어 내기 위함이다. 둘째로는 지속적인 후계자를 양성할 수 있다. 셋째는 같은 업무를 반복함으로서 생길 수 있는 태만을 극복하고 의욕을 북돋을 수 있다. 넷째는 종사원에게 새로운 기회를 제공하고 개개인의 능력을 발전시킬 수 있도록 도울 수 있다. 다섯째로 승진과 함께 이루어지는 경우 조직원의 사기를 진작시킬 수 있다. 마지막은 조직에 새로운 활력을 불어 넣어줌과 동시에 내부에서 발생할 수 있는 경직성을 다소간 완화시킬 수 있다.

수평적 이동 시에는 기업에서 필요 하는 바에 따른 직무나 부서의 전환이 이루어지기도 하지만, 우선적으로는 종사원 자신의 희망, 능력, 경력 사항, 적합성 등을 바탕으로 이루어져야 한다. 이러한 것을 위해 대부분의 기업에서는 수평적 이동의 원칙을 사내모집에 두고 있다.

수직적 이동인 승진의 경우엔 조직원의 능력을 바탕으로 주어진 조건과 자격에 따라 기회를 제공하는 기회부여 원칙과 기업 내의 실적, 기여도에 따라 기회를 주는 실적주의의 원칙이 있다. 하지만 대부분의 기업에서는 연공주의에 따라 승진을 하는 경우가 대부분이다.

6) 리조트 종사자 승진관리

승진(Promotion)은 기업조직 내에서 종업원의 신분이나 자격서열에서 현재의 위치

(position)보다 상승하는 것을 의미한다. 승진을 위한 기초자료로는 인사고과 평정표가 활용되고 있으며, 그 외 승진시험, 연공평가, 학력과 경력, 교육훈련 이수 정도 등의 자료가 참고로 적용되고 있다.

7) 리조트 종사자 이직관리

이직(Separation)은 리조트 종사자로 재직 중 자기가 근무하는 직장(호텔)을 떠나는 것을 의미한다. 이직은 자기 스스로 회사를 그만두는 의원면직 형태의 자발적 이직과 권고사직이나 일시해고와 같이 권유에 의한 비자발적 이직이 있다.

(1) 자발적 이직의 원인

가. 현재 직장보다 더 나은 직장을 택하는 경우

나. 통근조건, 근무환경, 교대근무의 어려움

다. 성취감 부족

라. 집안사정이나 학교관계, 결혼, 임신, 배우자 이동

마. 직장 내의 인간관계 불협화음

바. 급여의 불만족

사. 계약직에서 정규직 전환의 누락

(2) 비자발적 이직의 원인

비자발적 이직은 본인의 의사와 관계없이 회사 측의 요청에 의해서 이직을 하는 경우이며 다음 사유들로 인해서 회사가 취하는 조치이며, 해임, 파면, 권고사직 등이 있다.

가. 회사 내 재산상의 손실 초래

나. 공금유용

다. 회사의 통폐합으로 조직규모 축소

라. 경영악화로 파산

4 리조트 종사자 교육훈련

1) 교육훈련의 개요

(1) 교육훈련의 개념

기업 내에서 가장 중요한 자원이라고 볼 수 있는 것은 인적자원이라고 할 수 있다. 기업의 목적달성, 성과 등 장기적인 성패는 조직원 개개인 능력은 물론이고 이러한 능력 있는 조직원을 적절하게 활용하는 것에 있다. 인적 서비스 제공에 대한 의존도가 리조트산업은 전문적이고 능력 있는 인적자원을 확보하고 이러한 인적자원을 교육 등을 통해서 개발함으로써 경쟁력을 높일 수 있다. 교육을 통해 조직원의 자질을 개발하고 직무에 대한 이해를 높이는 것을 통해 고객에게 좀 더 나은 서비스를 제공할 수 있으므로 이러한 것은 하위 종사원에서 관리자, 경영진까지 지속적이고 장기적으로 실시되어야 한다.

교육 훈련에는 상품에 대한 지식, 높은 판매율을 위한 서비스와 인간적인 기술 교육, 기업 내에서 중시하는 고객 지향적 사고에 대한 교육, 조직원의 인격향상을 위한 교육 등의 내용을 포함하고 있어야 한다.

(2) 교육훈련의 목적

교육훈련은 기업의 입장에서는 인재육성에 그 목적을 두고, 조직원의 입장에서는 자기 개발을 위해서 꼭 필요하다고 할 수 있다.

- **자기발전, 욕구 충족과 동기유발** : 교육은 비단 기업 내의 목표를 이루기 위해서만이 아니라 종사원 개인의 자기 발전의 욕구도 충족시킨다. 자기 발전에 대한 욕구를 지니고 있는 종사원에게 교육훈련은 주요한 수단이 된다. 지식, 기능의 개발로 종사원은 자아 발전의 욕구를 충족시킬 수 있고, 이러한 능력 개발은 성취동기를 만들어낼 수 있다.
- **커뮤니케이션과 조직협력** : 기업의 목표를 이루기 위해서는 기업의 목표를 충분히 이해하는 것을 물론이고 이것을 해낼 수 있는 조직원의 능력, 부서 간의 커뮤니케이션, 효율을 극대화시킬 수 있는 동기부여가 이루어져야 한다. 이러한 것을 위해 교육훈련은 반드시 필요하다고 할 수 있다.

■ 인재육성과 기술축적 : 교육훈련은 업무에 대한 지식, 기능, 정보 등을 전달하는 것이다. 이러한 것을 통해 유능한 인재를 육성할 수 있고, 유능한 인재는 또한 기업 내의 중요한 기술적인 자원이 되기도 한다.

(3) 교육훈련의 효과

교육 훈련을 하는 것은 다음과 같은 효과를 갖게 된다. 먼저, 신입사원에게는 입지훈련을 통해서 빠른 기간에 기업의 규칙, 방침, 목표 등에 관한 이해를 돕는다. 두 번째로는 기업 내에서 일하고 있는 조직원들에게는 지식과 기술에 관한 이해를 높임으로서 다른 부서에 대한 이동에 대한 능력을 다양화시키기고 승진을 위한 조직원 개개인 능력의 질적인 향상을 가져올 수 있다. 세 번째는 신기술이나 새로운 설비 등에 대한 교육은 종사원들이 빠르게 적응할 수 있도록 도울 수 있다. 마지막으로 질 높은 교육을 제공해 조직원의 능력을 개발시키는 것은 물론이고 개개인의 능력을 최대한 실현할 수 있게 도와 조직원의 불만이나 이직률을 다소간 낮출 수 있다.

(4) 교육훈련의 전개과정

교육과정은 체계적인 전개과정과 프로세스를 통해서 효율성을 높일 수 있다. 먼저 교육훈련의 필요성에 대한 수요조사가 필요하다. 교육훈련은 조직의 목표를 달성하는데 그 목적이 있다. 따라서 조직은 조직 목표를 달성하기 위해 어떤 교육훈련을 필요로 하고 있는지 수요조사를 해야 한다. 이때, 조직의 효율성 증대에 기여할 수 있는지를 파악하는 조직수준의 수요분석, 최적의 성과를 달성하기 위해 종업원이 배워야 할 직무내용에 대해 체계적으로 정보를 수집하는 과정의 직무 및 과업수준의 수요분석, 개인수준의 수요분석이 있어야 한다.

두 번째로는 교육훈련의 목표를 선정한다. 이때에는 조직의 목표를 바탕으로 과업을 수행할 수 있도록 개인의 능력을 개발할 수 있도록 한다. 세 번째로는 교육훈련을 설계하고 단계를 만든다. 이때, 교육프로그램을 설계하는 것은 물론이고 교육훈련을 할 대상, 담당자 및 장소도 선정하도록 한다. 네 번째로는 교육훈련의 방법을 선택한다. 이때는 사내교육훈련을 할지, 외부 교육훈련을 할지를 정하도록 한다. 마지막은 이러한 교육훈련의 유효성을 평가하는 것이다.

5 고용관리

1) 개념

고용관리란 기업이 목표를 이뤄내기 위해서 현재 주어진 내외부적인 환경 아래에서 조직원들을 효율적으로 배치하고 효과적으로 활용하기 위해 조직원을 계획, 활용, 유지, 배치, 이동, 평가, 퇴층 등을 관리하는 인적자원관리의 일부를 말한다.

리조트의 인적자원관리부에서는 새로운 조직원을 모집하고, 선발하여 배치하고, 직무 및 부서 간의 이동, 승진, 평가, 이직과 퇴직 등의 전체적인 인적자원을 계획하고 관리하는 일을 하는 사람을 Staffing 담당자라 한다.

2) 업무내용

인적자원의 계획은 기업 내에 있는 부서별, 직급별, 고용 형태별로 알맞은 조직원 관리를 위해서 경영계획에 따라 적절한 인건비의 규모, 부서에 따른 업무량을 바탕으로 한 인원계획서를 자료로 하여 실제 부서인원계획을 세우는 일을 말한다. 이러한 계획은 최종적으로 경영진과의 조율을 통해 결정한다.

인적자원의 확보로 새롭게 뽑힌 조직원은 일정 기간 기업 내의 다양한 부서에서 업무를 수행하며 직무수행능력과 성과 등을 바탕으로 승 · 진급이 이루어진다. 리조트에서는 처음 입사한 후 소속된 부서에서 1년 간의 업무를 수행한 후 부서 간 이동이나 승 · 진급이 이루어진다.

인적자원의 평가(인사고과)는 기업 내에 있는 조직원들이 그간 해온 성과, 행적에 대해 측정하는 것이다. 리조트 내에서는 정기적으로 비정규직의 정규직 전환을 한다. 이때에는 스스로에 대한 평가는 물론이고 직속상사, 부서장, 인사평가 등을 바탕으로 인적자원관리부성의 최종 조율을 통해 이루어진다.

인적자원의 근태관리는 새로운 인적자원을 업무를 수행함으로서 기업 전체의 목표달성을 위해 지켜야 할 기업 내의 다양한 규칙을 관리하고 감독하는 것을 말한다. 최근에는 리조트업 내의 전산 시스템을 통해서 출퇴근 기록은 물론이고 휴가, 휴직, 근무태도 등을 관리하고 있다.

조직원의 이직, 해고, 퇴직 등에 관한 관리에는 다음과 같은 것들이 필요하다. 먼저, 이직은 조직원 스스로 자발적으로 이루어지며, 조직원에 대한 징계를 통해 결과적으로 이루어지는 해고가 있다. 그 밖에 정년 퇴직은 계약 시 정해진 정년이 다가옴에 따라 이루어진다. 이때, 퇴출된 조직원과의 원활한 커뮤니케이션을 통해서 얻어진 자료를 보고하고, 상호 간에 기분이 상하지 않는 퇴출절차가 이루어져야 한다.

복합리조트는 세계적인 추세이자 대안

우리나라 관광산업의 발전을 위한 최신 관광형 모델의 전형과 개발 대안으로 떠오르고 있는 것이 바로 복합리조트로 생각하며 이를 주장하는 전문가들의 의견과 주장이 제기되고 있는 상황이다.

그러나 이러한 중요성과 세계적인 추세의 흐름과는 다르게 우리나라에서는 얼마 전 영종도에 계획되었던 복합리조트안이 최종적으로 문화체육관광부에 의해 승인받지 못하는 조치가 발표되었다.

물론 외국자본으로 인한 자본유출 우려와 국내의 기존 카지노업체들의 영업 등 국내 상황들이 고려된 조치로 평가하기도 한다.

그러나 이미 복합리조트는 세계적으로 관광산업을 진일보시키기 위한 최고의 대안으로 부각되고 있는 점에 대해서는 많은 공감이 되고 있는 상황으로 판단된다.

복합리조트는 호텔과 리조트, 카지노, 명품점 등 쇼핑센터, 외식업체, 컨벤션센터 및 전시장 등 복합적인 시설을 설치하고 관광객들에게 편의와 즐거움을 제공하는 복합적인 엔터테인먼트로 일정 공간에서 여러 가지 관광활동을 수행할 수 있는 장소로 정의하고 설명할 수 있을 것이다.

세계적인 주목을 받고 경제적이고 관광수요적인 측면에서 성공모델로 평가받는 것이 싱가포르의 마리나베이샌즈 리조트로 가장 전형적인 싱가포르적인 발상의 전환을 보여준 리조트이다.

200미터 높이의 세 개동 옥상에 설치된 수영장시설은 가히 싱가포르적이다. 도심지 옥상에서 도시의 야경을 바라보며 즐기는 수영장의 분위기는 색다른 이국적인 풍취를 느끼게 한다.

여기에다가 가장 도덕적인 국가답게 마리나베이샌즈 카지노의 입장료는 9만여 원으로 정책적인 측면과 함께 효율적인 운영을 하고 있는 것을 보게 된다.

카지노 외에도 인상적인 것은 넓직한 공간을 차지하고 있는 명품 쇼핑몰로 대규모 면적을 갖춘 동으로 늘어나고 있는 명품소비의 증가에 대비한 복합리조트 내의 구성으로 평가된다.

이곳 리조트는 관광객들의 즐거움을 위해 1층의 넓은 로비에서 투숙객을 위한 식당이 운영되며 동시에 같은 공간에서 오픈바를 운영하고 있다.

한편 카지노의 최대 도시로 부각된 마카오의 베네치안리조트는 이탈리아 베니스의 분위기를 배경으로 컨벤션시설과 객실 수만 3천 개를 갖추고 있는 대규모 호텔시설로도 유명하다.

인상적인 것은 기존의 마카오의 카지노와는 다른 콘셉트를 갖고 운영되는 바, 이탈리아 베네치아를 이미지화한 쇼핑몰을 운영함으로써 동양에서의 서양적인 이국적 이미지를 통해 업그레이된 복합리조트로 호평을 받고 있다.

우리나라의 강원랜드는 카지노와 호텔, 테마파크를 중심으로 스키장, 골프장 등을 운영하고 있다. 가장 많은 복합리조트의 성격을 지닌 리조트이다. 그러나 보완되어야 할 여러 소프트웨워적인 콘텐츠 그리고 부가적인 시설이 확대되고 보완되어야 하는 상황이다.

복합리조트의 성공적 모델은 대부분 하나의 주제와 통일성을 지니고 있다. 싱가포르의 마니라베이샌즈가 도심 속의 싱가포르적인 이국적인 리조트의 콘셉트라면 같이 부각되고 있는 센토사 섬의 복합리조트는 기존의 테마파크라는 내용을 근거로 한 유니버설스튜디오와 접목된 카지노라는 차별성을 보여주고 있다.

국가적으로 표방하는 긍정적인 결과를 주목하면서 전문가들이 지적하는 동북아 복합리조트의 선점에서 우리나라가 결코 뒤쳐져서는 안 될 것이다.

영종도와 수도권에 입지하는 복합리조트, 특히 한국적인 경쟁력을 갖춘 컨벤션, 쇼핑, 호텔 및 리조트, 한류 공연과 접목된 엔터테인먼트 등을 구축하는 구상과 계획 그리고 진행이 서둘러 이뤄져야 할 것이다.

소위 뜨거운 감자로도 표현되는 카지노는 복합리조트 진행에서 싱가포르적인 정책적 대안과 고려로 극복되고 구축되어야 할 것이다.

싱가포르의 전례처럼 카지노는 선택사항이 아닌 이미 전환된 복합리조트의 필수사항으로 보아야 할 것이기 때문이다. 우려되는 외화유출의 문제는 외국자본과 국내자본과의 적절한 투자와 관리를 통해 컨트롤되어야 할 것으로 보인다.

관광객의 패턴과 선호도가 달라지고 있다. 그 흐름의 중심에 있는 관광대상이 바로 복합리조트라는 것을 모두가 인식하자. 미국 리조트 업계에서는 관광객(Tourist) 대신 리조티스트(Resortist)라는 신조어로 대체될 만큼 리조트의 수요와 비중이 이미 커진 것이 현실이다.

2013. 10. 12. 한국관광신문 컬럼

고종원 연성대학교 호텔관광과 학과장

참|고|문|헌 ›››

고상돈 · 원문규, 리조트경영과 개발, 백산출판사, 2014
김인문, 보양온천을 중심으로 한 수치금 시설의 비교연구, 건국대, 박사논문, 2003
김희진, 일본테마파크의 사례와 전략, 커뮤니케이션 북스, 2007년
박래준, 우리나라 온천의 실태와 치료적 효과 연구, 대한물리치료학회지 제12권, 제3호, 2000
엄서호 · 서천석, 레저산업론, 현학사, 2003
오수철 · 김병국 · 김영표 · 허광무, 카지노경영론, 백산출판사, 2012
유도재, 리조트 경영론, 백산출판사, 2015
이경모, 크루즈산업의 이해, 대왕사, 2004
이재곤 외, 리조트경영론, 대왕사, 2015
이종규, 리조트의 개발과 경영, 부연사, 2014
채용식 외 2인, 리조트개발론, 현학사, 2008
하동현 외, 리조트경영론, 한올출판사, 2012

강원랜드 홈페이지 http://kangwonland.high1.com
거제마리나베이 http://daemyungresort.com
관광지식정보 시스템 http://www.tour.go.kr
국제협회연합, UIA 보고서
국토해양부 자료
금호콘도홈페이지
대명리조트 www.daemyungresort.com
대한요트협회 자료실
롯데월드 홍보팀
마카오 관광청
문화체육관광부 카지노현황, 2016
문화체육관광부 카지노 통계자료, 2014
수트라하버리조트 홈페이지 www.suteraharbour.co.kr
알펜시아리조트 홍보팀
에버랜드 홍보팀
유니버셜 스튜디오 공식홈페이지 www.usj.co.jp
일성콘도 홈페이지
테마파크를 만드는 사람들 WWW.TEMANSA.COM
하우스텐보스 홈페이지 http://korean.huistenbosch.co.jp
한국골프장경영협회, 국내골프장 경영현황
한국관광공사 관광통계, 2012
한국관광공사 한국관광시장 동향분석 및 관련정보, 2004
한국스키장사업협회, 한국스키장 현황, 2011
한국종합유원시설업협회, 국내 외 테마파크경영현황
한국카지노업관광협회(2016) http://visitkorea.or.kr
한국카지노업관광협회, 2005 자료
한국카지노업관광협회, 자료실
한국콘도홈페이지
한국해양수산개발원 자료
한화리조트 www.hanwharesort.co.kr
홍콩디즈니랜드 홈페이지 www.hongkongdisneyland.com

저|자|소|개 >>>

■고 종 원

- 인하대학교 불어불문학과 졸업
- 경희대학교 경영대학원 관광경영학과 졸업(경영학석사)
- 경희대학교 일반대학원 국제경영전공 졸업(경영학박사)
- 연세대학교, 한양대학교, 경희대학교, 장안대학교 출강
- 국제대학교 관광경영과, 세명대학교 관광경영 겸임교수
- 대원대학교 여행정보서비스과 학과장/관광계열 교수
- 연성대학교 호텔관광과 학과장 역임
- 천지항공여행사 성지순례사업부 과장(부서장)
- 계명여행사 인센티브/수속/성지순례사업부서장
- 이스라엘 오피르(Ophir tours) 서울사무소장
- 유로코 투어 소장, 오네트 투어(Honette tour) 대표
- 국제지역학회 사무국장, 한국능률협회 등록전문위원 역임
- 한국호텔경영학회 상임이사, 대한관광경영학회 이사 역임
- 호텔앤레스토랑 칼럼니스트, 한국관광신문 논설위원 역임
- M이코노미 컬럼니스트 역임, 서울시 인바운드 활성화/
  수용태세 시정/외국인 관광객 유치부문 자문

현) 한국여행발전연구학회장, 관광정보학회 여행항공분과위원장
국제관광무역학회 수석부회장, 한국관광서비스학회 부회장
연성대학교 관광과 호텔관광전공 부교수
연성대학교 신문방송국 주간교수

■남 태 석

- 동국대 관광경영 학사
- 경기대학교 대학원 관광학 박사
- 타워호텔 마케팅 지배인 역임
- 해운대 센텀호텔 대표이사 역임
- 한국호텔관광연구원 원장 역임
- (사)한국관광서비스학회 부회장
- (사)한국관광서비스학회 자격검정 본부장(고객만족서비스 관리사)
- 한국관광공사 호텔등급결정 심사위원
- 해수부 관광어항어촌 등급심사위원
- 경북관광포럼 위원
- (사)남해안의료관광협회 상임부회장

현) 중부대학교 항공서비스학과 교수

■ 안 현 모

- 국립강릉원주대학교 대학원 관광학박사
- 한국관광학회 정회원
- 국제관광무역학회 상임이사
- 한국관광산업학회 정회원
- 한국관광서비스학회 이사
- 한국호텔관광학회 이사
- 한국의료관광학회 정회원(산학 부회장)

현) 세명대학교 호텔관광학부 겸임교수

■ 임 선 아

- 경기대학교 관광전문대학원 여행 · 항공 · 크루즈전공 졸업(관광학석사)
- 경기대학교 일반대학원 이벤트 · 국제회전공 졸업(관광학박사)
- 혜전대학교 출강
- 제주시 들불축제 연출감독

현) 연성대학교 호텔관광과 겸임교수
내일투어 해외마케팅팀 부장
(사)한국호텔관광학회 이사
(사)관광경영학회 이사
한국식음료협회 외식서비스 부위원장
서울시 김장문화제 추진위원
한양도성문화제 기획위원
한양도성 민간보조사업 심의위원
동작구 지방보조금심의 위원
오산시 축제추진위원회 위원
구미시 낙동강수상불꽃축제 자문위원

복합리조트

2017년 6월 10일 초 판 인쇄
2017년 6월 20일 초 판 발행

저　자 고종원 · 남태석 · 안현모 · 임선아
발행인 한 인 환
발행처 도서출판 **기 문 사**
등　록 1978. 8. 9. NO. 6-0637
주　소 서울시 동대문구 안암로 50-1(용두동) 홍신빌딩 3층
전　화 02) 2265-7214/922-8662~8663
팩　스 02) 922-8772

homepage : www.kimoonsa.co.kr
e-mail : book@kimoonsa.co.kr

ISBN : 978-89-7723-752-0 93980

정가 : 20,000원